안인희의
## 북유럽
## 신화
3

**일러두기**

1. 이 책은 중세 문학 작품의 현대어 번역판을 인용한 것이다. 게르만 계열의 고유명사는 원칙적으로 도이치말 발음에 따랐다. 중세의 북게르만어 발음과 표기를 일부 첨가하였다.
2. 중세 프랑스의 시인 크레티엥 드 트루아(Chrétien de Troyes, 1140~1190년경)는 운문 기사 소설을 시작한 인물로서 이후 유럽의 다른 작가들에게 많은 영향을 미쳤다. 덕분에 중세 기사 문학에서 프랑스어 고유명사는 일종의 출전 문서의 권한으로 자주 등장한다. 《파르치팔》과 《트리스탄》에서도 이것은 예외가 아니다. 우리 책에 나오는 이 두 작품에서 고유명사는 도이치 발음을 원칙으로 삼았으나 프랑스어와 영어 발음을 고려하였다. 특히 《파르치팔》을 쓴 볼프람 폰 에셴바흐는 고의적으로 사람 이름과 지명 등 많은 고유명사를 발음하기 어렵게 왜곡하고, 여러 나라 언어를 뒤섞어서 국적불명으로 만들어놓았다. 그런 상황에서나마 프랑스어 발음을 어느 정도 받아들였다. 작가가 고의적으로 어지럽게 뒤섞은 이름임을 기억할 것.
3. 〈베오울프〉에서는 고대 영어(Old English) 발음을 따랐다.

안인희의
# 북유럽
신화
3

욕망하는 영웅들의 이야기

웅진 지식하우스

## 저자의 말

| 1 |

 북유럽(게르만) 신화는 아주 옛날부터 게르만 사람들이 믿었던 신들의 이야기다. 다만 북유럽 신화는 때늦게 문자로 정착되는 과정에서 심각한 굴곡을 겪는 바람에 꽤나 기묘한 형태로 전해지게 되었다.

 그리스 신화는 호메로스와 헤시오도스의 작품들이 주요 출전이다. 이들은 모두 그리스 신들을 섬기던 사람들이다. 그렇기에 그리스 신들은 때로 몹시 잔인하고 변덕스럽기는 해도 우스꽝스럽거나 그로테스크하지는 않다. 하지만 북유럽 신화의 가장 중요한 출전인 《에다》는 중세 시대에 경쟁 종교인 기독교로 개종한 북방 시인들의 손으로 쓰였다(800~1300년). 그들은 이교(異敎)인 북유럽 신들의 이야기를 기록하면서 이 신들이 거인들과 다투다가 모조리 죽어버린 것으로 만들었다. 북유럽 신들은 죽기 전에도 이미 매우 야만적이고 자주 우스꽝스러운 모습으로 등장한다. 이런 야만적인 신들 대신 삼위일체 유일신을 모시는 기독교가 승리한 것이 당연한 일임을 보여주기 위한 것이라고나 할까?

 476년 서로마 제국이 멸망한 이후 거의 1000년 가까이 계속되는 유럽의 중세 시대는 기독교가 유럽 대륙 전체에 뿌리를 내리고 완벽한 세력을 구축하는 기간이기도 했다. 로마 제국의 국교가 된 기독교는 로마 제국의 상류

층으로부터 시작하여 천천히 북쪽으로 퍼져나갔다. 그런 탓에 로마에서 멀리 떨어진 북부 유럽의 민중 사이에는 늦게까지 이교의 잔재들, 오딘과 토르와 프라이와 여신 프라야에 대한 믿음이 남아 있었다. 물론 이미 기독교화한 세계에서 이런 이교의 신앙은 마법이나 미신으로 취급되었다. 이런 사정을 분명하게 알고 바라본다면, 북유럽 신화에는 알게 모르게 중세 시대 이교와 기독교 사이의 세력 다툼이 스며들어 있음을 짐작할 수 있을 것이다.

| 2 |

옛사람들이 남긴 신화와 전설에는 오늘날 우리에게도 거의 고스란히 남아 있는 근원적 사유형식인 원형(Archetypen, 原型)이 완결된 형태로 표현되어 있다. 어느 나라의 전설이든 거의 유사한 원형들이 등장한다. 물론 상징의 형태로 되어 있어서 첫눈에 알 수는 없고, 그 상징을 여는 열쇠를 익혀야만 한다. 그래도 그런 열쇠를 손에 쥔다면 나도 잘 몰랐던 나 자신과 우리의 모습을 더욱 정밀하게 이해할 수 있다. 그 때문에 사람들은 옛이야기에 이끌린다. 읽다 보면 낯설면서도 어딘지 몹시 친근함을 느끼는 것이다.

그리스 신화를 모르고는 서양 사람들이 남긴 문학, 철학, 건축, 미술, 음악 등에 접근하기가 거의 불가능하다. 그리스 신화가 서양의 역사는 물론,

문학과 예술, 철학적 사유의 깊은 뿌리에 맞닿아 있기 때문이다. 게르만 세계에 대해서도 같은 말을 할 수 있다. 비록 기독교 시인들의 손으로 정리된 것이기는 하지만, 그래도 옛 게르만 신들과 영웅들의 이야기는 게르만 세계가 지닌 정신의 양상과 특히 이것이 기록될 당시의 사회적 가치관을 생생하게 보여준다. 오늘날 스칸디나비아 반도의 나라들과 아이슬란드, 네덜란드, 독일, 오스트리아, 스위스, 영국 등 옛 북유럽에 뿌리를 둔 국가에 거주하는 사람들의 근원적인 사유 체계 일부를 게르만 신화와 전설에서 쉽게 찾아볼 수 있다. 이것은 오늘날 소설이나 영화 같은 문화 상품을 통해 멀리 떨어져 사는 우리에게까지 영향을 미치고 있다.

| 3 |

독일 남부 알프스 산자락에 자리 잡은 노이슈반슈타인(새백조바위) 성은 가장 유명한 독일의 관광 명소 중 하나다. 19세기에 바이에른 왕국의 루트비히 2세가 세운 이 성은 전 세계의 관광객이 엄청나게 몰려드는 곳이다. 동화에 등장하는 것 같은 이 성은 월트 디즈니에게 영감을 주어 디즈니랜드 성의 모델이 된 것으로도 유명하다.

성 안으로 들어가면 벽면이나 문턱 위에 바그너의 오페라 〈파르지팔〉, 〈트리스탄과 이졸데〉, 《니벨룽의 반지》, 〈로엔그린〉의 장면을 묘사한 그림들이 연달아 등장한다. 여행 안내인이나 안내 책자도 루트비히 왕이 바그너의 열렬한 팬이었다는 사실을 거듭 강조한다. 물론 실내에서는 바그너 오페라의 삽입곡이 흐른다. 몰려드는 관광객들은 차례를 기다렸다가 줄을 서서 바그너 음악을 들으며 이 모든 장면들을 스쳐 지나간다. 하지만 눈으로 보고 사진까지 찍었으나 그 그림들이 어떤 이야기를 담고 있는지 제대로 아는 사람은 그리 많지 않다.

이 성에서 만날 수 있는 지크프리트(지구르트), 파르치팔, 로엔그린, 트리스탄 등은 모두 우리 책에 등장하는 주인공들이다. 바로 게르만 영웅 전설의 주인공들인 것이다. 바그너의 오페라가 게르만 신화와 전설들을 다루고 있기 때문에 일어나는 일이다. 게르만 신화와 전설은 19세기 작곡가인 바그너의 작품을 통해 오늘날 우리에게 전해지고 있다고 해도 틀린 말이 아니다.

게르만 영웅 전설은 유럽 중세 기사문학의 중요한 부분이며 이후 유럽의 문학과 예술에 깊고도 다양한 영향을 미쳤다는 점에서 주목할 필요가 있다. 환생하는 영웅의 이야기, 괴물과 영웅의 대결, 되풀이되는 모험 여행, 아름다운 여인과 영웅의 사랑 등 흥미롭고 환상적인 이야기 요소를 가득 담고 있는 게르만 영웅 전설은 오늘날까지도 끊임없이 재탄생되며 우리의 상상력을 자극한다.

| 4 |

 2007년에 출간된 《안인희의 북유럽 신화》 1, 2권에서 《에다》에 등장하는 신들의 이야기를 독자들에게 이미 소개했다. 하지만 그것으로 《에다》 이야기가 다 끝난 것이 아니다. 신들의 이야기에 뒤이어 신의 혈통을 타고난 영웅들의 이야기가 등장하기 때문이다. 《에다》의 영웅 이야기들은 대부분 중세 전성기 도이치 문학작품(1190~1220년)보다 오히려 뒷날, 상당수가 도이치 문학의 영향을 받아 쓰인 것들이다. 앞의 책에 다 싣지 못한 영웅들의 이야기를 이 책의 1부에 모았다.

 《에다》 이야기 말고도 중세 전성기 도이치 문학작품에 등장하는 기독교 기사 영웅들의 이야기도 이 책 2부에 함께 넣었다. 덕분에 바그너가 다룬 중세 시대의 주인공 대부분이 여기서 한데 묶이게 되었다. 앞서 이미 언급한 지크프리트(4부작 《니벨룽의 반지》), 파르치팔, 로엔그린, 트리스탄 등이 그들이다. 지크프리트를 빼면 뒤에 나오는 세 명은 모두 기독교 기사들이다.

 중세가 기독교와 이교가 서로 세력 다툼을 벌이던 시대라는 말은 이미 했다. 하지만 이교의 주인공들과 기독교의 주인공들은 서로 다른 시간과 공간에 위치한다. 그들은 서로 거의 부딪치지 않는다. 모든 작품이 이교가 몰락하고 기독교가 승리자로 우뚝 선 다음에 쓰였기 때문이다. 중세의 작가들은 이 이질적인 주인공들을 서로 맞붙여 싸우게 하지 않고 제각기 자기가 속한 세계의 영웅들로 만들었다.

이들은 이교도나 기독교도나 가리지 않고 모두 말을 타고 이리저리 모험을 찾아 떠돌아다니는 기사들이다. 그들이 무엇을 찾아 그토록 헤맸는지, 그 의문을 풀어줄 이야기들이 이 책에 담겨 있다. 억누를 길 없이 강렬한 욕망에 이끌려 엄청난 모험을 감행하고 또 성공하지만 대개는 허망하고도 비극적인 최후를 맞이하는 삶의 이야기, 하지만 어쩌면 바로 이런 허망한 최후 때문에 후세에도 사람들의 마음을 사로잡는 남자와 여자 영웅들의 이야기다.

중세 문학작품에 등장하는 이교와 기독교의 두 세계는 공통적으로 오늘날의 눈으로 보아도 놀라운 판타지 문학의 특성을 드러낸다. 그런 만큼 우리 책에 등장하는 주인공들의 행적은 아주 재미있다.

이제 바그너라는 안내자가 이끄는 타임머신을 타고 중세의 판타지 세계로 들어가 보자.

2011년 봄

안인희

차례

❧ 저자의 말 ······································································································· 4

# 1 영웅, 반지를 탐하다 《에다》세계의 영웅들

대장장이 뵐룬트 ···························································································· 15
늑대골에서 보낸 일곱 해 | 니두트 왕의 습격 | 뵐룬트의 복수 | 하늘로 날아간 대장장이 | 날개옷에 담긴 의미

환생하는 용사, 발퀴레의 연인 ······································································ 34
히요르바르트의 아들 헬기 | 훈딩을 죽인 헬기 | 노골적인 욕망들

❧ 누가 영웅이 되는가? ···················································································· 68

뵐중 가문의 비극 ·························································································· 72
오딘의 칼 | 잔혹한 용기 시험 | 진표틀리, 늑대인간이 되다 | 복수의 칼날 | 진표틀리의 죽음 | 어두운 운명의 자손들

반지의 영웅 지구르트 ··················································································· 94
난쟁이 밑에서 자라다 | 아버지의 원수를 갚고 | 용의 피가 인도하는 곳으로 | 잠자는 숲 속의 미녀 | 기우키의 나라 | 영웅의 최후

잔혹한 운명의 여인 구드룬 ········································································ 123
망각의 약 | 니플룽겐족의 최후 | 구드룬의 마지막 요리 | 계속되는 기구한 운명

형제의 전쟁 ·································································································· 142
앙간티르와 흘뢰트 | 훈족의 침입 | 8일간의 전투

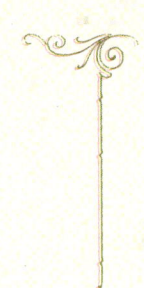

베오울프 · · · · · · · · · · · · · · · · · · · · · · · · · · · · · · · · · 152
위기에 처한 흐로드가 왕궁 | 베오울프, 출정하다 | 식인 거인 그렌델 | 늙은 용사의 마지막 일전

✤ 판타지의 탄생 · · · · · · · · · · · · · · · · · · · · · · · · · · · · · 170

## 2 영웅, 성배를 꿈꾸다 _기독교 기사 영웅들_

성배의 기사 파르치팔 · · · · · · · · · · · · · · · · · · · · · · 179
기사, 중세 유럽의 떠돌이 지식인 | 완벽한 기사 가흐무레트 | 바보 소년 | 붉은 기사를 만나다 | 브로바르츠 왕국의 콘드비라무어스 여왕 | 성배의 성 | 원탁의 기사가 되다 | 은자의 동굴에서 | 원탁의 기사 가반의 모험 | 성배의 왕 파르치팔

✤ 흥미롭고 통속적인 결말, 성장소설 · · · · · · · · · · · · · · · · 280

백조의 기사 로엔그린 · · · · · · · · · · · · · · · · · · · · · · 286
프리드리히 폰 텔라문트의 구혼 | 백조의 기사 | 결투의 날 | 금지된 질문 | 용을 죽인 기사와 성배의 기사

트리스탄과 이졸데 · · · · · · · · · · · · · · · · · · · · · · · · 303
틴타젤 성에서의 사랑 | 어린 시절 | 모건과의 결투 | 거인 기사 모롤드 | 악사 탄트리스 | 구혼 사절로 떠나다 | 사랑의 미약 | 위험한 사랑 | 욕망이여, 멈춰라 | 하얀 손의 이졸데 | 나무 두 그루

✤ 맺음말 · · · · · · · · · · · · · · · · · · · · · · · · · · · · · · · · 364

✤ 부록
용어 및 인물 설명 · 368   ✤ 참고문헌 · 378   ✤ 찾아보기 · 381

지그문트가 죽은 다음 그의 아내 히요르디스는 아들을 낳았다. 아기는 덴마크왕 히얄프레크에게로 보내졌다. 왕은 아기의 눈빛들 알프와 혼인시켰다. 하지만 아기는 어머니에게 보내지 않고 자신이 거두었다. 아이는 모든 사람들의 사랑을 받았다. 히얄프레크으을 가르칠 만큼 아는 것도 많았다. 그래서 히얄프레크왕은 어린 자구르트가 난쟁이와 어울리는 것을 보고도 그대로 두었다. 지구르트훌륭한 대장장이 솜씨와 뛰어난 지식 속에 비밀과 음흉한 속셈을 감추고 있었다. 레긴은 어린 자구르트가 자라서 뛰어난 용사가 5히얄프레크왕의 마구간에서 가장 훌륭한 말을 골라 제것으로 삼고 말에게 그라니라는 이름을 붙여주었다.

# 1 영웅, 반지를 탐하다

### 《에다》 세계의 영웅들

아기를 목욕시키고 지구르트라는 이름을 지어주었다. 히알프레크는 지구르트의 어머니 히요르디스를 아이 대장장이가 있었다. 아이는 대장간에서 놀기를 좋아했다. 대장장이는 솜씨가 뛰어난 데다가 왕의 아들을 돌아다니는 것도 좋아했다. 이러다 보니 레긴이 지구르트를 거의 키우다시피 하게 되었다. 하지만 레긴은 로 있었다. 소년은 어린 나이에도 겁이 없고 힘이 장사라 장차 훌륭한 용사가 될 소질을 보였다. 지구르트는

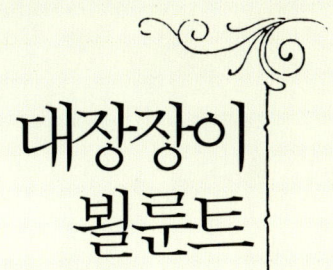

# 대장장이 뵐룬트

### ✦ 늑대골에서 보낸 일곱 해

슬락피트, 에길, 뵐룬트 삼형제는 핀란드 왕의 아들이었다. 하지만 이들의 출신은 분명하지 않다. 이들이 알프(Alf, 요정) 종족이라는 이야기도 있기 때문이다. 알프는 인간보다는 신과 비슷한 존재다. 알프는 신들의 세계인 아스가르트, 바나하임과 나란히 하늘에 자리 잡고 살았는데, 이들의 세계를 알프하임이라고 한다. 슬락피트, 에길, 뵐룬트가 알프 종족이라면 그들은 보통의 인간보다 훨씬 뛰어난 존재들이다. 하지만 이들이 덴마크 셀란 섬 출신이라고 말하는 이도 있다. 그러니 어느 쪽이 맞는지 정확히 알기는 어렵다. 어쨌든 보통 사람이 아니라는 점만은 짐작할 수 있다.

발퀴레는 원래 자연의 정령이었다가 뒷날 처녀 전사로 신분이 바뀌었다. 오딘의 명을 받고 지상의 싸움에 개입하여 전쟁터에서 죽은 영웅을 발할로 데려가는 역할을 한다.

　슬락피트, 에길, 뷜룬트 삼형제는 얼음들판과 숲을 이리저리 헤쳐 스키를 타고 짐승을 사냥하러 다니는 사냥꾼이었다. 그들은 한동안 스웨덴에서 멀지 않은 '늑대 골짜기'라 불리는 산악지대에 자리를 잡고 살았다. 골짜기를 타고 흘러내리는 물살이 만들어낸 호수가 근처에 있었는데, '늑대 호수'라고 불렸다.

　어느 날 아침 그들은 호숫가로 나갔다가 세 여인이 앉아 도란도란 이야기를 나누는 것을 보았다. 여인들은 전쟁터의 하늘을 날아다니며 죽은 자의 영혼을 아스가르트에 있는 오딘(Odin)의 궁전 발할(Walhal)로 데려가는 처녀신 발퀴레(Walküren)들이었다. 발퀴레는 셋이나 여섯 아홉 등 3의 배수를 이루어 여럿이 함께 다닌다. 신의 지위에 있긴 하지만 신격(神格)이 좀 밀려서 자주 영웅의 애인이 되곤 했다. 발퀴레 중에는 인간 출신도 꽤 있었던 모양이다.

전쟁터에서 임무를 마치고 얼마 전에 이곳으로 날아온 세 여인은 여기 머물며 휴식을 취하는 중이었다. 그들은 하늘을 날 때 입고 다니는 하얀 백조 옷을 벗어 바위 뒤에 감추어두고, 물가에 앉아 발퀴레나 노르네(Nornen)들이 흔히 하는 버릇대로 아마(亞麻)실을 자으며 이따금 노래도 부르고 이야기도 나누었다. 다음번 전쟁이 일어날 때까지 이렇게 쉬면서 시간을 보내는 것이다. 그들이 짜는 아마실은 제각기 인간의 수명을 결정하는 운명의 실이기도 했다.

사냥꾼의 날카로운 눈썰미를 지닌 삼형제는 이 여인들의 정체를 금방 꿰뚫어보았다.

"흠, 저들은 분명 발퀴레들이다. 그렇다면 근처에 백조 옷을 벗어두었을 텐데. 마침 셋이니 우리하고 숫자도 꼭 맞지."

머지않아 그들은 바위틈에서 여인들의 백조 옷을 찾아내 셋만 아는 비밀 장소에 감추었다. 산에는 사냥꾼만이 아는 비밀스러운 장소가 많았다. 세 여인의 이름은 흘라트구트, 헤르뵈르, 앨룬이었다. 흘라트구트는 '백조하얀'이라는 별명으로도 불렸다. 뒷날 이야기꾼들은 이들을 "다른 세계에서 온 존재"라 부르기도 했다. 그야 그들이 발퀴레이니 당연한 일이 아니겠는가. 노래에 따르면 이 여인들은 신비로운 "어둠의 숲(미르크비트)"에서 날아왔다고 한다.

여인들의 백조 옷을 감춘 사냥꾼 삼형제는 그들을 집으로 데려와 제각기 한 명씩 아내로 삼았다. 슬락피트는 '백조하얀'을, 에길은 앨룬을,

슬락피트, 에길, 뵐룬트가 호숫가에서 휴식을 취하는 발퀴레들을 훔쳐보고 있다. 19세기 화가 프리드리히 빌헬름 하이네의 그림.

뵐룬트는 헤르뵈르를 아내로 얻은 것이다.

그 뒤로 이곳 늑대 골짜기에서 슬락피트 삼형제는 일곱 번의 겨울이 지나도록 고운 여인들과 사이좋게 살았다. 평화롭고 행복한 시간이었다. 하지만 여인들은 비록 그 자태가 아름다워도 사나운 전쟁터를 누비던 발퀴레들이라 일곱 겨울이 지나자 이런 평화로운 삶을 더는 견디기가 어려웠다. 전쟁터를 뒤덮는 칼 부딪치는 소리, 방패 깨지는 소리와, 도랑을 이루어 흐르는 용사들의 피가 그들을 불렀던 것일까? 아니면 땅의 비좁은 경계를 벗어나 전쟁터의 하늘을 마음껏 누비고 싶었던 것일까?

여덟 번째 겨울이 오자 여인들은 전쟁터가 그리워 몸부림을 치면서 틈이 날 때마다 백조 옷을 찾으러 숲을 이리저리 헤집고 돌아다녔다. 아홉 번째 겨울 어느 날, 남편들이 사냥을 나가고 없을 때 여인들은 마침내 남편들이 숲 속 깊이 감추어둔 날개옷을 찾아냈다. 여인들은 제 옷을 찾아 입고 하늘로 날아 올라갔다. 마침내 자유를 얻은 세 여인은 다시는 집으로 돌아오지 않을 셈이었다. 그들은 자기들이 떠나온 어둠의 숲으로 돌아갔다.

삼형제가 사냥에서 돌아와 보니 여인들이 떠난 집은 텅 비어 있고, 불씨 하나 없는 집 안은 냉기가 싸늘했다. 집 안과 주변을 아무리 찾아보아도 사랑하는 아내는 어디서도 찾을 길이 없었다. 마지막으로 백조 옷을 감추어둔 곳에 가보니 옷들도 간데없이 사라졌다. 여인들이 옷을 찾아 입고 훨훨 날아간 것이 분명했다.

슬락피트와 에길은 아내를 찾으러 길을 나섰다. 슬락피트는 '백조하얀'을 찾으러 남쪽으로 떠나고, 에길은 앨룬을 찾아 동쪽으로 떠났다. 다만 뵐룬트만은 아무 데도 가지 않고 늑대 골짜기의 집에 홀로 남았다. 뵐룬트는 셋 중에서 여러 모로 재주가 가장 뛰어났다.

## ✤ 니두트 왕의 습격

뵐룬트는 사냥을 나가지 않고 집에 있을 때면 황금을 다듬어 반지를 만들곤 했다. 그는 젊은 시절 한동안 유명한 난쟁이 대장장이들 곁에 머물면서 그들의 뛰어난 세공 기술을 익힌 대장장이기도 했다. 뵐룬트의 솜씨는 그 어떤 뛰어난 대장장이에게도 뒤지지 않았다. 그는 떠나버린 아내를 위해 반지를 만들며 아내가 돌아오기를 기다렸다. 이렇게 만든 반지들은 보리수 속껍질을 꼬아 만든 튼튼한 줄에 꿰어 커다란 홀한구석에 걸어두었다.

세월이 흐르고 이웃나라 스웨덴의 왕 니두트가 늑대 골짜기에 뵐룬트 혼자 살고 있다는 소식을 들었다. 니두트는 전설적인 니아렌족의 왕이다. 말에 오른 그는 갑옷으로 무장한 부하들을 여럿 거느리고 늑대 골짜기로 향했다. 그의 아내도 남자처럼 거친 복장으로 말을 타고 남편을 따라나섰다. 창백한 반달이 차가운 빛을 던지는 밤, 말 탄 병사들이

들고 있는 방패가 달빛에 번쩍였다. 뵐룬트의 집 근처에 도착하자 그들은 말에서 내려 안으로 들어갔다. 집은 비어 있었다. 홀을 이리저리 뒤지고 돌아다니다가 보리수 속껍질 줄에 반지들이 꿰여 있는 것을 보았다. 대장장이 뵐룬트가 만든 것이었다. 그것을 내려 헤아려보니 반지가 무려 700개나 되었다. 그사이 벌써 그렇게 여러 해가 흐른 것이다.

왕은 반지 하나를 빼서 주머니에 집어넣고 나머지는 도로 줄에 꿰어 제자리에 걸어두었다. 그 반지는 외동딸 뵈트빌트에게 줄 생각이었다. 반지 말고도 그는 뵐룬트가 만든 훌륭한 칼 하나를 찾아내 허리춤에 꿰찼다. 반지와 칼 말고 다른 것은 아무것도 건드리지 않은 채 그대로 두었다. 그들은 집 근처에 몸을 숨겼다.

멀리 사냥을 나갔던 뵐룬트가 곰 한 마리를 메고 꽤 늦은 시각에 집으로 돌아왔다. 니두트와 부하들이 몸을 감추고 있는 것을 그는 알아채지 못했다. 마른 장작으로 불을 피우고 곰고기 한 덩이를 잘라 불에 굽기 시작했다. 활활 타오르는 불길에 고기가 익는 동안 그는 벗겨낸 곰의 가죽 위에 자리를 잡고 앉아 반지를 세어보았다. 아무리 헤아려도 한 개가 모자랐다.

'그사이에 마누라가 다녀갔나? 제 반지를 찾아 손가락에 낀 모양이지. 지금은 대체 어디 있는 건가?'

그는 이렇게 생각했다. 식사를 마치고 나서도 한참이나 아내 생각을 하며 앉아 있다가 잠이 들었다. 험한 사냥 길에 몸이 고단했던 탓인지 잠이 깊었다. 잠결에 몸이 영 불편하여 깨어보니, 팔다리가 꽁꽁 묶이고 발에는 쇠사슬까지 채워져 있는 게 아닌가! 그는 어리둥절한 채로 소리쳤다.

"나를 꽁꽁 묶고 쇠사슬까지 채운 놈이 대체 누구냐?"

그러자 니아렌족의 왕 니두트가 모습을 나타내더니 묻는 말에 대답은 않고 이렇게 되물었다.

"뵐룬트야, 이곳 늑대 골짜기에서 이 많은 황금이 다 어디서 났느냐?"

"이곳엔 용의 보물도 라인 강의 황금도 없지. 하지만 우리 고향엔 귀한 보석이 많다. 전에 여기 살던 여인네들도 이름 높은 왕가 출신이었고. 그러니 이 동네에서 나온 게 아니라도 우리한테 황금이야 많다."

남편의 원정길에 따라나선 니두트의 아내가 밖에서 두 사람의 대화를 엿듣고 있다가 서둘러 안으로 들어왔다. 그녀는 긴 홀을 가로질러 걸어오더니 한편에 멈추어 서서 남편을 불렀다. 남편이 오자 그녀는 목소리를 낮추어 이렇게 속삭였다.

"사냥꾼인 그 사람이 두렵지도 않은가요. 당신 허리에 찬 칼을 보고, 또 우리 딸아이 손가락에서 반지가 빛나는 꼴을 보면, 두 눈을 용의 눈깔처럼 번뜩이며 이빨을 부득부득 갈 텐데. 그렇지만 죽이기는 아까운 재주를 가졌으니, 도망치지 못하게 그 사람의 오금 인대를 끊고 세바르 섬에 가두어버려요!"

이렇게 해서 용감하고 손재주 좋은 대장장이 사냥꾼 뵐룬트는 니두트 왕의 포로가 되었다. 왕비의 충고대로 오금 인대를 끊겨 제대로 걷지도 못하는 절름발이 신세로 니두트의 왕국으로 끌려가게 되었다.

### ✦ 뵐룬트의 복수

절름발이 대장장이 뵐룬트는 세바르 섬에 갇혔다. 섬은 육지에서 그다지 멀리 떨어져 있지 않았다. 니두트 왕은 그곳에 뵐룬트를 위해 대장간을 지어주었다. 뵐룬트는 대장간에서 왕의 무기를 만들고 여인과 남정네들을 위한 섬세한 장신구도 만들었다. 그에게는 어딘지 두려운 힘이 있어서 아무도 감히 그의 곁에 가까이 가지 못했다. 오로지 왕만이 이따금 신비로운 대장장이를 방문하곤 했다.

대장장이는 이런 생각을 했다.

'니두트는 내가 만든 칼을 허리에 차고 있다. 내가 있는 솜씨를 다해 날을 세우고, 있는 힘껏 망치질을 해서 단단하게 벼린 그 번쩍이는 무기가 저렇게 남의 손에 들어갔으니 이제 다시는 내게로 돌아오지 못하겠지. 그리고 그의 딸 뵈트빌트는 내가 아내를 위해 만든 황금반지를 손가락에 끼고 있다. 아무도 내게 그 보상을 해주지 않겠지.'

그는 잠도 거의 자지 않고 늘 앉아서 이런저런 궁리에 잠겼다. 훌륭한 대장장이 솜씨로 장신구와 무기를 만들 때도 생각을 거듭했다. 어차피 혼자서 일하는 그에게 생각할 시간은 많았다. 멀리 떠난 아내 생각도 이따금 했지만, 그보다는 자신을 이렇게 불구로 만들어 섬에 가두어 두고 부려먹는 왕과 왕비에게 복수할 방도와 기회를 엿보았다. 복수를 한 다음 이곳을 떠나 자유롭게 살고 싶었다. 하지만 이런 불구의 몸으로 무얼 어떻게 한단 말인가? 그래도 그는 늘 기회를 노렸다.

니두트 왕에게는 딸 말고도 어린 두 아들이 더 있었다. 어느 날 두 왕자가 아무도 몰래 세바르 섬으로 찾아와 뵐룬트의 대장간을 기웃거렸다. 호기심이 많은 소년들은 뷜룬트의 보물이 보고 싶었다. 아직 어리고 순진한 소년들은 다리가 성치 못한 괴팍한 대장장이를 보고도 두려움을 몰랐다. 그들은 궤짝을 보고 소리쳤다.

"저기 구석에 궤짝이 있어."

그들은 그리로 다가가 궤짝을 자세히 살펴보았다. 그러더니 천진한 태도로 대장장이더러 궤짝 속을 좀 들여다보게 열쇠를 달라고 부탁했다. 뷜룬트는 선뜻 열쇠를 소년들에게 내주었다. 궤짝 속에는 많은 보석과 황금 그리고 뷜룬트가 잠도 자지 않고 만든 아름다운 물건들이 가득 들어 있었다. 번쩍이는 갖가지 진귀한 보물을 보고 소년들은 기쁨과 경탄의 함성을 질렀다. 그 모습을 바라보던 뷜룬트가 소년들에게 나직한 소리로 속삭였다.

"얘들아, 다음에 너희 둘이서 한 번 더 이리로 오면 이 황금을 몽땅 줄게. 대신 시종이나 다른 사람한테는 여기 왔었다는 말은 절대 해선 안돼. 그랬다간 다시는 이리로 오지 못할 테니까."

아이들은 뷜룬트와 약속한 대로 아무한테도 섬에 갔다 왔다는 이야기를 하지 않았다. 며칠 지나지 않아 아이들은 다시 보물이 보고 싶어 견딜 수가 없었다.

"우리 보물을 보러 가자."

이렇게 둘이서 속삭이고, 아무도 몰래 뷜룬트의 대장간을 찾아갔다. 궤짝 뚜껑을 열자 눈부신 보물이 보였다. 아이들이 궤짝 속에 머리를 처박고 정신없이 보물을 만져보고 구경하는데, 힘센 뷜룬트가 궤짝의 문을 쾅 닫아버렸다. 날카로운 뚜껑이 두 아이의 목을 동강내면서 아이들은 그대로 죽고 말았다.

비석에 새겨진 뵐룬트의 대장간. 가운데 보이는 움막이 뵐룬트의 대장간이고, 그 오른쪽으로 니두트 왕의 두 아들이 목이 잘린 채 숨겨져 있다. 왼편에 보이는 여성의 실루엣은 니두트 왕의 딸 뵈트빌트다.

뵐룬트는 죽은 두 아이의 발을 잘라 모루 옆에 구덩이를 파고 따로따로 묻었다. 이어서 아이들의 두개골에 끓는 은을 부어 커다란 잔 두 개를 만들었다. 눈알 네 개는 가공하여 아름다운 보석으로 만들고, 이빨은 여인네의 앞가슴을 장식하는 아름다운 목걸이로 만들었다. 뵐룬트는 은잔 두 개를 니두트 왕에게 선물했다. 눈알로 만든 보석 장신구는 왕비의 몫이 되고, 이빨 목걸이는 딸 뵈트빌트 차지가 되었다. 선물을 받은 사람들은 아프도록 아름다운 그 모습에 경탄을 아끼지 않았다.

니두트 왕과 왕비는 며칠이 지나도록 어린 두 아들의 모습이 보이지 않자 사람을 시켜 찾아보게 했다. 하지만 아무리 찾아보아도 아이들은 흔적도 없었다. 결국 아이들이 숲으로 갔다가 짐승에게 물려 죽었거나 아니면 강물에 빠져 죽은 모양이라고 여기는 수밖에 없었다. 그들은 어린 자식을 잃은 슬픔에 빠졌다.

뵐룬트는 복수에 성공하여 왕과 왕비의 마음에 큰 근심을 만들어낸 것이 기뻤으나 오금 인대가 끊겨 제대로 걷지 못하는 불구 신세는 되돌릴 길이 없었다. 그는 깊이 탄식했다.

"복수는 했다마는 망가진 다리는 고칠 길이 없구나."

그 무렵 뵐룬트의 형 에길이 니두트의 부하가 되어 있었다. 아내를 찾으러 떠돌아다니다가 이곳까지 흘러 들어오게 된 것이다. 에길은 활솜씨가 뛰어나 왕의 사랑을 받았다. 어느 날 그는 솜씨 좋은 대장장이가 있다는 소문을 듣고 몰래 섬으로 찾아갔고, 거기서 뵐룬트를 만났다. 실로 오랜만에 형제가 니두트 왕의 나라에서 재회하게 된 것이다. 에길은 동생이 절름발이가 된 사연을 들었다.

그 자리에서 뵐룬트는 형 에길에게 새를 잡으면 그 깃털을 모아 가져다달라고 부탁했다. 그러고는 형이 가져다준 깃털들을 이어 붙여 날개옷을 만들기 시작했다. 그의 솜씨가 난쟁이 대장장이에 못지않았으니 무엇인들 못 만들까.

어느 날 뵈트빌트가 애지중지 아끼던 금반지가 둘로 쪼개졌다. 부모님에게 차마 사실대로 말할 수가 없어서 뵐룬트에게 시녀를 보내 반지를 이전과 똑같은 모양으로 고쳐달라고 부탁했다. 시녀가 돌아와서 뵈트빌트에게 전했다.

"공주님이 직접 오셔야 고친 반지를 돌려주겠다고 합니다."

뵈트빌트는 시녀에게 입단속을 시키고는 금반지를 찾으러 직접 뵐룬트에게 갔다. 뵐룬트는 친절하게 공주를 맞아들였다.

"깨진 반지를 다듬어 부모님이 보시고 이전보다 더욱 아름답다 여기도록 만들었답니다. 공주님 눈에도 전처럼 아름답게 보일 겁니다. 잠깐

뵈트빌트는 아버지에게서 선물받은 금반지가 쪼개지자 반지를 고치기 위해 대장장이 뵐룬트를 찾아갔다가 겁탈을 당하고 뵐룬트의 아이를 갖게 된다. 요하네스 게르트의 그림.

여기 앉아 기다려요."

이렇게 말하고 뵐룬트는 반지를 건네기 전에 준비해둔 꿀술을 뵈트빌트에게 권했다. 뵈트빌트는 꿀술을 겨우 한 모금 입에 댔는데도 졸음이 쏟아져 견딜 수가 없었다. 그녀는 소파에 쓰러져 잠이 들었다. 그사이 뵐룬트가 그녀 곁으로 다가와 아름다운 아가씨를 차지하고 말았다. 뵈트빌트는 깊은 잠에 빠진 것은 아니었지만 졸음에 겨워 멍한 상태에서 소리조차 제대로 지르지 못했다.

일이 끝나자 뵐룬트는 큰 소리로 웃으며 그사이 완성한 날개옷을 입고 공중으로 날아올랐다. 뵈트빌트는 그 꼴을 멍하니 바라보았다. 완전히 제정신이 돌아오자 그녀는 수치심과 아버지에 대한 두려움으로 울면서 궁전으로 돌아갔다. 얼마 후 그녀의 배 속에서는 뵐룬트의 아이가 자라기 시작했다. 뵐룬트는 여전히 섬에 머물며 대장장이 일을 계속했다.

### ✦ 하늘로 날아간 대장장이

머지않아 왕비가 딸에게 무슨 일이 일어났음을 알아챘다. 왕비는 서둘러 긴 홀을 지나 남편에게로 달려갔다.

"여보, 니아렌족의 니두트 임금님, 깨어 계신가요?"

"기쁨을 잃은 뒤로 잠도 못 이루고 늘 깨어 있다오. 아이들이 그렇게 사라졌으니 무슨 낙이 있으리. 내 머리는 차디차게 식었네. 당신의 충고도 참으로 못되고 차가운 것이었지. 내 이제 지혜로운 뵐룬트와 이야기를 해보는 게 좋겠소."

아내에게서 딸 이야기를 듣고 왕의 마음은 더욱 어두워졌다. 그는 이튿날 뵐룬트를 찾아갔다. 이제는 예전에 대장장이를 잡아올 때처럼 기고만장한 태도가 아니었다.

"알프들의 현자 뵐룬트여, 내 귀한 아들들이 어찌 되었는지 혹시 아시오?"

"니두트께서는 먼저 내게 맹세하시오. 배의 바닥과 방패 표면에 걸고, 또 말의 머리와 칼의 날에 걸고, 뵐룬트의 처에게 아무 해도 입히지 않겠노라고, 내 아내를 죽이지 않겠노라고, 내게 아내가 있다면 말이오. 그리고 그 자식도 해치지 않겠노라고 맹세하시오."

마음이 지쳐 있던 왕은 조용히 뵐룬트의 말을 받아들여 맹세를 했다. 그러자 뵐룬트가 사실을 털어놓았다.

"당신이 나를 위해 지은 대장간을 찾아보시오. 피투성이가 된 아들들의 몸통을 찾아낼 수 있을 것이오. 두 발은 모루 옆 구덩이에 파묻었소."

대장장이는 아이들의 두개골과 눈알과 이빨을 어떻게 했는지, 그리고 왕의 딸 뵈트빌트가 자신의 자식을 임신하고 있다는 사실까지 모조리 털어놓았다. 말하면서 그는 날개옷을 입었다. 그러곤 왕이 이미 맹세한 대로 공주와 그 아이를 해치지 말라는 다짐까지 덧붙였다.

분노한 니두트가 칼을 빼들고 덤벼들었지만 날개옷을 다 입은 뵐룬트는 웃음을 터뜨리며 열린 창문을 통해 천천히 하늘로 날아 올라갔다. 니두트는 그 꼴을 멍청히 바라볼 수밖에 없었다. 왕이 분해서 소리를 질렀다.

"그토록 끔찍한 사실을 토해내다니, 지금처럼 너한테 고약한 벌을 주고 싶은 적이 없었다."

그러나 왕은 말을 타고 쫓아도 절름발이 대장장이를 잡을 수가 없고, 아래서 화살을 쏘아 올려도 그를 떨어뜨릴 수 없음을 알아차렸다. 대장장이가 커다란 새처럼 구름 위로 날아오르고 있으니 말이다. 대장장이 뵐룬트는 여유롭게 웃으며 하늘 높이 날아올라 새처럼 작아지더니 니두트의 눈에서 사라져버렸다.

왕은 서둘러 궁으로 돌아가 당장 뵈트빌트를 불러들였다. 딸이 나타나자마자 자기가 들은 말이 사실이냐고 다그쳤다.

"그래, 뵐룬트의 말이 사실이냐? 네가 정말 그놈 집에서 그놈과 함께 있었단 말이냐?"

뵈트빌트는 잔뜩 풀죽어 조그맣게 대답했다.

"사실이에요. 아버지. 그래선 안 될 일이었지만 그와 함께 있었어요. 정말 힘든 순간이었지만 저로선 뵐룬트에게 저항할 힘이 없었어요. 어찌해볼 수가 없었어요."

왕과 왕비는 가슴이 무너져 내렸다. 이미 두 아들을 잃었고, 외동딸의 배 속에는 원수의 자식이 자라고 있었다. 이 모든 사단을 제공한 놈은 연기처럼 사라져버렸는데 딸은 처녀의 몸으로 홀로 아비 없는 자식을 낳게 생겼구나.

아마도 화병이었을까, 니두트는 얼마 지나지 않아 죽고 말았다. 그의 아내가 어찌 되었는지는 알 수가 없다. 하지만 죽지 않고 살았다 해도 금덩이보다 귀한 자식을 둘이나 잃고 외동딸이 신세 망친 꼴을 보면서 사는 고통의 세월이 죽는 것보다 별로 나았을 것 같지는 않다.

니두트 왕의 뒤를 이어 그의 동생이 왕이 되었다. 새 왕은 형보다 너그러운 사람이었다. 조카딸한테도 잘 대해주었다. 뵈트빌트는 머지않아 사내아이를 낳았다. 아이의 이름은 비테게라고 했다. 뵐룬트는 멀리

서 아들이 태어났다는 소식을 들었다.

그는 새 왕에게 심부름꾼을 보내 화해와 평화를 요청했다. 새 왕은 그의 요청을 받아들이고 뵐룬트를 자신의 왕국으로 초청했다. 뵐룬트는 니아렌족의 왕궁으로 찾아가 후한 대접을 받고 아내와 아들을 데리고 고향으로 돌아갔다고 한다. 그 뒤로도 대장장이로서 그의 명성은 계속되었다.

### ✤ 날개옷에 담긴 의미

대장장이 뵐룬트 이야기의 무대는 덴마크, 스웨덴 등 스칸디나비아에 위치한 나라들이지만, 실제로는 그보다 남쪽의 게르만 세계에 널리 퍼져 있던 이야기가 뒤늦게 노르웨이로 들어가 《에다》 시편을 쓴 시인의 손을 통해 다시 구성된 것이다. 남쪽 게르만 세계에서 이 이야기는 '대장장이 빌란트'라는 제목으로 알려져 있다. 뵐룬트 이야기는 이름부터 시작해서 이야기의 뼈대까지 고스란히 남쪽에서 올라온 이 게르만 영웅 전설의 전통을 받아들인 것이다.

《에다》에 나오는 이름 뵐룬트(Wölund, Völundur)는 원래 이름인 빌란트(Wieland)가 중세 북유럽 방식으로 변형된 것이다. 《에다》 17번 시편의 제목은 '뵐룬트 노래(Völundarkvida)'다. 우리 책에서 뵐룬트 이야기는 《에다》의 〈뵐룬트 노래〉를 토대로 삼고 이야기 전개를 이해하기 위해 꼭 필요한 일부 내용만 덧붙였다.

우리에게는 이야기의 앞부분이 우리의 옛이야기 〈나무꾼과 선녀〉와 닮은 점이 많아서 특히 흥미롭다. 나무꾼 대신 사냥꾼이, 선녀 대신 발퀴레가 등장하지만, 그래도 하늘을 날게 해주는 옷을 감추어두고 발퀴레를 아내로 삼았다는 것과, 나중에 아내가 결국 그 옷을 찾아 입고 하늘로 날아가버렸다는 것만은 신기할 정도로 꼭 닮았다. 이야기 마지막에 우리 나무꾼은 선녀가 하늘에서 내려준 물동이를 타고 하늘나라로 올라가고, 북유럽의 대장장이는 손수 만든 날개옷을 입고 하늘로 날아간다. 옛날 유럽과 우리나라 사이에 공간이 이토록 멀건만 어찌 이리 똑같을 수가 있단 말인가.

더욱이 양쪽 이야기에 공통으로 감추어진 상징도 흥미롭다. 여인들은 날개옷을 도둑맞고 (거의 억지로) 남편을 맞아들였다. 그러니 어느 날 훌쩍 남편과의 결혼생활을 정리하고 자신이 떠나온 세계로 돌아가고 싶어한 것은 어쩌면 당연한 일이었을까? 이것은 수많은 옛날이야기의 해피엔딩, 즉 공주님이 자신을 구해준 왕자님과 오래오래 행복하게 살았다는 결말과는 너무나 다르다. 대부분의 남자들은 어떤 수를 써서라도 여자를 한 번 차지하기만 하면 언제까지나 충실한 아내가 될 거라고 믿고 싶겠지만.

발퀴레나 선녀가 보통의 여인들이 아니라 신적 존재이기 때문일까? 그들이 남편과의 결혼생활에 묶여 있기보다 자유롭게 날아다니던 세계를 더 그리워하는 것을 볼 수 있다. 이런 그리움이 발퀴레나 선녀처럼 특별하고 자유로운 여인들뿐만 아니라 모든 여성의 내면에도 감추어진 특성이라고 생각한다면 비약일까? 결혼생활의 좁은 한계에 붙들린 채, 자유롭게 돌아다니는 남편의 뒷바라지를 하는 것만이 여성이 지닌 꿈의 전부는 아니며, 그들도 또한 자유롭게 하늘로 날아오르고 싶어한다고 본다면 말이다.

어쨌든 우리의 〈나무꾼과 선녀〉 이야기와 사냥꾼 뷜룬트 이야기는

그리스 신화에 등장하는 절름발이 대장장이 헤파이스토스는 헤라가 제우스의 도움 없이 낳은 아들이다. 그는 제우스의 발길질에 렘노스 섬으로 떨어져 절름발이가 되었다. 벨라스케스가 그린 헤파이스토스의 대장간.

신기할 정도로 닮은 데가 있는데, 둘 다 공통적으로 여인들은 기회를 잡자마자 날개를 달고 하늘로 날아가버렸다. 그리고 다시는 돌아오지 않았다.

　재주 많은 대장장이가 욕심 많은 왕의 포로가 되었다가 잔인한 복수를 끝내고 미리 만들어둔 날개를 이용해 탈출한 이야기는 《에다》의 여느 영웅 전설과는 다른 특성을 가진 이색적인 작품으로 꼽힌다. 먼저 절름발이 대장장이의 모습은 그리스 신화에 나오는 대장장이 불의 신 절름발이 헤파이스토스를 연상시킨다. 날개를 만들어 하늘로 날아오른 이야기는 그리스 신화의 손재주꾼 다이달로스를 연상시킨다. 다이달로스도 날개를 만들어 달고 미노스 왕을 피해 하늘로 도망쳤다. 그리스 신화의 여러 요소들이 5세기 게르만 민족 이동 시기에 게르만 사람들 사이에도 서서히 알려지면서 그 흔적을 남긴 것으로 보인다.

게르만 사람들 사이에 전해지던 또 다른 이야기가 이 전설에 녹아들었다. 511년 무렵에 쓰인 《성인 세베리누스의 전기》에는 오늘날의 오스트리아 지역에서 일어난 사건 하나가 등장한다. 게르만족의 일파인 루기 사람들의 여왕 기조(Giso)가 금세공사(대장장이) 둘을 포로로 붙잡아두고 일을 시켰다. 이들은 어떻게 해서인지 왕자 하나를 인질로 잡아서 결국 자유를 되찾았다고 한다. 이 사건이 〈뵐룬드 노래〉의 핵심 줄거리를 이룬다.

이 핵심 줄거리에 복잡한 이야기들이 잔뜩 덧붙여졌다. 원래의 '대장장이 빌란트' 이야기에서는 이보다 훨씬 더 길고 세밀한 상황이 전개된다. 이 빌란트 이야기가 오늘날의 독일 지방에서 브리튼을 거쳐 스칸디나비아 반도로 들어간 것으로 보인다. 9세기 무렵 이 이야기는 이미 스칸디나비아 반도에서도 널리 알려지게 되었다. 이때 주인공 이름은 뵐룬트 또는 뵐룬두르라는 북유럽 방식으로 바뀌었다.

뵐룬트가 하늘로 날아 올라간다는 점 때문에 그는 초인적인 존재인 알프로도 여겨진다. 즉 뵐룬트는 신들의 이야기와 영웅 전설 사이에 긴 중간적인 존재라고 볼 수 있다. 《에다》 시편에서 신들의 노래에 뒤이어 영웅 전설의 맨앞에 〈뵐룬트 노래〉가 등장하기 때문에 더욱 그렇게 생각할 수 있다. 발퀴레 역시 신적인 요소를 지닌다. 하지만 영웅 전설에서 발퀴레들은 여신이라기보다는 주로 왕의 딸이라는 신분으로 나온다. 그런데도 실을 자아 인간들의 운명을 결정하는 것을 보면 여전히 신적인 존재에 가깝다.

# 환생하는 용사,
# 발퀴레의 연인

《운문 에다》의 영웅 노래 편에는 헬기(Helgi) 노래가 세 개나 나온다. 실제 주인공은 두 명이다. 한 명은 '히요르바르트의 아들 헬기'이고, 다른 한 명은 '훈딩을 죽인 헬기'다. 발퀴레를 사랑한 영웅 헬기는 죽은 다음 세상에 다시 태어나고, 또다시 동일한 발퀴레를 사랑하기를 반복한다. 곧 환생하는 영웅이다.

헬기는 오늘날로 치면 덴마크 지역 출신이다. 아직 덴마크라는 나라가 생기기 이전에 그 땅에서 벌어진 이야기다. 하지만 출전에 따라 그는 노르웨이 지역 출신으로 바뀌기도 한다. 헬기의 이야기를 들어보자.

## ✣ 히요르바르트의 아들 헬기

### 히요르바르트 왕이 지그를린을 아내로 얻다

히요르바르트 왕은 아름다운 아내를 이미 셋이나 두었다. 그들과의 사이에 태어난 아들도 여럿이었다. 아내들과 아들들의 이름은 길고 번거로우니 생략하기로 한다. 다만 첫째 왕비가 낳은 아들 이름은 헤딘(Hedinn)으로, 뒤에 다시 등장하니 소개할 필요가 있겠다.

신하들은 왕이 보기 드물게 아름다운 여인들을 아내로 두었다고 여겼다. 그런데도 왕은 아직 마음에 차지 않았던지 세상에서 가장 아름다운 여인과 혼인하겠다는 맹세를 했다. 이렇게 미인 아내 욕심이 많은 히요르바르트 왕은 스바바 왕국을 다스리는 스바프니르(Svafnir) 왕에게 아름다운 딸이 있다는 소문을 들었다.

왕은 그 공주에게 구혼하기 위해 아끼는 신하를 스바바 왕국으로 파견했다. 아틀리라는 젊은 용사였는데, 그는 사절단을 이끌고 스바바 왕국으로 가서 한 해 겨울을 그곳에서 보냈다. 아름답기로 이름 높은 공주의 이름은 지그를린(Sigrlinn)이었다. 하지만 아틀리는 겨울이 다 지나도록 공주의 얼굴조차 보지 못했다.

스바바 왕국의 충신 프란마르가 공주를 보호하고 훈육하는 일을 맡아 지그를린 공주를 자신의 딸과 함께 보호했다. 프란마르는 왕과 공주에게 거듭 이 청혼을 거절하라고 충고했다. 왕비를 이미 셋이나 둔 왕의 청혼이었으니 거절한 것도 이해가 되는 일이다. 아니면 프란마르가 공주에게 은밀히 딴마음을 품었던 것일까? 어쨌든 프란마르의 방해로 아틀리는 구혼에 실패하고 고향으로 돌아가게 되었다.

말을 타고 고향으로 돌아가던 중에 아틀리는 어떤 숲에 이르러 나무 아래 앉아 잠깐 쉬었다. 부하들은 멀찍이 모여 앉아 고향에 있는 왕비님들이 세상에서 가장 아름답다는 이야기들을 하고 있었다. 아틀리가 기대앉은 나무 위에 새 한 마리가 앉아 있다가 그 소리를 듣고 지저귀기 시작했다. 놀랍게도 아틀리가 새의 말뜻을 알아들었다.

"스바프니르의 딸 지그를린을 보았니? 이곳 무나르하임에서 가장 아름다운 아가씨지."

들을 수 있었으니 아마 말도 할 수 있었을 테지.

"좀 더 자세히 말해줄 테냐?"

"내게 제물을 바치겠다고 약속하면 들어주지."

"히요르바르트 왕과 왕비님, 왕자님들의 목숨을 내라는 것만 아니라면 뭐든지!"

그러자 새는 요구 사항을 말했다.

"사원 하나와 성소(聖所) 여럿, 그리고 황금으로 뿔을 장식한 암소들을 다오. 만일 지그를린이 왕의 품에 안기게 된다면 말이다."

아틀리는 새에게 그러마고 약속했다. 부하들과 함께 고향으로 돌아온 아틀리는 히요르바르트 왕에게 자초지종을 보고했다.

"수고는 하였으나 성과가 없었습니다."

히요르바르트 왕은 끈질긴 사람이었다. 게다가 아틀리가 새와 나누었다는 이야기도 그냥 넘길 수가 없었다. 새의 말대로라면 지그를린을 아내로 삼는 게 불가능한 일은 아니지 않은가? 왕은 차비를 하고 아틀리와 함께 길을 나섰다. 지난번 사절단보다 사람이 훨씬 더 많았다. 그들이 멀리 스바바 왕국이 내려다보이는 산 위에 도착해보니 이게 웬일인가, 스바바 땅에 불길과 연기와 흙먼지가 자욱했다. 왕은 서둘러 부하들을 이끌고 산을 내려가 평지에 이르렀다. 이미 어둠이 내리고 있었으므로 그들은 강가에 야영지를 마련했다.

젊은 영웅 아틀리가 보초를 섰다. 어둠 속에 홀로 앉아 있자니 문득 강 저편 숲에는 무엇이 있을까 궁금한 마음이 일었다. 아니면 전에 숲에서 만났던 새가 남몰래 그를 안내했던 것일까? 그는 부하에게 보초를 서라 이르고 혼자서 강을 건너갔다. 한참을 걸어가니 숲 속에 집이 한 채 있는데, 집 앞에 커다란 새 한 마리가 앉아 망을 보다가 잠이 들어 있었다. 아틀리는 창을 던져 수상하게 큰 새를 죽였다. 그런 다음 안으로 들어갔다. 아름다운 아가씨 둘이 인기척에 놀라 잠에서 깨어났다. 그중 알로프라는 아가씨가 아틀리에게 그간의 사정을 설명해주었다.

이웃 나라의 호로트마르라는 왕도 지그를린에게 구혼을 했는데, 그 또한 프란마르의 방해로 성공하지 못했다. 그러자 성질 급한 호로트마르는 군대를 이끌고 스바바 왕국으로 쳐들어와서 공주를 내놓으라고 위협했다. 왕이 그에게 알아서 공주를 찾아 가라고 버티자, 그는 홧김에 왕을 죽이고 땅을 약탈하고 곳곳에 불을 질렀다는 것이다. 산 위에서 아틀리 일행이 불길과 연기를 본 것은 그 때문이었다. 호로트마르는 스바바 왕국을 샅샅이 뒤졌지만 끝내 공주를 찾지 못한 채 포기하고 돌아갔다.

공주의 교육을 맡은 프란마르는 공주와 자신의 딸을 데리고 이곳 산속으로 들어와 마법의 힘을 빌려 그들을 지키고 있었다. 그러니 이웃 나라 왕이 그들을 찾아낼 길이 없었던 것이다. 알로프는 바로 프란마르의 딸로, 오래전부터 지그를린 공주를 모시는 시녀 노릇을 하고 있었다. 밖에서 망을 보다 잠든 새는 다름아닌 프란마르가 변신한 모습이었다. 프란마르는 이제 죽었으니 지그를린을 지킬 도리가 없게 되었다.

아틀리는 지그를린과 알로프를 데리고 히요르바르트 왕에게 돌아갔다.

히요르바르트 왕 일행은 공주와 알로프를 데리고 고향으로 무사히 돌아왔다. 왕은 지그를린을 왕비로 삼고, 아틀리는 알로프를 아내로 삼았다. 아틀리가 숲에서 만난 새에게 보상을 해주었다는 이야기는 나오지 않지만 분명 그렇게 해주었을 것이다. 새의 도움이 없었다면 아틀리도 프란마르가 지키던 숲 속의 집을 찾아내지 못했을 것이기 때문이다.

**헬기 왕자**

히요르바르트 왕과 아름다운 지그를린 사이에 아들이 태어났다. 그런데 아이는 어찌 된 셈인지 말을 하지 못했다. 그런 탓일까, 이 왕자에겐 이름도 없었다. 그는 열다섯 살이 되도록 이름도 없고 말도 못하는 소년이었다.

어느 날 젊은이가 언덕 위에 홀로 우두커니 앉아 하늘을 쳐다보는데 발퀴레 아홉 명이 말을 타고 지나갔다. 그중 가장 아름다운 발퀴레가 그에게 말을 걸었다.

"헬기야, 너는 훗날 강한 전사가 되어 많은 보물을 얻을 것이다. 하지만 아무리 뛰어난 용기를 가졌어도 그렇게 계속 침묵만 지키다간 아무것도 얻지 못할 거야. 독수리는 일찌감치 소리를 치는 법이거든."

그러자 소년이 갑자기 말문을 열었다.

"아름다운 아가씨, 내게 이름을 붙여주었으니 선물도 주어야지요. 나는 당신 말고는 다른 어떤 선물도 원하지 않아요."

옛날 게르만 사람들 사이에는 이름을 지어주면 이름에 어울리는 선물도 주는 관습이 있었다. 그만큼 이름은 중요한 것이었다. 헬기는 자

히요르바르트 왕의 아들은 열다섯 살이 될 때까지 이름이 없었다. 하늘을 지나던 발퀴레가 그를 '헬기'라고 불러주면서 비로소 이름을 얻었다.

기에게 이름을 지어준 발퀴레를 아내로 맞이하고 싶다는 당돌한 소망을 말한 것이다. 발퀴레는 이렇게 대답했다.

"시가르 섬에 칼이 잔뜩 있어. 쉰 개에서 네 개가 모자란다. 그중 하나가 특히 훌륭한데 황금으로 장식되어 있다. 손잡이에는 고리가 달렸고, 칼날에는 핏빛 뱀이 새겨져 있어. 칼날 한가운데엔 용기가, 칼끝엔 공포가 달라붙어 있지."

발퀴레는 이렇게 일러주고는 동무들과 함께 사라져버렸다. 소년은 이렇게 해서 '헬기'라는 이름을 얻었다. 말문이 트인 것과 함께 타고난 용기와 지략도 모습을 드러냈다. 시간이 어느 정도 지나고 나서 헬기가 아버지를 찾아가서 이렇게 말했다.

"아버지 히요르바르트 임금님, 호로트마르는 우리 친척들의 보물을 가져갔습니다. 목숨을 잃기를 두려워하지 않고 죽은 자의 재산을 가로채도 된다고 믿은 거지요. 이제 제가 열다섯이 되어 성년에 이르렀으니 허락해주신다면 외할아버지의 원수를 갚겠습니다."

호르트마르는 헬기의 어머니 지그를린에게 구혼했다가 거절당한 분풀이로 스바프니르 왕을 죽이고 스바바 왕국을 약탈한 원수다. 히요르바르트는 드디어 긴 침묵을 깨고 말문을 튼 막내아들이 외할아버지의 원수를 갚겠다고 나서자 기꺼이 허락해주었다. 헬기는 발퀴레가 일러준 대로 먼저 시가르 섬으로 가서 보검을 찾아왔다. 그러고는 아버지가 내준 군사를 거느리고 호로트마르 왕을 쳐부수러 길을 나섰다. 저 유명한 용사 아틀리와 함께 부하들을 태운 배를 여러 척이나 거느리고 길을 나섰다. 그 옛날 무시무시한 이야기를 많이 남긴 바이킹 용사들의 출정이었다. 바이킹의 배는 속도가 빠르고 기동성이 뛰어났다.

헬기는 경험 많은 아틀리의 도움을 받아 원수의 왕국을 파괴하고 호로트마르 왕을 죽였다. 그렇게 외할아버지의 죽음에 복수했다. 호로트마르가 스바바 왕국에서 빼앗아간 보물을 모두 되찾았을 뿐만 아니라 호로트마르 왕국의 보물까지 차지했다. 하지만 이제 막 길을 떠난 젊은 영웅 헬기는 이렇게 얻은 보물을 가지고 집으로 돌아갈 마음이 전혀 없었다. 장남도 아니니 돌아가봤자 자기 몫으로 돌아올 유산도 별로 없었다. 그래서 그는 배를 타고 먼 나라들을 돌아다니며 모험을 계속했다.

언제부턴가 그가 싸울 때면 발퀴레들이 나타나 그를 보호해주었다. 발퀴레들은 하늘을 나는 말을 타고 다니면서 뭍이나 바다나 가리지 않고 전쟁터를 누볐다. 그들은 죽은 영웅들의 영혼을 아스가르트에 있는 오딘의 궁전인 발할로 데려가는 일을 맡았다. 그렇기에 이따금 영웅들

바이킹 용사들의 출전. 바이킹족은 무자비한 침입, 약탈 등으로 인해 유럽 각지에서 공포의 대상이 되었다. 하지만 광범위한 교역과 탐험으로 유럽의 역사에 지대한 영향을 끼친 것도 무시할 수 없는 사실이다. 노르웨이의 화가 닐스 베르그슬리엔의 그림.

의 싸움에서 승패를 가르고 영웅의 운명을 결정하기도 했다.

**거인 여인과 맞붙다**

　헬기가 한 번은 앞길을 가로막는 거인 하티를 만났다. 거인은 바다가 내려다보이는 언덕에 자리를 잡고 앉아서, 배를 타고 다가오던 헬기 일행이 해안에 가까이 오지 못하게 지켰다. 두려움을 모르는 헬기와 부하들은 용감하게 거인과 맞붙어 싸웠다. 힘든 싸움 끝에 마침내 그들은 거인을 죽였다. 그런 다음에야 피오르에 배를 정박시킬 수가 있었다.
　바이킹 용사들은 항구에 들어가도 육지에서 밤을 보내지 않고 배 위에 천막을 치고 잠을 자는 일이 많았다. 특히 낯선 곳에선 더욱 그랬다. 헬기는 배의 난간을 따라 쇠로 된 방패를 죽 늘어세워 아무도 배에 침입할 수 없게 했다. 밤이 되자 아틀리가 갑판에 남아 보초를 섰다.

모두 잠이 들고 사방에는 파도소리만 들렸다. 아틀리는 어둠에 잠긴 하늘과 땅과 바다를 바라보며 뱃머리를 이리저리 거닐었다. 그때 거대한 여인의 형상이 육지에 나타났다. 젊을 때부터 수많은 모험을 겪은 용사 아틀리는 이런 일에는 이미 이골이 난 사내였다. 어둠 속에 더욱 어두운 모습으로 선 거인 여인이 등골을 오싹하게 하는 목소리로 말을 걸어왔다.

"이곳 하타 피오르에 머무는 놈들은 누구냐? 너희 왕의 이름을 대라!"

아틀리는 태연하게 대꾸했다.

"우리 왕의 이름은 헬기다. 네가 이름을 알아냈다고 해도 우릴 해치진 못해."

"그럼 너는 누구냐? 뱃머리에 너를 세워둔 걸 보면 왕이 믿는 부하일 텐데."

"내 이름은 아틀리다. 나는 거인 여자들에게 친절을 베푸는 사람이 아니다. 그러는 너는 누구냐?"

상대방이 대답했다.

"나는 흐림게르트(Hrimgerd)이고, 내 아버지의 이름은 하티다. 헬기에게 죽임을 당하기 전까지만 해도 가장 강한 거인이었지."

흐림게르트는 아버지의 죽음에 복수를 하려고 찾아온 것이었다. 거인 여인은 용사들이 잠든 틈에 배와 거기 탄 인간들까지 모조리 바다에 빠뜨려 란(Ran) 여신의 세계로 보낼 셈이었다. 바다에 빠져 죽은 사람들은 먼 바다를 다스리는 거인 에기르(Ägir)의 아내 란이 지배하는 바다

밑 저승으로 가게 된다. 마법을 부릴 줄 아는 거인 여자 흐림게르트는 밤의 어둠을 이용해 잠든 인간들을 몰살할 계획이었다.

하지만 헬기가 이미 든든히 대비를 해둔 데다가 아틀리가 뱃머리에 버티고 있으니 계획이 어긋나게 생겼다. 그렇다고 쉽게 물러날 생각은 없었다. 여인은 아틀리를 육지로 불러내려고 일부러 그를 자극했다.

"네가 정말 힘이 세다면 아래로 내려와 나하고 한 판 붙자. 내 발톱에 걸리면 네놈 갈빗대쯤이야 금방 부러지고 말지."

"병사들이 모두 깨어나 우리 주인님을 위해 보초를 서기 전엔 안 내려간다. 너 같은 요망한 계집이 배 밑바닥에서 올라오지 말란 법도 없지 않으냐?"

아틀리와 흐림게르트는 그 뒤로도 한참이나 입씨름을 계속했다. 그들은 온갖 말로 서로를 헐뜯고 약올리고 부추겼다. 그러다가 거인 여인이 큰 소리로 헬기를 불렀다. 헬기가 그 소리에 잠이 깨어 밖으로 나왔다. 새벽이 다가오고 있었다. 흐림게르트는 희한한 제안을 했다.

"너가 비록 내 아비를 죽인 원수이긴 하나 하룻밤 너의 품에 안겨 지내게 해준다면 그 일을 잊겠다."

헬기는 거인 여인의 유혹에는 끄떡도 하지 않고 이렇게 대꾸했다.

"거인 로딘이 강하고 영리하다던데, 그 거인이 너한테 어울리는 배필이지."

그러자 흐림게르트가 지껄였다.

"네가 이러는 이유를 알겠다. 지난밤 너희와 함께 항구를 찾던 그년 때문이구나. 황금으로 치장한 그 계집이 나보다 힘이 더 세 보이더라만. 그 계집이 여기 머물며 너의 배들을 보호하는 통에 내가 네놈들을 죽이지 못한 것이다."

헬기는 호기심이 발동했다.

"내 배를 보호하는 여인이 하나냐, 아니면 여럿이냐?"

"아홉씩 세 패거리나 되더라. 그중 투구를 쓴 계집 하나가 빛을 내며 맨 앞에 서서 말을 달리고 있던걸. 정말 짜증이 난다."

거인 여인의 말에 따르면, 그녀들이 탄 말갈기에서 떨어진 땀방울이 골짜기에서는 이슬로 내리고, 높은 산에서는 우박이 되어 내리더라고 했다. 그들은 발퀴레였다. 헬기는 오래전부터 발퀴레가 자기를 보호하

북유럽 신화에서는 태초 거인 이미르의 피가 바다가 되고, 뼈는 산과 낭떠러지가, 작은 뼈와 이빨은 돌덩이가, 머리카락과 털은 나무와 풀이 되어 세상이 만들어졌다고 말한다.

는 것을 느끼고 있었다. 그 순간 동쪽 수평선에 태양이 떠올랐다. 아틀리가 아직도 말싸움에 열을 올리고 있는 흐림게르트에게 소리쳤다.

"이제 그만 지껄이고 동쪽이나 한 번 보시지, 귀여운 아가씨. 넌 이제 헬기가 휘두른 죽음의 지팡이 맛을 보겠구나. 이 아틀리가 밤새 너를 붙잡아 말을 시켰으니, 이제 넌 끝장이다. 돌이 되어 항구의 표식이나 되어라."

거인과 난쟁이와 트롤들은 햇빛을 받으면 그대로 돌로 변한다고 한다. 그 옛날 유식한 난쟁이 알비스(Alwis)가 토르(Thor) 신의 딸에게 구혼을 한 적이 있었다. 몸집이 큰 토르 신은 거인들을 때려죽이곤 했지만 난쟁이에겐 자신의 힘을 쓰지 않았다. 대신 밤새 알비스와 지혜 문답을 주고받아 알비스가 온갖 지식을 자랑하게 만들었다. 자기가 아는 지식을 떠벌리느라 정신이 팔린 알비스는 시간이 가는 것도 잊고 있다가 떠오르는 아침 햇살을 받고 온몸이 그대로 돌이 되고 말았다.

흐림게르트도 바로 그런 일을 당했다. 그녀는 아버지의 복수를 하겠다는 일념으로 사내들과 말싸움을 계속하다가 아침 해를 고스란히 몸에 받고 만 것이다. 북유럽의 만(灣)이나 산에 가면 거인처럼 생긴 커다란 바위들을 볼 수 있는데, 이들은 이렇게 생겨난 것이라고 한다. 사람 모양의 작은 바위들은 난쟁이나 트롤이 변한 것이다. 어쨌든 옛날 사람들은 그렇게 믿었다.

**용사와 발퀴레의 사랑**

헬기는 젊은 나이에 이미 훌륭한 지도자이며 강인한 용사로 온 세상에 널리 이름을 날렸다. 그는 배를 타고 모험을 계속하다가 아일리미 왕의 땅에 도착했다. 아일리미에게는 스바바(Swawa)라는 아름다운 딸이 있었다. 스바바 공주는 아버지의 집에 거의 머물지 않고 발퀴레가 되어 멀리 떠나 있는 날이 많았다. 헬기가 아일리미의 왕국에 도착하고 얼마 지나지 않았을 때 스바바 공주도 고향으로 돌아왔다.

아, 이게 누구였던가. 그녀는 그 옛날 헬기에게 이름을 지어준 바로 그 발퀴레였다. 당시 그녀는 헬기에게 명검이 있는 곳을 일러주고, 그 뒤 헬기가 전투를 벌일 때마다 동무들과 함께 나타나 그를 보호했다. 헬기가 그토록 많은 전투에서 승리를 거둔 것은 그가 본디 용맹했기 때문이지만 발퀴레들이 그를 보호해준 덕도 있었다.

그러니 어찌 보면 헬기를 이토록 위대한 용사로 만들어준 것도 스바바 공주였다고 해도 과언이 아니다. 이상하기도 한 것이 헬기 어머니의 고향 이름도 스바바가 아니었던가. 그런데 헬기가 이번에는 스바바라는 이름의 공주를 만나게 된 것이다.

그 옛날 발퀴레 스바바가 헬기에게 이름을 지어주었을 때 헬기는 아름다운 발퀴레에게 이름을 지어준 선물로 그녀를 아내로 얻고 싶다는 소망을 말했었다. 그리고 그의 소망은 이제 거의 현실이 되고 있었다. 스바바 왕국 출신의 어머니가 나를 낳아주고 스바바 공주가 나를 용사로 키워주었으니, 어찌 이 아름다운 스바바를 사랑하지 않을 수 있겠는가. 스바바도 젊은 영웅을 사랑했다. 그게 아니라면 어찌 그리 오래 그를 보호했겠는가. 지금은 바위로 변해버린 거인 여인 흐림게르트는 눈이 꽤나 밝아서 한 번 보고도 금방 사태를 꿰뚫어보았던 것이다. 이렇게 두 사람은 열렬히 사랑하는 사이가 되었다.

하지만 전쟁터의 하늘을 누비는 용감한 발퀴레에게도 사랑은 공짜가 아니다. 한 남자를 사랑하여 그와 장래를 약속하는 순간 스바바는 발퀴레의 신격(神格)을 잃었다. 하늘을 나는 말을 타고 전쟁터를 마음껏 돌아다니던 시절은 지나갔다. 스바바는 이제 아버지 집에 남아 영웅인 헬기가 싸움을 마치고 자기에게 돌아올 날을 기다려야 했다. 그에게는 아직 해결하지 못한 싸움이 남아 있었기 때문이다.

처음 모험을 떠날 때 헬기는 외할아버지를 죽인 원수인 호로트마르 왕을 죽이고 왕국을 약탈했다. 그 호로트마르의 아들 하나가 살아남아 어느새 왕이 되었다. 그는 이제 아버지의 원수를 갚으려고 했다. 알프(Alf)라는 이름의 그 왕은 용사들을 이끌고 아일리미 왕국 근처에 이르렀다. 아일리미 왕국은 이 일과는 상관이 없었기에 헬기는 부하들을 이끌고 나아가 알프 왕과 맞서 싸워야 했다. 젊은 왕은 명예욕과 복수심에 불탔고, 그가 거느린 병력도 만만치 않았다. 발퀴레의 보호도 없이 홀로 싸움터로 나가야 하는 헬기의 운명에 어두운 그림자가 깃들었다.

**형제의 기구한 운명**

불운은 엉뚱한 곳에서 모습을 드러냈다. 헬기의 맏형 헤딘은 오래전에 고향땅을 떠난 동생 헬기의 소식을 멀리서 풍문으로 듣고 있었다. 헬기가 머지않아 스바바 공주와 혼인할 것이라는 소문도 들었다. 헬기가 멀리 떠나 모험을 계속하는 동안 헤딘은 고향의 아버지 곁에 머물렀다. 그런 그에게 뜻밖의 사건이 일어났다.

옛날 게르만 사람들은 한겨울 동짓날, 곧 '욜(jol)' 또는 '율(jul)'의 날에 축제를 열었다.* 하루해가 가장 짧아지는 동짓날 그들은 다음 한 해 동안 재앙은 모두 물러가고 풍요로운 수확을 얻게 해달라고 신들에게 제사를 올렸다. 이 축제에서 가장 중요한 신은 당연히 오딘과 프리크(Frigg)이지만 프라이(Freyr)와 프라야(Freya) 여신도 중요한 신으로 섬겼다. 풍요를 보살피는 신들이기 때문이다.

사람들은 음식을 넉넉하게 준비해서 실컷 먹고 마시고 춤을 추었다. 자정에는 프라이와 프라야 여신의 상징 동물인 수퇘지에 걸고 맹세를 하는 풍습이 있었다. 이날 맹세를 위해 미리 잘생긴 수퇘지를 골라놓고 잘 보살폈다. 당시 사람들이 구체적으로 어떤 맹세를 했는지는 정확하게 알기 어렵지만, 다음의 이야기를 볼 때 아마 이날 사랑에 대한 맹세도 했던 것 같다. 프라이와 프라야는 풍요의 신들이며 또한 남녀의 사랑을 보살피는 신들이기도 했다.

율 축제날, 저녁 무렵 헤딘이 홀로 숲에서 집으로 돌아가고 있었다. 그때 트롤 마녀가 그를 따라왔다. 그녀는 늑대를 말처럼 타고 뱀을 고삐로 썼다. 이렇게 무시무시한 모습의 트롤 마녀가 헤딘을 따라오면서 길안내를 해주겠다고 제안했다. 하필 사랑하는 사람을 고르는 날, 이게 무슨 날벼락인가. 헤딘은 당연히 그 제안을 거절했다. 그러자 마녀가 의미심장한 말을 남기고 사라졌다.

"이따 맹세할 때가 되면 너는 이 값을 톡톡히 치르게 될 거다."

사람들이 모여 술과 음식을 함께 나누고 춤을 추었다. 그날 밤의 가장 중요한 행사인 맹세의 순간이 다가왔다. 이날을 위해 선별된 가장 훌륭한 수퇘지가 끌려왔다. 사람들은 차례로 돼지의 몸에 손을 올리고 자신의 맹세를 말하고는 술 한 잔을 비웠다. 헤딘이 자기 차례가 되어

* Jacob Grimm, *Deutsche Mythologie*, S. 585.

프라야는 아름다움과 사랑의 여신이자 풍요의 여신이다. 프라야가 완전 무장을 갖출 때면 투구에 황금으로 된 수퇘지 장식을 붙인다. 스웨덴의 화가 욘 바우어가 그린 프라야 여신.

돼지의 몸에 손을 올리자 그의 입에서 저절로 맹세의 말이 흘러나왔다.

"아일리미의 딸 스바바를 아내로 삼겠습니다."

동생의 약혼녀를 아내로 삼겠다고 신들 앞에서 맹세를 하고 만 것이다. 축제의 밤은 지나갔으나 헤딘은 마음이 점점 더 괴로웠다. 아무리 후회를 하고 자책을 해도 이미 내뱉은 말을 어찌해볼 도리가 없었다. 트롤 마녀의 마법 때문이라 하더라도 맹세를 무를 수는 없는 노릇, 마음이 무거워져 아무 일도 할 수 없게 된 헤딘은 한겨울 힘든 길을 헤치고 아일리미 왕의 나라를 향해 길을 떠났다.

헤딘은 여러 날이나 멀고 험난한 길을 지나 겨우 목적지에 도착했다. 마침 헬기는 잠깐 싸움을 멈추고 아일리미 왕국으로 돌아와 더 큰 싸움을 준비하는 중이었다. 헬기는 형을 무척 반가워하면서도 의아해했다. 대체 무슨 급한 소식이 있기에 형이 이 추위와 험한 길을 무릅쓰고 자기를 찾아왔단 말인가. 헤딘은 동생에게 차마 말하기 힘든 일을 털어놓았다. 숲에서 트롤 마녀를 만난 일과 욜 축제에서 자신이 맹세한 내용을 말했다.

"이를 어쩌면 좋으냐. 나도 모르게 이런 뻔뻔스러운 일을 저질렀으니. 맹세의 순간에 네 아내가 될 사람인 스바바를 입에 올리고 말았다."

헬기는 자신에게 죽음이 닥쳐오고 있음을 직감했다. 형이 숲에서 늑대를 탄 여인을 만났다는 이야기를 듣고 그는 자신을 찾아올 나쁜 정령이 형을 찾아가 괴롭힌 것이라고 여겼다. 이번에는 그가 형에게 자신의 사정을 털어놓았다.

"탄식하지 마시오, 형님! 어서 맥주나 드십시다. 흐로트마르의 아들 알프 왕이 내게 외딴 섬 결투(holmgang)를 신청했어요. 그동안 전투를 계속했는데도 결판이 나지 않았기 때문이오. 앞으로 사흘째 되는 밤에 나더러 섬으로 오라고 하더군요. 여기서 별로 멀지 않은 곳인데, 이번 싸움에서는 아무래도 살아 돌아올 수 없을 것 같네요. 일이 아마 좋게 해결될 겁니다."

헤딘은 더욱 탄식했다.

"헬기야, 그런 말 마라. 너는 이 형이 네게서 엄청난 선물을 받을 가치가 있기라도 한 것처럼 말하는구나. 너한테 감히 결투를 신청한 놈에게 평화를 허용하는 것보다는 칼을 들고 원수를 베어 죽이는 쪽이 네게 훨씬 잘 어울리는 일이 아니냐. 네가 꼭 싸움에서 이길 것이다."

"어두운 시간에 늑대를 탄 계집이 형에게 같이 가자고 했다면서요.

외딴 섬 결투는 둘 중 한쪽이 죽어 쓰러져야만 결판이 나는 '죽음의 결투'다. 북유럽 신화에서 천둥신 토르가 거인 흐룽니르와 대결할 때도 이 외딴 섬 결투 방식으로 싸웠다.

그 계집은 지그를린의 아들이 죽을 것을 알고 그런 것이오."

사흘 뒤에 헬기는 외딴 섬 결투를 하게 되었다. 외딴 섬 결투는 중세의 기사들 사이에서 이따금 벌어지던 일이었다. 단둘이서 또는 두 패거리가 외딴 섬이나 인적 드문 지역에서 만나 어느 한 편이 죽을 때까지 싸우는 결투였다. 결투의 당사자를 뺀 나머지 사람들은 멀찌감치 떨어져서 결판이 나기를 기다렸다. 따라서 결투에서 이기지 못하면 남는 것은 죽음뿐이었다.

**헬기의 죽음**

헬기가 예감한 대로 그는 이 외딴 섬 결투에서 패배했다. 상대방이 그에게 죽음의 상처를 입히고 싸움터를 떠나자 헬기의 부하들이 그에게 달려왔다. 헬기는 심한 상처를 입고 죽어가고 있었으나 아직 숨이 붙어 있었다. 그는 부하 한 명을 급히 스바바에게 보냈다. 부하는 나는 듯이 스바바에게 달려가 알렸다.

"살아 있는 그분을 보려면 어서 가셔야 합니다."

스바바는 죽어라고 말을 달렸다. 숨이 넘어가던 헬기가 사랑하는 여인을 보고 마지막 부탁을 했다.

"스바바, 아름다운 신부여, 울지 말아요. 부탁이 하나 있소. 내가 죽거든 헤딘 형님의 잠자리를 보살펴드리고, 그에게 사랑을 주시오."

"당신에게서 반지를 받던 날 나는 이미 맹세했어요. 당신이 혹 죽더라도 이름 없는 다른 귀족의 품에 안기지 않겠다고요."

헬기는 사랑하는 여인 스바바의 품에 안겨 죽었다. 동생이 죽자 헤딘은 그녀에 대한 소망을 마음에 품었으나 스바바의 태도는 단호했다. 가장 뛰어난 영웅 헬기를 사랑한 발퀴레 출신 스바바는 평범한 귀족에 지나지 않는 헤딘을 받아들일 마음이 조금도 없었다. 헬기가 죽은 후 그녀는 오래 지상에 머물지 않았다. 슬픔과 그리움을 이기지 못하고 일찍 애인을 따라 세상을 떠났다. 그 인연이 얼마나 강하고 질겼던지 그들의 사랑은 한 번만으로는 충분하지 못했다.


### ✤ 훈딩을 죽인 헬기

이제부터 뵐중 가문 영웅들의 이야기가 시작된다. 오딘 신의 자손인 지그문트(Sigmund)와 그 자손들을 가리켜 뵐중(Wölsung) 가문이라 한다. 지그문트와 세 아들의 운명이 뵐중 가문 영웅들의 비극적인 이야기에서 핵심 축을 이룬다. 훈딩과 그 아들들이 뵐중 사람들에게 맞서지만 훈딩 가문은 뵐중 가문의 적수가 되지 못한다. 뵐중 가문 사내들은 그보다 더 큰 운명의 소용돌이에 휘말리기 때문이다.

게르만 세계에서 으뜸가는 영웅인 지구르트가 뵐중 가문에 속하는 만큼 뵐중 일가의 이야기는 《운문 에다》 영웅 이야기의 대부분을 차지한다. 복잡하게 얽힌 뵐중의 가계도는 뒤에서 따로 살펴보자.

뵐중과 훈딩 집안의 대립은 바그너가 일부 손질해서 4부작 오페라 《니벨룽의 반지》에 담았기 때문에 《북유럽 신화》 1, 2권에 이미 상당 부분 소개되어 있다. 하지만 헬기 이야기는 없었다. 앞에서도 그랬지만 여기서도 바그너 오페라의 줄거리가 아니라 《에다》의 이야기를 따라간다. 이 이야기에 뒤이어 우리는 계속해서 《에다》에 실린 날것 그대로 뵐중 집안에 닥친 비극을 보게 된다. 야만스럽고 기묘하고 미신적인 중세 게르만 세계의 이야기들이다.

기독교로 개종한 시인들이 쓴 《에다》에서는 원래 기묘한 이야기가 더욱 야만스럽게 서술되고 있다는 사실을 염두에 두어야 할 것이다. 그와는 별개로 대장장이 뵐룬트의 이야기를 빼면 영웅들의 이야기는 대부분 비극으로 끝난다. 이제 뵐중 가문에 속하는 인물들의 삶을 차례로 따라가보기로 하자.

**아버지의 원수를 갚다**

뵐중의 아들 지그문트 왕은 브랄룬트(덴마크 지역)의 보르길트와 혼인했다. 독수리가 울고 거룩한 물이 하늘에서 흘러내릴 적에 지그문트의 아내 보르길트는 아들을 낳았다. 두 사람은 저 유명한 히요르바르트의 아들 헬기의 이름을 따서 아들 이름을 헬기라 지었다. 이렇게 뵐중 가문에 태어난 아들은 정말로 히요르바르트의 아들 헬기가 죽어서 다시 태어난 아이였다.

아기가 태어난 날 밤 운명의 여신 노르네들이 찾아와 아기의 수명을 정해주면서 장차 가장 유명한 군주가 될 운명까지 주었다. 물론 노르네들이 그에게 준 수명이 얼마나 되는지는 아무도 알 수가 없었다. 노르네들은 또한 자기들이 짠 실 끝을 동쪽과 서쪽에 감추어두고 헬기가 그 사이에 있는 거대한 땅덩이를 통치할 것이라고 했다. 이렇게 뵐중의 손자인 헬기에게는 위대한 운명이 주어졌다.

높은 나뭇가지에 앉아 있던 까마귀가 친구 까마귀에게 말했다.

"지그문트의 아들이 태어난 지 이제 겨우 하루가 지났는데 벌써 갑옷을 입고 섰으니, 그 눈은 영웅의 눈처럼 날카롭구나. 그는 늑대의 친구이니 우리에게도 좋은 일이 아닌가."

늑대는 죽은 시신을 먹는 짐승이니, 늑대의 친구라는 말은 헬기가 앞으로 용사가 되어 전쟁에서 많은 사람을 죽여 늑대에게 먹을 것을 넉넉히 만들어줄 것이라는 뜻이었다. 또 까마귀와 늑대는 모두 오딘 신을 따르는 동물이니, 이들이 여기 등장한 것은 헬기가 오딘 신의 사랑을 받는 후손임을 나타내는 것이기도 하다.

헬기가 아직 성년이 되기 전 어느 날 옛날부터 뵐중 가문의 원수이던 훈딩 왕이 아버지 지그문트 왕을 죽였다. 헬기는 하갈이라는 신하의 집에 살면서 그에게서 용사가 되기 위한 훈련을 받았다. 하갈에게는 하말이라는 아들이 있었는데, 헬기와 하말은 서로 친구였다. 그들은 함께 자라며 교육도 함께 받았다. 열다섯 살이 되자 헬기는 아버지의 원수를 갚을 때가 되었다고 생각했다. 그래서 먼저 훈딩의 궁을 염탐하기로 했다. 그는 대담하게도 혼자 훈딩의 궁을 찾아가 자신을 하말이라고 속이

노르네 여신들은 신들의 세계인 아스가르트의 우르트 샘 가에 살며, 신과 인간의 운명을 결정하는 운명의 실을 잣는다. 운명의 실이 끊어지면 그 존재도 생명을 다한다. 요한 루드비히 룬드의 그림.

고 한동안 그곳에 머물렀다. 그때 마침 훈딩은 궁을 비우고, 그 아들 헤밍만이 있었다.

훈딩의 집안 사정을 샅샅이 훑어보고 나서 헬기는 훈딩의 궁을 떠나 하갈의 집으로 돌아왔다. 도중에 헤밍의 양치기를 만나자 그에게 이렇게 일렀다.

"가서 너의 주인 헤밍에게 전해라. 헬기는 누가 자기 아버지를 죽였는지 똑똑히 기억하고 있다고 말이다. 훈딩 일가가 하말로 알고 있는 사람은 실은 잿빛 늑대(복수자) 헬기라고 말이다."

잿빛 늑대란 복수자라는 말을 돌려 표현한 것으로, 이를 '케닝(kenning, 두 낱말 이상을 이용한 우회어법)' 은유법이라 한다.

궁으로 돌아온 훈딩이 그 말을 듣고 곰곰이 생각해보더니 부하들에게 하갈의 집으로 가서 헬기를 잡아오라고 명령했다. 갑작스레 기습을 당해 꼼짝없이 잡힐 지경이 된 헬기는 얼른 하녀 옷을 입고 방앗간에서 물레방아를 돌렸다. 훈딩의 부하들은 하갈의 집을 샅샅이 뒤졌으나 헬기를 찾지 못했다. 다만 눈 밝은 사내 하나가 이렇게 말했다.

"하녀 하나가 눈매가 매섭던걸. 저기서 방아를 돌리는 여자는 하인 출신이 아닐 거다. 돌가루가 사방으로 튈 정도로 힘이 장사이니. 분명 사나운 운명을 만난 어떤 통치자 집안의 핏줄일 게다. 그 손은 물레방아 손잡이보다는 칼자루를 쥐는 게 어울리게 생겼으니."

그 말에 하갈이 냉큼 대꾸했다.

"방앗돌이 그렇게 튀어도 할 말이 없지. 왕의 딸이 방아를 돌리고 있으니. 원래는 바이킹 용사처럼 용감하게 싸우던 여자를 헬기가 포로로 잡아왔다. 그래서 하녀의 눈이 그토록 사나운 것이다."

훈딩의 부하들은 그 말을 듣고 그냥 돌아갔다.

헬기는 복수를 위해 그동안 치밀하게 준비해둔 상태였다. 마침내 그는 용사들과 함께 배를 타고 훈딩의 왕국으로 쳐들어갔다. 그는 훈딩 왕과 정면으로 맞서 싸운 끝에 산전수전 다 겪은 용사 훈딩을 죽였다. 마침내 아버지의 원수를 갚은 것이다. 그 뒤로 그는 '훈딩을 죽인 헬기'라는 이름을 얻었다.

헬기는 군대를 이끌고 한동안 브루나바가르라는 해안에 배를 정박시키고 머물렀다. 훈딩은 이미 죽었으나 그 아들들과의 전투가 아직 남아 있었다. 용사들은 해안에서 가까운 숲에서 짐승을 잡아다가 익히지도 않고 날로 먹으며 다음 전쟁에 대비했다. 이들이 날고기를 먹으며 전투 준비를 하는 것을 보면 바이킹 전사들이 얼마나 사납고 야만적이었는지 짐작할 수 있다.

### 스바바의 환생

헬기가 다시 태어났듯이 발퀴레 스바바도 죽었다가 회그니 왕의 딸로 태어났다. 이름을 지그룬(Sigrun)이라 했는데, 전생에서 그랬듯이 다시 발퀴레가 되어 말을 타고 공중을 날아다녔다. 헬기가 바닷가에 머물고 있을 때 이 발퀴레가 헬기를 찾아왔다. 그녀는 헬기가 훈딩을 죽일 때도 근처에서 그 광경을 지켜보고 있었다. 운명이 그들을 서로에게 이끌었던 것일까? 헬기를 찾아온 지그룬이 이렇게 말했다.

"회그니의 딸은 헬기를 알아보지요."

이렇게 그들은 다른 생에서 다시 만났다.

한편, 지그룬의 아버지 회그니는 딸이 집을 비운 사이 회트브로트라는 이웃 왕자에게 딸을 주기로 약속했다. 옛날 게르만 세계에서는 마음에 드는 처녀가 있으면 그 부모를 찾아가 딸을 달라고 구혼하는 것이 일반적인 관습이었다. 신랑감이 직접 가는 경우도 있었지만 대개는 중매인을 보냈다. 딸이 신랑감을 마음대로 고르는 경우는 드물었으니, 혹 처녀가 따로 마음에 둔 남자가 있을 경우에는 비극적인 일이 일어나기도 했다. 우리나라에서도 옛날에는 보통 부모가 딸의 신랑감을 골랐으니, 옛날의 풍습은 세계 어디나 비슷했던 것 같다.

지그룬은 헬기 말고는 어느 누구도 남편으로 맞아들일 마음이 없었다. 하지만 아버지와 오빠들이 이미 회트브로트를 남편감으로 골라놓고 있었다. 지그룬은 뒤늦게야 이 소식을 듣고는 깜짝 놀라 서둘러 헬기를 찾아 날아갔다.

그사이에 헬기는 훈딩의 아들들과 전투를 벌여 다섯 아들을 모조리 죽이고 승전 뒤의 휴식을 취하고 있었다. 지그룬은 지친 용사의 목을 끌어안고 키스를 퍼부었다. 헬기는 비록 지쳤으나 전투에 이겨서 행복한 모습이었다. 그를 만나기 전부터 이미 그를 사랑하고 있던 지그룬은 헬기에게 자신이 처해 있는 상황을 알렸다. 그리고 이렇게 덧붙였다.

"나는 다른 사람이 아닌 당신의 사랑을 원해요."

그러자 용사가 대답했다.

"아버지의 분노도, 오빠들도 더 이상 생각하지 말아요. 아름다운 아가씨. 당신은 나와 함께 살게 될 테니."

**헬기와 회트브로트의 전투**

지그룬과 이렇게 약속한 뒤 헬기는 이전보다 더 많은 군대를 모았다. 배도 훨씬 많이 마련했다. 회트브로트와의 일전을 위한 준비였다. 헬기는 병사들을 배에 싣고 대규모 전투를 위해 항해를 시작했다. 하지만 출항하고 오래 지나지 않아 바다 거인 에기르가 거대한 폭풍을 몰아오고 그의 딸들인 아홉 파도가 거칠게 뱃전에 몰아쳤다. 사나운 폭풍을 만난 배들은 앞으로 나아가지 못했다. 전투는 둘째치고 아예 출정 길 자체가 가로막힌 셈이었다.

그때 먹구름 속으로 지그룬이 다른 발퀴레들과 함께 나타났다. 지그룬이 에기르와 담판을 지었는지, 머지않아 사나운 폭풍은 거짓말처럼 사라지고 바다가 잠잠해졌다. 순풍을 만난 배는 미끄러지듯이 회트브로트의 나라로 나아갔다. 수평선 멀리 헬기의 함대가 나타났을 때 회트브로트 형제들은 피오르 언덕 위에 앉아 있었다. 멀리서 바이킹 배들이 나타난 것을 보고 회트브로트의 동생 구트문트가 말에 올라 단숨에 항구로 내달렸다. 구트문트가 달려오는 꼴을 보고, 헬기의 배다른 형 진표틀리(Sinfiötli)가 먼저 뭍으로 내려가 구트문트 앞에 마주섰다.

뒤에서 다시 보겠지만 진표틀리는 아버지 지그문트가 누이 지그니와의 사이에서 얻은 자식이었다. 삶의 행적이 매우 어수선한 그를 둘러싸고 그가 젊은 날에는 늑대인간이었다느니, 이복동생 둘을 죽였다느니 하는 고약한 소문이 떠돌았다.

진표틀리와 구트문트는 《에다》의 전통에 따라 한참 동안이나 열심히 말싸움을 계속했다. 서로 상대방을 계집이라 비웃고, 온갖 소문을 낱낱이 들추면서 기 싸움을 멈추지 않았다. 이런 말싸움을 통해 시인은 자신의 지식과 온갖 어휘 실력을 뽐낸다. 특히 '케닝'이라 불리는 《에다》 특유의 은유가 자주 등장한다. 끝도 없이 이어지는 말싸움을 보고 있던 헬기가 둘 사이에 끼어들었다.

"형, 쓸데없이 말만 늘어놓지 말고 이제 싸움을 시작합시다. 적의 시신을 독수리 먹이로 내주는 게 형한테도 더 어울릴 것 같은데. 왕이란 진실을 말해야 하는 법이니 말인데, 상대방도 칼 들고 싸울 용기를 가진 사람들이라 절대로 만만한 싸움은 아닐게요."

구트문트도 이 소리에 정신이 번쩍 들어 얼른 형 회트브로트에게 돌아가 사정을 알렸다. 회트브로트와 동생들도 곧 전쟁 준비를 갖추었다. 옛날 왕들의 모임에서 했던 약속에 따라 다른 왕들도 회트브로트의 편에 합류했다. 그들 중에는 지그룬의 아버지 회그니와 오빠들도 있었다.

헬기에게 이 전쟁은 불행한 전쟁이었다. 사랑하는 지그룬을 얻기 위한 싸움에서 장차 장인과 처남이 될 사람들을 적으로 만나게 된 것이다. 하지만 이미 시작된 전쟁을 어찌하랴. 전투가 시작되었고, 헬기는 화려한 승리를 거두었다. 이번 전투에서 회트브로트와 그 형제들 그리고 다른 왕들도 모두 죽었다. 지그룬의 아버지 회그니와 오빠 하나도 전사했다. 또 다른 오빠 다그(Dag)만 항복하여 살아남았다. 그는 헬기에게 충성을 맹세했다.

지그룬은 부상을 입고 죽어가는 회트브로트에게 말했다.

"불운한 회트브로트여, 지그룬은 절대로 당신 품에 안기지 않아요."

그런 다음 재빨리 헬기를 찾아내 그가 무사한 것을 보고 함께 기뻐했다. 그렇지만 그것은 반쪽짜리 기쁨이었다. 그녀는 사랑하는 남자를 얻었으나 아버지와 오빠를 잃었다. 헬기도 이 일이 몹시 마음에 걸려 지그룬에게 이렇게 말했다.

"사랑하는 지그룬, 행운이 전적으로 당신 편만을 들어주진 않았소.

노르네들도 이 일에 죄가 없진 않아. 오늘 아침 프레카 바위에서 당신의 아버지와 오빠가 전사했소. 하필 내가 그들을 죽였소."

지그룬도 슬픔에 잠겨 눈물을 흘렸다. 헬기가 말을 계속했다.

"하지만 다른 왕들도 모두 죽었소. 그들이 얼마나 용감하게 싸우는지 머리가 떨어졌는데도 몸만 남아 싸웁디다. 지상에서 당신의 일가친척이 거의 모두 죽어가는데도 당신은 싸움을 말리지 않았소. 그러니 아름다운 지그룬, 그대는 이토록 강한 사내들이 거대한 전쟁을 하게 만든 원인이오."

헬기와 지그룬. 여느 연인들의 모습과 다르지 않은 행복한 표정이지만, 전장에서 죽어 널브러진 시신들 위에 창과 방패를 들고 있는 모습이 기묘하다.

"죽은 이들을 되살리고 싶어요. 내가 당신 품에서 쉴 수만 있다면."

전생부터 헬기를 향한 사랑에 미쳐 있던 발퀴레는 아버지와 오빠를 잃고도 애인 품에 안길 생각뿐이었다.


**다그의 복수**

두 사람은 마침내 혼인을 하고 아들도 여럿 두었다. 하지만 이름난 영웅 헬기는 행복하게 오래 살지는 못했다.

지그룬의 오빠 다그는 비록 헬기에게 항복을 하여 목숨을 구했으나 아버지를 죽인 원수를 잊은 적이 없었다. 그는 오딘 신에게 거듭 제물을 바치며 아버지와 형을 죽인 원수를 갚게 해달라고 빌었다. 그것은 쉽지 않은 소원이었다. 헬기는 오딘 신의 후손인 뷜중 가문이었기 때문이다. 하지만 오딘도 끝까지 핏줄만 따지며 헬기를 보호할 수는 없었다. 게다가 헬기의 수명은 노르네들이 일찌감치 정해놓은 터였다. 오딘이 아무리 최고 신이라고 해도 그것만큼은 어쩔 도리가 없었다.

때가 되자 오딘은 다그의 소원을 이루어주었다. 다그는 뷜중 가문의 용사 헬기의 적수가 되지 못했다. 그래서 오딘은 자신의 창 궁니르(Gungnir)를 다그에게 내주었다. 이 유명한 창은 목표물을 빗나가는 법이 없었다. 다그는 '사슬 숲'이라는 곳에서 헬기를 만나 그에게 창을 던졌다.* 헬기는 창을 맞고 바로 땅에 쓰러져 죽었다. 창은 오딘의 손으로 돌아갈 것이다. 창과 시신을 그대로 버려둔 채 다그는 서둘러 누이에게 달려가 소식을 전했다.

"내가 원하는 바는 아니지만 네게 슬픈 소식을 가져왔다. 네 남편이 죽었다."

아직도 남편만을 사랑하는 지그룬은 오빠를 향해 온갖 저주의 말을 퍼부었다.

"오빠는 헬기에게 충성을 맹세하고도 그것을 깨뜨렸으니, 이제 그 맹세들이 오빠를 해칠 거야. 파도도 번개도 오빠 편이 아니고, 순풍이 불어도 오빠가 탄 배는 앞으로 나아가지 못해. 원수가 쫓아와도 오빠가

---

\* 일부 학자들은 사슬 숲(Fjöturlund, Fesselhain)이라는 지명을 타키투스가 《게르마니아》에 서술한 '셈논 사람들의 숲'과 동일하거나 비슷한 것이라고 추정한다. 셈논 사람들은 이곳에서 수에베 사람들을 인신제물로 바쳤다고 한다(39장). 이곳은 몸에 사슬이 채워진 상태로만 들어가는 장소였다. 타키투스 시대의 장소는 오늘날 독일의 브란덴부르크 지역일 것으로 추정된다. 이곳에서 섬기던 신은 보단(오딘)으로, 보단은 사슬의 신으로 여겨졌다.

로키가 난쟁이들에게서 얻어온 보물 궁니르는 전쟁의 상징물이자 온 세상을 다스리는 최고신 오딘의 권한을 잘 나타낸다.

탄 말은 달리지 못하고, 칼도 듣지 않을 거야. 오빠의 목을 벨 때 말고는. 이제 오빠는 숲을 헤매는 늑대가 되어 시체나 뜯어먹게 될 거야."

지그룬은 오빠더러 늑대인간이 될 것이라는 저주까지 퍼부었다.

### 부활

지그룬은 헬기의 시신을 땅에 묻고 봉분을 올렸다. 헬기는 죽어서 오딘의 궁전 발할로 올라갔다. 오딘은 그를 반갑게 맞아들여 그에게 많은 권한을 나누어주었다. 그곳에서 헬기는 자신이 죽인 훈딩을 다시 만났다. 그리고 오딘이 준 권한을 이용하여 훈딩에게 발할의 온갖 잡일을 다 시켰다고 한다. 훈딩은 모든 용사들이 전투 연습을 마친 다음 발 씻을 물을 준비하고, 불을 피우고, 개들을 묶고, 말들을 보살피고, 돼지 제림니르(Serimnir)에게 먹이도 주고 나서야 겨우 잠자리에 들 수 있었다. 《에다》에는 이런 웃기는 이야기도 나온다.

헬기가 죽은 지 며칠 뒤에 지그룬의 시녀 하나가 헬기의 무덤 곁을 지나다가 헬기가 병사들과 함께 말을 타고 그곳으로 돌아온 것을 보았다. 시녀는 놀라 죽을 지경이 되어 이렇게 중얼거렸다.

"내가 지금 헛것을 보나, 아니면 라그나뢰크가 시작되었나? 죽은 사람들이 말을 타고 있네."

그러자 헬기가 대꾸했다.

"잘못 본 것이 아니다. 영웅들에게 잠깐 귀향이 허용되었다."

하녀는 바람같이 달려가 지그룬에게 자기가 본 것을 고했다. 지그룬은 헐레벌떡 헬기의 무덤으로 달려갔다. 그녀는 헬기를 보자마자 죽은 남편이 피 묻은 갑옷을 벗기도 전에 그에게 키스를 했다. 아, 그의 머리카락에는 차디찬 서리가 덮이고 온몸은 피로 물들었으며 두 손은 차갑고 축축하구나. 이 일을 어찌하면 좋을까? 헬기가 슬픔에 잠긴 지그룬을 향해 이렇게 말했다.

"아름다운 지그룬, 헬기를 보고 눈물만 흘리네. 태양처럼 빛나는 그대, 그 쓰라린 눈물이 내 온몸을 뒤덮는구려. 아름다운 사람, 잠자리에 들기 전에 서러운 눈물 실컷 흘리시오. 그 눈물이 내 가슴에 떨어지면 근심으로 속이 타들어가고 이 마음은 한없이 무겁네. 우리 이제 기쁨도 나라도 잃었소만 술 한잔 함께 하십시다. 내 가슴의 상처를 보더라도 아무도 슬픔의 노래를 부르지 마라. 이 언덕에, 우리 죽은 자들 곁에 한 여인이 갇혔으니."

지그룬은 언덕에 잠자리를 마련하고 나서 이렇게 말했다.

"여기 당신을 위해 근심 없는 자리를 마련했어요. 나는 당신이 살았을 때처럼 당신 품에 안겨 잠들고 싶어요."

그녀가 잠깐 조는 사이 먼동이 트자 헬기는 말을 타고 흔들리는 하늘길 비프뢰스트를 지나 아스가르트로 올라갔다. 멀리서 아스가르트의 수탉이 아침이 오는 것을 알렸다. 죽은 부하들도 그를 따라 사라졌다. 낮이 밝아올 때 지그룬은 시녀들을 거느리고 궁으로 돌아왔다. 그날부터 지그룬은 헬기의 무덤가에 시녀들을 두고 죽은 왕이 다시 오는지 지키게 했지만 그는 두 번 다시 돌아오지 않았다.

남편을 그리던 지그룬은 슬픔과 고통으로 인해 오래 살지 못했다. 머지않아 그녀도 남편의 뒤를 따라갔다. 하지만 사람들은 헬기와 지그룬이 다시 환생했다고 말한다. 그들은 헬기 하딩게헬트와 카라라는 새로운 이름을 얻었다고 한다. 하지만 그들의 이야기는 전해지지 않는다.

### ✣ 노골적인 욕망들

기독교 시인들이 《에다》의 시편들을 썼다는 이야기는 이미 여러 번 했다. 이교를 배경으로 한 《에다》 이야기에서 시인들은 기독교 세계에서라면 당연히 절제해야 할 욕망들을 별로 통제하지 않고 마음껏 표출했다. 덕분에 《에다》의 영웅들은 미덕이라는 항목에 별로 신경을 쓰지 않고 매우 노골적인 모습을 띤다. 발퀴레를 사랑한 영웅 헬기의 이야기에서도 그런 흔적을 찾아볼 수 있다.

기독교는 원수를 사랑하라고 가르치지만 중세의 영웅들은 제일 먼저 아버지나 친척의 원수를 죽이는 것으로 경력을 시작한다. 뒤에 보겠지만 지그문트는 아버지를 죽인 원수를 갚기 전까지는 아무것도 하지 않고 숲에서 숨어 지내면서 원수 갚을 기회만을 노렸다. 여기 나오는 두 명의 헬기도 성년이 되자마자 친족의 원수를 갚으러 세상으로 나간다. 뒷날 지구르트도 아버지의 원수를 갚는 일을 맨 먼저 한다.

그러니까 기독교의 가르침이 "네 원수를 사랑하라."는 것이라면, 《에다》영웅의 미덕은 "네 원수를 반드시 죽여라."인 셈이다. 심지어 기독교 영웅들조차 이런 관습의 가르침에 따르고 있음을 볼 수 있다. '제 아비의 원수도 못 갚는 놈이 무슨 사내냐?' 하는 생각이 바탕에 깔려 있다. 따라서 적을 죽일 때는 그 아들도 함께 죽여야 했다. 안 그랬다가는 뒷날 그 아들이 복수하러 찾아올 테니 말이다.

심지어 헬기는 하늘나라에 가서도 자신이 죽인 훈딩을 찾아내 골탕 먹이는 일을 계속한다. 그야말로 《에다》스럽다. 신들의 이야기에서도 말만 잘하는 얄미운 로키(Loki)의 입을 꿰매버리더니, 여기서도 욕망이 거리낌 없이 실현되고 있다. 불구대천의 원수를 생각할 때면 우리도 보통 그런 감정을 느끼지 않던가. "저승에 가서라도 저 놈을 그냥 두지 않겠다."라는 감정. 그것이 이 이야기에 구현되어 있다는 말이다.

이렇게 노골적으로 표현되는 욕망은 환생하는 애인들의 모습에서 가장 분명하게 드러난다. 둘이 사랑했는데, 이승에서의 시간이 너무 짧았던 그들은 이승과 저승을 넘나들며 거듭 만나 사랑을 계속한다. 이런 종류의 이야기는 오늘날에도 다양한 형태로 반복된다.

헬기와 그의 애인 발퀴레는 아마도 서로 만나 합쳐져야 온전한 하나가 되는 이상적인 짝이었던 모양이다. 그런 이상적인 짝을 만나 한평생 함께하는 것이 우리 모두의 소망이기는 하지만 많은 사람들이 짝을 만나지 못한다. 잠시 사랑에 빠진 순간에 "바로 이 사람이야."라고 느낄 수는 있어도 그런 감정을 끝까지 유지하는 경우는 무척 드물다. 그런 사랑은 오직 이야기 속에서만 가능한 것일까?

어쨌든 환생하여 다시 만난 헬기와 지그룬은 그야말로 앞뒤를 가리지 않고 사랑을 이룬다. 지그룬은 아버지와 오빠를 제물로 바치고도 애인의 품에 안길 생각뿐이지 않은가? 이 사랑을 영원하다 할까, 아니면 끔찍하다 할까? 나중에 하나 남은 오빠가 남편을 죽이자 지그룬은 오빠에게 몹쓸 저주를 퍼붓는다. 서로 엉킨 인과관계가 고약하기 짝이 없다. 그들도 결국 죽고, 죽었다가도 또다시 태어난다고는 하지만 어쨌든 삶은 끝나게 마련인데도, 헬기의 사랑 이야기는 환생이라는 장치를 통해 일종의 영원성을 갈망한다.

《에다》에 거침없이 표현된 욕망들은 어떤 의미에서 종교와 사회의 검열을 거치지 않은 채 우리 내면에 날것 그대로 숨겨져 있는 욕망이나 꿈이 드러난 것이라 볼 수 있다. 이교 세계라는 조건이 기독교 시인들에게 사회적, 종교적 검열을 잠깐 면제해준 것이다. 그러니까 "이것이 현재 우리의 윤리적 관념에는 맞지 않지만 옛날 이교 시대에는 사람들이 이토록 유치하고 잔인했다."는 장치를 통해 현실의 세계가 아닌 상상의 세계를 그리면서 억제된 욕망들을 상당히 노골적으로 표현할 수 있었던 것이다.*

---

* 그밖에 헬기 이야기에서 《에다》에 흔히 등장하는 이름의 두운법(Alliteration)을 관찰할 수 있다.
H로 시작하는 이름: 히요르바르트, 헤딘, 헬기, 호르트마르, 하티, 호림게르트, 하갈, 하말, 훈딩, 헤밍, 회그니, 회트브로트
A로 시작하는 이름: 아틀리, 알로프
B로 시작하는 이름: 브랄룬트의 보르길트

## 누가 영웅이 되는가?

오늘날 우리는 '영웅'이라는 말을 들으면 할리우드 영화에 등장하는 주인공들을 떠올리게 된다. 그러니까 인류를 멸망시킬 대재앙이나 외계인의 침입에 용감히 맞서 싸워 인류를 구원하는 영웅 말이다. 아니면 목숨 걸고 악당들에 맞서서 한 도시의 시민이나 적어도 비행기 한 대의 승객을 구하는 스케일 큰 영웅. 또는 죽을 고비를 수없이 넘기고도 고약한 악당보다 오래 살아남는 기적적인 영웅들도 있다.

이런 할리우드 방식의 영웅에 익숙하다 보니 중세의 이야기에 등장하는 "용을 죽인 영웅"을 특별한 각색도 없이 그대로 서술하면 "애개개, 그게 뭐가 영웅이야?" 하는 반응이 나오기 십상이다.

신화 뒤에 붙어 나오는 영웅 전설은 대개 신과 인간 사이에 태어난 "반신(半神)"을 주인공으로 삼는다. 그리스 신화의 헤라클레스나 테세우스 등이 대표적인 경우다. 이들이 반신으로 설정되는 것은 평범한 사람보다 훨씬 뛰어난 능력을 갖기 때문이다. 게르만 신화와 연결된 영웅들도 마찬가지다. 뵐중 가문 사람들은 오딘 신의 후손들이다. 또 다른 영웅들도 스스로 신적 존재이거나, 신적 존재들과 특별한 관계를 맺고 있다.

그들이 신의 아들이나 후손으로서 혈통이 뛰어난 사람이니 특별한 능력을 가진 것도 당연한 일이라 생각하기 쉽지만, 영웅의 삶을 자세히 살펴보면 영웅 노릇이 그렇게 쉬운 것만은 아니다. 그들은 특별한 혈통만큼이나 고난에 가득 찬 어린 시절을 보낸다. 대개 특이한 상황에서 특이한 인물의 아들로 태어나는 영웅들은 부모의 세심한 보살핌을 받으며 행복한 어린 시절을 보내는 삶과는 처음부터 거리가 멀다. 그들은 아예 알려져 있지 않은 어린 시절을 보내거나 먼 나라에서 부모의 올바른 보살핌도 없이 힘들게 성장한다.

그렇게 성년이 되면 일단 자신의 존재증명을 해야 한다. 곧 통과의례(initiation)다. 다시 말하면 버림받았거나 제대로 보살핌을 받지 않았어도 그런 환경에 굴하지 않고 훌륭한 혈통에 어울리는 뛰어난 인물로 자랐음을 세상에 보여주어야 한다. 즉 영웅으로서 특별한 능력을 입증해야 한다.

그들은 모험을 떠나 사람들의 삶을 힘들게 하는 괴물과 싸우거나 적을 물리치고, 그 과정에서 자신의 특별한 능력을 더욱 확고히 한다. 그리고 고향으로 돌아와 훌륭한 왕이 되지만 다시 그다지 편치 않은 죽음을 맞이하게 된다. 죽은 다음에는 특별한 장례식을 겪고, 오랜 시간이 지나도록 사람들의 기억에 남아 있게 된다. 이것이 영웅의 삶이다.

조셉 캠벨은 《천의 얼굴을 가진 영웅》에서 모든 영웅의 삶이 근본적으로 동일한 구조를 갖는다는 사실을 밝혀냈다. 영웅의 길, 곧 "부모와 고향으로부터의 분리 - 통과의례(입문 또는 성인식)와 모험 - 귀환"이 모든 영웅 이야기의 핵심 구조임을 간파하고, 이것을 "단일신화(monomyth)"라 부른다. 즉 영웅의 길은 다음과 같다.

1. 일상적인 삶의 세계를 떠난다.
2. 초자연적인 경이의 세계로 들어가서 무시무시하고 강력한 세력에 맞서 결정적인 승리를 거둔다.
3. 이 신비로운 모험에서 다른 인간들에게 이익이 될 수 있는 결실을 얻어 현실세계로 돌아온다.

영웅 중에는 정말 위대한 사람도 있고, 그저 재미있고 평범한 사람도 있다. 이 책에 등장하는 중세 게르만 세계의 영웅들 역시 아주 대단한 영웅이 아닐지라도 그 삶을 살펴보면 영웅의 면모를 고루 지니고 있음을 볼 수 있다. 게르만 세계에서 영웅의 입문 또는 통과의례로 흔히 등장하는 것이 바로 '아버지 또는 친척을 죽인 원수를 갚기'다. 이것 자체가 이미 두 가지 의미를 내포한다. 우선 많은 영웅이 어린 시절에 아버지가 죽었기에 아버지의 보살핌을 받지 못했다는 뜻이다. 그런 탓에 힘든 어린 시절을 보내고도 마침내 용감한 인물로 성장했음을 온 세상에 증명해 보인다. 이보다 더 확실한 성인식이 따로 없을 것이다.

앞에 소개한 '히요르바르트의 아들 헬기'는 부모 밑에서 상당히 정상적인 어린 시절을 보냈을 것으로 보이는데도, 열다섯 살이 다 될 때까지 이름도 없고 말도 하지 못한다. 이런 특이한 설정은 헬기의 어린 시절을 수수께끼로 만드는 동시에 그를 발퀴레와 연결시켜주는 고리가 된다. 그가 발퀴레에게서 이름을 얻고 난생 처음으로 말문을 열기 때문이다. 그렇게 오랜 세월 말도 못하던 소년이 발퀴레와의 만남을 통해 갑작스럽게 성인이 될 준비를 마치는 것을 볼 수 있다.

이런 영웅들의 삶은 실은 우리 평범한 사람들의 삶과도 연결된다. 영웅이 아니라도 어린 시절이 끝나면 누구나 어른으로, 곧 사회의 한 구성원으로 나서야 한다. 누구나 자신의 존재증명을, 곧 입문을 해야 한다. 그것이 쉬운 경우는 없다. 부모의 보호 속에 살았다 해도 이제부터라도 분리를 겪어야 하고, 아버지의 원수를 갚지는 않더라도 한 사람의 성인으로 홀로서기를 해야 한다. 아내나 남편을 만나고 자신의 왕국을 만들어나가야 한다.

 위대한 영웅의 이야기는 이런 평범한 삶의 이야기를 훨씬 극적으로 보여주는 것일 뿐이다. 모든 영웅 이야기의 뼈대를 이루는 단일신화에는 우리 삶의 보편적인 모습이 상징적으로 드러나 있다. 신의 혈통을 타고난 영웅이 아니라도 특별한 업적을 이룬 사람들의 삶에서 특별한 고난의 흔적이 나타나는 것을 흔히 볼 수 있다. 평범한 사람의 일생도 간결하게 정리하면 영웅의 삶과 비슷한 패턴을 드러낸다. 그렇기에 자기 삶의 길을 뚜벅뚜벅 걸어간 사람은 그 길이 비록 평범하더라도 나름의 영웅인 것이다.

# 뵐중 가문의 비극

이제부터 소개하는 뵐중 집안 이야기는 바그너의 4부작 오페라 《니벨룽의 반지》 중 두 번째 작품인 '발퀴레'의 기본 골격을 이루는 내용이다. 바그너는 인물들의 관계를 일부 바꾸기는 했지만 전체 골격은 거의 그대로 빌려왔다. 다만 뵐중 집안 이야기는 《에다》의 여기저기에 흩어진 채로 간접적으로만 등장한다. 오히려 13세기 후반 아이슬란드에서 《운문 에다》를 풀어서 쓴 《뵐중 집안 이야기(Völsunga Saga)》라는 산문 텍스트에 더욱 상세하게 들어 있다. 여기에는 특히 《에다》에 빠져 있는 지그문트와 진표틀리의 이야기가 들어 있어서 《에다》의 이야기를 이해하는 데 중요한 연결고리 노릇을 한다. 바그너는 《뵐중 집안 이야기》를 중요 출전으로 삼았다. 바그너를 통해 문화적 전승 가치를 얻은 이 이야기를 여기 덧붙인다. 진표틀리의 죽음은 《에다》에 산문으로 등장한 그대로의 이야기다.


### ✛ 오딘의 칼

지기(Sigi)는 오딘의 아들이다. 지기의 아들 레리르(Rerir)에겐 늦게까지 자식이 없었다. 부부는 자식을 점지해 주십사고 신들에게 간절히 기도를 올렸다. 그 기도에 마음이 움직여 오딘은 발퀴레 한 명에게 사과 하나를 주어 보냈다. 이 발퀴레는 거인 흐림니르의 딸로 리오트(Liod)라는 이름이었다. 리오트는 까마귀로 변신하여 사과를 물고 날아가 레리르의 무릎에 떨어뜨렸고, 레리르는 이 사과를 아내에게 주어 먹게 했다. 그런 일이 있고 머지않아 나이 든 아내가 임신을 했지만, 레리르는 나라의 평화를 위해 시찰 여행을 하던 중 병이 들어 죽었다. 늙은 왕비는 몸이 약해 6년이 지나도록 출산을 하지 못하다가 겨우겨우 아이를 낳고는 곧바로 죽었다. 어머니 뱃속에서 여섯 살이나 먹은 아들 뵐중은 태어나자마자 벌떡 일어나 죽어가는 어머니에게 마지막 키스를 할 수 있었다고 한다.

뵐중은 튼튼하고 강한 사내로 성장하여 아버지의 나라를 물려받았다. 그리고 옛날에 아버지에게 사과를 물어다 준 발퀴레 출신 리오트를 아내로 맞이하여 아들 열 명과 딸 하나를 두었다. 장남의 이름은 지그문트이고, 그와 쌍둥이로 태어난 딸의 이름은 지그니(Signy)였다.

당시 스웨덴의 가우트 사람들의 땅에 지크가이르라는 왕이 있었다. 가우트 사람들은 고트족의 기원으로 알려져 있다. 어느 날 지크가이르가 뵐중을 찾아와 그의 딸 지그니를 아내로 삼게 해달라고 청했다. 뵐

뵐중의 딸 지그니와 지크가이르 왕의 결혼식 날, 뵐중 가를 찾아온 애꾸눈의 사내는 참나무에 칼을 박아놓고 그 것을 뽑는 사람이 임자가 될 것이라 말한다. 애꾸눈의 사내, 말하지 않아도 오딘 신이라는 걸 알 수 있다.

중이 그의 구혼을 받아들여 두 사람은 결혼식을 올리게 되었다. 뵐중 왕은 딸을 위해 성대한 혼인식을 베풀고 친구와 친척들을 초대했다.

결혼식 날 저녁 큰 홀에 불을 피우고 모두 잔칫상에 둘러앉아 먹고 마시고 있었다. 그때 챙이 달린 커다란 모자를 쓴 나이 든 애꾸눈의 사내가 망토 자락을 펄럭이며 나타났다. 홀 한가운데에는 오래된 참나무 한 그루가 지붕을 뚫고 하늘 높이 뻗어 있었다. 초대받지 않은 나그네는 성큼성큼 참나무 앞으로 걸어가서는 옆구리에 찬 칼집에서 칼을 빼내더니 힘도 별로 들이지 않고 나무에 박았다. 칼은 줄기에 깊이 박혀 손잡이만 보였다. 그런 다음 나그네가 이렇게 말했다.

"누구든 이 칼을 뽑는 자는 내게서 이 칼을 선물로 받은 것이다. 세상에 이보다 더 좋은 칼이 없으니."

말을 마친 나그네는 그대로 밖으로 나가 사라졌다. 챙이 달린 큰 모자를 쓴 애꾸눈의 나그네는 오딘 신이었다. 홀에 있던 사내들이 모두 나그네의 말을 들었다. 나그네가 사라지자마자 그들은 너나할 것 없이 모두 나서서 칼을 뽑으려고 용을 썼다. 하지만 칼은 꿈쩍도 하지 않았다. 이 집의 장남인 지그문트의 차례가 왔을 때 그가 칼 손잡이를 잡자 별 힘도 들이지 않았는데 칼이 쑥 빠져나왔다. 과연 보기에도 매우 훌륭한 칼이었다. 이 칼은 오딘 신이 지그문트에게 준 선물임이 분명했다.

새신랑 지크가이르는 이 칼이 몹시 탐났다. 그는 칼의 세 배 무게에 해당하는 황금을 줄 터이니 칼을 달라고 지그문트에게 청했다. 참으로 어처구니없는 요구였기에 지그문트의 대답은 간결했다.

"그게 당신 것이었다면 당신이 빼낼 수 있었겠지. 하지만 내 것이 되었으니 당신이 가진 황금을 모조리 준다 해도 이 칼과 바꿀 수 없소."

영국의 전설적인 영웅 아서 왕의 이야기에도 유사한 장면이 등장한다. 출신을 모르고 자라던 아서 왕은 '바위에 박힌 칼을 뽑는 사람이 장차 왕이 될 것'이라는 예언을 실현시킨다. 아서 래컴의 그림.

지크가이르는 이 대답에 모욕감을 느꼈다. 하지만 불쾌한 마음을 감춘 채 속으로 뒷날을 다짐했다. 애꾸눈의 나그네가 남긴 칼은 세상에 다시없는 보물이었다. 보물의 임자가 따로 있는 것을, 지크가이르 왕은 터무니없는 욕심을 가진 어리석은 사내였던가? 아니면 보물 칼을 보고 눈이 멀고 말았던가? 하지만 그 칼은 보물은커녕 집안에 큰 재앙을 불러들이는 칼이 될 터였다.

지크가이르는 아름다운 지그니에게 구혼하기 위해 배를 타고 이곳으로 왔다. 마침 항해하기에 알맞은 날씨가 되었기에 그는 결혼식 바로 다음 날 신부와 함께 고향으로 돌아가기로 했다. 그런데 지그니가 아버지에게 이렇게 말했다.

"아버지, 나는 지크가이르와 함께 가고 싶지 않아요. 그 사람 앞에서는 웃음도 나오질 않아요. 아무래도 이 혼인은 재앙이 될 것 같으니 차라리 지금이라도 깼으면 좋겠어요."

아버지 뵐중이 깜짝 놀라 딸을 타일렀다.

"그런 말을 하면 못쓴다, 얘야. 우리한테나 사위한테나 모욕이 되는 말이다. 지금 와서 혼인을 도로 물릴 수는 없으니 혼인서약을 지켜야 한다."

아버지가 완강하게 말리니 지그니도 달리 어쩔 도리가 없었다. 이튿날 지크가이르는 배웅 나온 뵐중과 아들들에게 환대해주어 고맙다고 인사했다. 그러면서 석 달 뒤 자기 나라에서 열리는 잔치에 참석해달라고 초대했다. 뵐중 왕은 흔쾌히 승낙했다. 지크가이르는 신부와 함께 고향으로 돌아갔다.

석 달 후 약속한 때가 되자 뵐중 일가는 가우트 사람들의 나라로 가기로 했다. 그들이 탄 배는 저녁 무렵에 목적지에 도착했다. 그들이 미처 배에서 내리기도 전에 지그니가 서둘러 달려오더니 아버지와 형제들에게 말했다.

"아버지, 군대도 없이 이렇게 오시다니. 남편 지크가이르가 아버지와 형제들을 기습하려고 엄청난 군대를 모았어요. 어서 이대로 돌아가 군대를 거느리고 다시 와서 저 배신자를 혼내주세요."

하지만 뵐중은 이렇게 대답했다.

"나는 죽음을 겁내 도망치지 않겠노라고 오래전에 맹세를 했다. 뒷날 그 누구도 뵐중 집안 사내들이 죽는 게 무서워 도망쳤다는 말은 못 할 게다. 넌 우리 걱정일랑 말고 어서 남편에게 돌아가거라."

아버지가 시키는 대로 지그니는 울면서 궁으로 돌아갔다. 이튿날 뵐중은 모든 사람에게 전투 준비를 갖추고 상륙하라고 명령했다. 곧이어 지크가이르가 군대를 거느리고 나타났고, 세상에서 가장 혹독한 싸움이 시작되었다. 뵐중 일가는 몇 명 안 되는 인원으로 아홉 번이나 지크가이르의 군대를 물리쳤지만 적군이 열 번째로 덤벼들었을 때는 뒤로 밀리면서 뵐중 왕이 전사했다. 시종들도 모두 전사하고 뵐중의 아들 열 명만 살아남았다. 그들은 모두 붙잡혀서 끌려갔고, 지크가이르는 마침내 그렇게 탐하던 지그문트의 칼을 차지하게 되었다.

### ✣ 잔혹한 용기 시험

궁에 있던 지그니는 아버지가 전사했고 쌍둥이 오빠와 남동생들은 모조리 붙잡혀 죽음을 기다리고 있다는 소식을 들었다. 그녀는 얼른 남편을 찾아가 그들을 당장 죽이지 말고 가두어놓고 차꼬를 채우라고 청했다.

"그걸 보면 눈이 즐거울 테니까요."

남편은 놀라서 이렇게 대답했다.

"당신 형제들이 빨리 죽기보다 살아서 더 큰 고통을 겪기를 원하다니, 당신 미쳤군. 하지만 좋소, 그렇게 해주지."

왕의 부하들이 뵐중의 아들들을 숲으로 끌고 갔다. 그들을 나란히 세우고는 무겁고 커다란 통나무 막대에 그들의 발을 단단히 고정시켜 묶고, 손도 뒤로 돌려 묶어 아무도 꼼짝할 수 없게 했다. 한밤중에 거대하고 무시무시한 암컷 늑대가 나타나 그들 중 한 명을 물어 죽인 후 그 고기를 먹고 사라졌다. 이튿날, 날이 밝자 지그니는 자신의 충복 한 명을 숲으로 보내 그곳의 형편을 알아보게 했다. 그가 돌아와 제가 본 것을 보고했다.

형제들이 한꺼번에 모조리 죽임을 당하는 일만은 겨우 막았지만, 그들이 한 명씩 차례로 그렇게 죽는다는 것도 참으로 끔찍한 일이었다.

차꼬에 묶인 채 숲에 버려진 지그문트가
늑대의 위협을 받고 있다.

하지만 그녀로서는 달리 아무런 방책도 없었다. 밤마다 늑대가 찾아와 형제를 차례로 한 명씩 잡아먹고 마침내 지그문트 혼자만 남게 되었다. 열 번째 밤이 오기 전에 지그니는 다시 충복을 불러 그에게 꿀을 내주며 이렇게 명령했다.

"가서 이 꿀을 지그문트의 얼굴에 발라주어라. 입안에도 가득 물고 있으라고 전해라."

부하는 명령대로 했다. 밤이 되어 다시 늑대가 찾아왔다. 꿀 냄새를 맡은 늑대는 그의 얼굴에 묻은 꿀을 핥기 시작했다. 지그문트는 꿀을 가득 담은 입을 크게 벌렸고, 늑대는 꿀을 핥느라 혀를 그의 입 속 깊숙이 집어넣었다. 그 순간을 노려 지그문트가 늑대의 혀를 이로 꽉 물었다. 늑대가 깜짝 놀라 혀를 빼내려다가 지그문트를 묶은 막대를 앞발로 밀쳤고, 그 바람에 막대는 두 동강이 나며 부러졌다. 덕분에 지그문트의 발이 차꼬에서 풀렸다. 지그문트가 끝까지 짐승의 혀를 물고 늘어지자 늑대는 혀의 뿌리가 뽑혀 죽었다.

발이 자유로워진 지그문트는 이리저리 살펴보다가 적당한 나무 등걸에 대고 세게 문질러 손을 묶은 밧줄을 풀었다. 그는 마침내 자유를 얻어 숲 속으로 몸을 감추었다. 그의 형제들을 잡아먹은 늑대는 실은 지크가이르의 어머니가 변한 모습이었다고 한다. 마법사인 그녀가 뵐중의 아들들을 모두 잡아먹으려 했다는 것이다.

이튿날 지그니는 지그문트가 결박을 풀고 사라졌다는 사실을 알았다. 그녀는 직접 숲으로 찾아가 오빠가 움막을 짓고 그 속에 숨어 지낼 수 있도록 도왔다. 지크가이르는 아무것도 모르고 뵐중의 아들이 모조리 죽은 줄로만 여겼다.

그사이 지그니는 남편과의 사이에 두 아들을 얻었다. 큰아들이 벌써 열 살, 둘째가 여덟 살이었다. 지난 세월 동안 그녀는 아버지와 동생들을 죽인 남편에 대한 미움을 가슴속에 품고 살았다. 겉으로는 드러내지 않았지만 언제나 복수의 기회만 노렸다. 큰아들이 열 살이 되자 그녀는 아이를 숲에 숨어 살고 있는 지그문트에게 보내 아들의 용기를 시험하게 했다. 기회가 있으면 아버지의 복수에 이용하게 하려는 뜻이었다. 하지만 아이는 용기 시험을 견디지 못했다. 그러자 잔인한 어미 지그니는 지그문트에게 슬쩍 이렇게 일렀다.

"그 앤 오래 살 필요가 없군요. 죽여버리세요."

지그문트는 누이의 말대로 지크가이르의 큰아들을 죽였다. 2년 뒤

둘째 아들도 그렇게 죽었다.

아들을 둘이나 죽이고도 지그니는 여전히 아버지와 동생들의 죽음만을 슬퍼했다. 게다가 혼자 살아남은 쌍둥이 오빠 지그문트는 아버지의 원수를 갚기 위해 숲에 숨어 살며 기회만 노리는 처지였다. 오딘의 후손이라지만, 오딘 신이 남긴 칼 한 자루 때문에 집안 꼴이 이게 뭐란 말인가. 그녀는 홀로 그 슬픔을 간직하고 살았다. 그러던 어느 날 용모가 아주 아름다운 마법사 여인이 그녀의 방에 불쑥 나타났다. 어쩌면 오딘 신이 보낸 심부름꾼이었을까? 어쨌든 두 사람은 모습과 목소리를 바꾸었다.

지그니는 아름다운 여인의 모습이 되어 숲으로 오빠를 찾아갔다. 궁궐에는 지그니의 모습으로 변한 다른 여인을 남겨두었다. 그녀는 지그문트에게 숲에서 길을 잃었으니 하룻밤 재워달라고 청했다. 지그문트는 숨어 사는 처지라 사람을 가까이 하지 않았지만 아름다운 여인의 모습에 마음이 끌려 그녀를 안으로 들였다. 여인이 자기를 배신하지는 않을 것이라 생각했기 때문이다. 두 사람은 함께 저녁을 먹고 그날 밤 부부의 인연을 맺었다. 이렇게 사흘 밤을 함께 보낸 뒤 여인은 흔적도 없이 사라졌다. 그녀는 집으로 돌아와 낯선 여인과 도로 모습을 바꾸었다.

달이 차자 지그니는 사내아이를 낳았고, 아이 이름을 진표틀리라 지었다. 아이는 무럭무럭 자라 아름답고 튼튼한 소년이 되었다. 아이가 열 살이 되자 지그니는 아이의 옷을 만들면서 아이의 용기를 시험해보았다. 옷소매를 몸통에 꿰매 붙일 때 어머니는 아이에게 옷을 입히고는 옷감과 아이의 살을 함께 꿰맸다. 아이는 움찔하지도 않고 아픔을 견뎠다. 다 꿰매고 나서 옷을 벗기자 살점도 함께 떨어져 나왔다. 지그니가 물었다.

"아프지 않던?"

소년은 그냥 씩 웃기만 했다. 아이는 잔혹한 어머니의 용기 시험을 통과하고 용사의 후예임을 증명해 보였다.

### ⚜ 진표틀리, 늑대인간이 되다

지그니는 진표틀리를 지그문트에게 보냈다. 지그문트는 아이를 받아들이면서 이번에도 누이가 지크가이르의 아들을 보낸 것이려니 했다. 며칠 뒤 지그문트가 소년에게 밀가루 한 부대를 주면서 나무를 해 올 동안 빵 반죽을 치대놓으라고 일렀다. 돌아와 보니 소년이 빵 반죽을 완성해놓았다. 지그문트가 물었다.

"밀가루에서 아무것도 보지 못했니?"

"반죽을 시작할 때 가루 속에서 뭔가 살아 있는 게 꿈틀거리던 걸요. 그것도 함께 넣고 반죽해버렸는데."

그러자 지그문트가 껄껄 웃었다.

"넌 이 빵은 못 먹겠구나. 커다란 독벌레도 함께 반죽해버렸으니 말이다."

지그문트는 독을 만질 수 있을뿐더러 먹어도 아무런 해를 입지 않았다. 소년은 그 빵을 먹지 못하고 지그문트만 먹었다. 하지만 이번 일로 소년이 독을 만져도 아무렇지 않다는 사실이 분명해졌다. 그는 지그문트의 용기 시험에도 합격한 것이다. 아이가 자랄수록 지그문트는 소년이 뵐중 집안 사람들을 닮았다고 느꼈다. 게다가 소년은 지크가이르 집

낮에는 사람이고, 밤에는 늑대로 변해 사람이나 동물을 잡아먹는다는 늑대인간 이야기는 유럽은 물론 전 세계에 퍼져 있는 대표적인 괴물의 이미지다. 오늘날까지도 판타지 소설이나 영화의 모티브로 종종 등장한다. 노트르담 대성당의 낙수받침.

안 사람들에게는 별다른 관심도 없는 것 같았다. 지그문트는 진표틀리를 아들처럼 여기고 보살폈다.

한 번은 지그문트와 진표틀리가 멀리 있는 숲까지 나갔다가 오두막 한 채를 발견했다. 안에 들어가 보니 두 사내가 잠들어 있었다. 팔에는 황금 팔찌를 끼고, 벽에는 늑대옷 두 벌이 걸려 있었다. 그들은 마법의 저주에 걸려 늑대인간이 된 사람들이었다. 그들은 열흘에 한 번씩 옷을 벗고 인간으로 돌아올 수 있었는데, 오늘 밤이 바로 그날이었다. 그것도 모르고 지그문트와 진표틀리는 호기심으로 늑대옷을 입어보았다. 그러자 마법의 힘이 그들에게 작동하여 그들을 늑대로 만들어버렸다. 늑대의 힘과 마음과 목소리를 갖게 된 것이다.

둘은 밖으로 나와 서로 헤어지기로 했다. 만일 일곱 명 이상의 적을 만나면 높은 소리로 울어서 상대방을 부르기로 했다. 얼마 후 진표틀리-늑대가 열한 명의 사내를 만났다. 늑대는 지그문트를 부르지도 않고 열한 명과 싸워 그들을 모조리 죽인 다음 저도 상처를 입고서 참나무 아래서 쉬고 있었다. 그때 지그문트-늑대가 나타나 그에게 물었다.

"어째서 나를 부르지 않았느냐?"

"열한 명 정도라면 나 혼자서도 충분해요."

그러자 지그문트는 갑자기 맹렬한 늑대의 분노에 사로잡혀 진표틀리에게 덤벼들더니 목을 물고 늘어졌다. 진표틀리가 맥없이 쓰러졌다. 분노가 가라앉고 보니 진표틀리는 이미 죽은 것 같았다. 지그문트는 그를 등에 업고 처음 늑대 옷을 발견한 오두막으로 갔다. 잠을 자던 두 사내는 보이지 않았다. 슬픔에 잠긴 지그문트는 죽은 늑대를 내려다보며 늑대옷을 벗게 해달라고 마법의 정령들에게 간절히 기원했다.

그 순간 밖에서 바스락거리는 소리가 들렸다. 지그문트가 내다보니 족제비 두 마리가 서로 물어뜯고 싸우다가 한 마리가 죽은 것 같았다. 살아남은 녀석이 숲으로 달려가더니 풀을 물고 돌아와 그것을 죽은 족제비의 상처에 올려놓았다. 그러자 죽은 짐승이 벌떡 일어났다. 지그문트는 정신이 번쩍 들어 자기도 그 약초를 구하려고 밖으로 달려 나갔다.

숲으로 들어가려는데 까마귀 한 마리가 그를 향해 날아왔다. 녀석은 부리에 물고 있던 약초를 그의 앞에 떨어뜨렸다. 지그문트는 재빨리 약초를 주워 물고 들어와 진표틀리의 상처에 올려놓았다. 그러자 소년 늑대는 다시 건강한 모습으로 깨어났다. 그들은 함께 집으로 돌아갔다. 그들이 늑대옷을 입은 지 열흘째 되는 날 옷이 느슨해지는 것을 느끼고 두 사람은 재빨리 늑대옷을 벗었다. 그러고는 곧바로 옷을 불태웠다.

## ✣ 복수의 칼날

진표틀리가 자라자 지그문트는 마침내 복수할 때가 되었다고 생각했다. 그래서 진표틀리와 함께 지크가이르의 궁으로 갔다. 지그니가 그들을 커다란 맥주통 뒤에 숨겨주었다. 하지만 지그니와 지크가이르 사이에 태어난 어린 아들 둘이 장난을 치다가 우연히 그들을 발견하고는 얼른 아버지에게 달려가 낯선 사람들이 술통 뒤에 숨어 있다고 일러바쳤다. 지그니가 옆에 있다가 재빨리 남편에게 다른 말로 둘러댔다.

그런 다음 지그니는 두 아들을 지그문트에게 데려다주고는 이 아이들이 두 사람을 배신했으니 어서 죽이라고 말했다. 지그문트가 주저하자 진표틀리가 재빨리 아이들을 죽여 왕의 옥좌 앞으로 내던졌다. 진표틀리는 두 동생을 죽인 것이다. 진노한 왕의 명에 따라 그들은 붙잡혔다.

이튿날 날이 밝자 왕은 돌과 뗏장을 이용해 큰 무덤처럼 보이는 언덕을 만들게 했다. 그 속은 비었는데, 한가운데 납작한 바위를 세워 구덩이를 둘로 나누었다. 그런 다음 지그문트와 진표틀리를 따로 구덩이에 던져 넣고 거기서 굶어죽게 하라고 명령했다. 그러고는 구덩이 위를 덮개로 막아버렸다. 이제 두 사람은 서로 목소리만 들을 수 있을 뿐 함께 있을 수 없었다. 지크가이르 왕은 이것이 세상에서 가장 고통스러운 일이라고 여겼다.

하지만 하인들이 뚜껑을 덮기 직전에 지그니가 옷 속에 숨겨 온 짚더미를 진표틀리에게 던졌다. 진표틀리가 짚더미를 뒤지자 말린 고기와 지그문트의 칼이 나왔다. 그 옛날 오딘이 선물한 칼이었다. 진표틀리는 어둠 속에서 손잡이를 더듬어보고 그 사실을 알았다. 그는 바위 꼭대기에 칼끝을 대고 힘껏 쑤셔 넣었다. 칼이 바위를 뚫었다. 그러자 지그문트가 칼끝을 잡고 둘이서 힘을 합쳐 칼을 아래로 잡아당기니, 오딘의 칼이 바위를 둘로 갈랐다. 두 사람은 마침내 함께 있게 되었다.

둘은 고기를 먹고 힘을 합쳐 구덩이를 부수고 밖으로 나왔다. 왕의 궁전에 가보니 모두가 왕의 홀에서 잠들어 있었다. 두 사람은 홀 바깥쪽에 나무토막을 잔뜩 쌓아 올리고 불을 질렀다. 안에서 잠을 자던 사람들이 놀라서 소리쳤다.

"누구냐? 대체 누가 불을 질렀느냐?"

"지그문트와 진표틀리가 그랬다!" 하고 지그문트가 소리쳤다. 불길을 피해 밖으로 나온 사람은 지그문트의 칼에 죽었다. 지그문트는 누이 지그니만 밖으로 빼내주었다. 서둘러 밖으로 나온 그녀는 드디어 아버지와 동생들의 복수를 하게 되어 기쁘다고 말했다. 그런 다음 오빠에게 이렇게 알렸다.

"나는 죽은 뵐중 사람들을 한시도 잊지 않고 살았어요, 오빠. 지크가이르의 자식들은 하나도 남김없이 다 죽였고, 진표틀리는 우리 두 사람의 자식이에요. 그러니까 오빠 아들이에요. 나는 언제나 복수만을 바라고 살았지만 이젠 남편과 함께 죽을 테야. 그 사람하고는 억지로 결혼했지만 그래도 이젠 함께하고 싶어요."

그녀는 지그문트와 진표틀리에게 마지막 입맞춤을 한 뒤 불길 속으로 들어가 남편과 함께 불에 타 죽었다. 뵐중의 딸은 이렇게 해서 자기가 낳은 아이 중 뵐중의 자손만을 세상에 남기고, 지크가이르의 자손은 하나도 남기지 않은 것이다.

아버지의 원수를 갚은 지그문트는 진표틀리를 데리고 마침내 아버지의 나라로 돌아갔다. 뵐중이 아들들과 함께 떠난 뒤 세월이 벌써 한참 흘렀고, 그사이 다른 사람들이 나라를 차지했다. 하지만 이제 지그문트가 돌아와 나라를 차지한 사람들을 모조리 쫓아버리고 프랑크족과 훈족의 나라를 되찾았다. 그는 조상들의 뒤를 이어 너른 땅을 다스리는 왕이 되었다.

### ⚜ 진표틀리의 죽음

그 뒤 지그문트는 브랄룬트의 보르길트와 혼인했다. 두 사람 사이에 태어난 아들이 훈딩을 죽인 헬기다. 그 이야기는 앞서 이미 읽었다. 그리고 지그문트의 셋째 아들이 용을 죽인 영웅 지구르트다. 지구르트의 어머니는 보르길트가 아니라 아일리미의 딸 히요르디스다. 지그문트의 세 아들 진표틀리, 헬기, 지구르트는 모두 영웅으로 이름을 떨쳤다.

진표틀리는 보르길트의 아들 헬기가 회트브로트와 전투를 벌일 때 함께 따라간 적이 있었다. 그 뒤에도 전투가 있을 때마다 나가서 용감하게 싸웠다. 그러다가 어떤 아름다운 여인에게 마음이 이끌렸고, 그녀를 아내로 얻고 싶었다. 그런데 의붓어머니 보르길트의 동생인 보르가르가 같은 여인에게 마음을 두었다. 두 사내가 이 여인을 두고 외딴 섬 결투를 벌여, 진표틀리가 이겼다. 그 후 진표틀리가 그 여인과 혼인을 했는지는 알려지지 않았다.

의붓어머니 보르길트는 동생을 죽인 진표틀리가 꼴도 보기 싫었다. 그래서 진표틀리더러 이제 그만 아버지의 궁을 떠나 다시는 돌아오지 말라고 일렀다. 그러자 아들을 떠나보내고 싶지 않은 지그문트가 아내에게 죽은 처남의 몸값으로 황금을 넉넉히 줄 테니 진표틀리를 그대로 두자고 제안했다. 보르길트는 선선히 남편의 제안을 받아들였다. 하지만 속으로는 분한 마음을 삭이지 못했던 모양이다. 다음에 벌어진 일을 보면 그렇다.

보르길트는 죽은 사람을 기리는 뜻으로 작은 연회를 베풀었다. 모든 잔치가 그렇듯이 왕궁의 큰 홀에 사람들이 모였다. 보르길트가 커다란 뿔잔에 맥주를 담아서 내놓았다. 이때 진표틀리에게는 독약을 탄 맥주를 주었다. 진표틀리는 맥주에 독약이 섞인 것을 알아챘다. 그는 아버지한테 그 사실을 알렸다. 그는 차라리 아버지 곁을 떠나고 싶었던 것일까? 그러자 아버지가 얼른 뿔잔을 받아 단번에 술을 비웠다.

어떤 독약도 지그문트에게는 듣지 않았다. 피부도 손상시키지 못할

뿐더러 내장도 멀쩡했다. 하지만 그의 아들들은 독약이 피부에 닿는 것은 괜찮지만 마시면 속에서 견디지 못해 죽게 된다.

지그문트는 독이 든 맥주를 마시고도 끄떡없었다. 하지만 보르길트가 새로 독약을 섞은 맥주를 진표틀리에게 주면서 어서 쭉 마시라고 권했다. 이번에도 아들 대신 아버지가 그 맥주를 다 마셔버렸다. 보르길트가 세 번째로 독약 섞인 맥주를 가져왔다. 그녀는 맥주 한 잔 못 비운다고 사납게 비방하면서 어서 마시라고 진표틀리에게 잔을 내밀었다. 지그문트도 이번에는 술에 취했는지 아들에게 이렇게 말했다.

"수염으로 걸러서 마셔라."

아마 수염 사이로 술을 흘려서 버리라는 뜻이었을 게다. 그런데 진표틀리는 아버지의 말뜻을 제대로 알아듣지 못하고 수염으로 걸러서 맥주를 목구멍에 들이부었다. 그는 잔을 비우자마자 바닥에 쓰러져 죽었다. 이렇게 지그문트는 아끼던 아들 진표틀리를 잃고 말았다. 그 옛날 젊어서부터 갖은 고생을 함께 나눈 아들이었다. 그는 애통한 심정을 이기지 못한 채 죽은 아들을 들쳐 메고 먼 길을 걸어 좁고도 긴 피오르만에 이르렀다.

그곳에 작은 배 한 척이 있었다. 배에는 늙은 뱃사공이 타고 있었다. 뱃사공은 무거운 시신을 든 지그문트를 보더니 피오르 저편까지 실어다주겠노라고 제안했다. 지그문트는 아들의 시신을 배 위에 내려놓은 다음 자기도 올라타려고 했다. 그런데 어찌된 셈인지 시신이 작은 배를 그득 채워서 탈 자리가 없었다. 사공은 지그문트에게 피오르를 따라 육지로 걸어서 저편까지 오라고 말했다. 그러고는 배를 띄우더니 금세 사라져버렸다. 지그문트는 헐레벌떡 걸어서 저편으로 가보았지만 배와

지그문트가 배에 진표틀리의 시신을 실으려 하고 있다. 망토 입은 늙은 뱃사공은 물론 오딘이다. 요하네스 게르트의 그림.

사공의 모습은 어디서도 보이지 않았다. 이렇게 진표틀리의 시신은 온데간데없이 사라지고 말았다.

지그문트는 크게 놀라지 않았다. 짚이는 데가 있었기 때문이다. 사공은 오딘이 변장한 모습이 틀림없었다. 오딘은 예전에도 한 번 사공이 되어 아들인 토르 신을 태워주지 않아 골탕을 먹인 적이 있었다. 이번에 오딘은 손수 사공이 되어 자신의 후손인 진표틀리의 시신을 거두어 아스가르트의 발할로 데려간 것이다. 이렇게 해서 지그문트는 진표틀리를 위한 특별한 장례식을 마친 셈이었다. 죽은 아들의 시신을 배에 태워 멀리 떠나보냈으니 말이다.

지그문트는 집으로 돌아와서 사랑하는 아들을 죽인 아내 보르길트를 내쫓았다. 그녀는 아끼던 동생에 이어 남편까지 잃은 충격이 컸는지 얼마 지나지 않아 죽고 말았다.

## ✣ 어두운 운명의 자손들

보르길트가 죽은 뒤 지그문트는 아일리미 왕의 딸 히요르디스와 결혼했다. 훈딩의 아들 링비도 히요르디스에게 구혼했지만 현명한 공주는 지그문트를 선택했다. 앙심을 품은 링비가 군대를 이끌고 지그문트의 나라로 쳐들어와서 뵐중 집안과 대규모 전투를 벌였다. 전투가 시작되기 전에 지그문트는 히요르디스와 자신이 소유한 귀한 보물을 바닷가 근처 숲에 숨겼다. 전쟁이 계속되는 동안 여자들은 숲 속에 숨어 지냈다.

이 전투에서 히요르디스의 아버지 아일리미와 지그문트가 모두 죽었다. 링비가 워낙 대규모 군대를 동원한 탓이었다. 링비는 지그문트의 왕궁을 샅샅이 뒤졌지만 히요르디스도 보물도 찾아내지 못하고 그대로 돌아가야 했다.

한편 지그문트가 죽어 갈 때 히요르디스가 마지막으로 잠깐 그를 보았다. 지구문트는 몇 가지 중요한 유언을 남겼다.

"여보, 너무 슬퍼하지는 마시오. 당신은 장차 우리 가문에서 가장 유명한 아들을 낳을 것이니 그것으로 위안을 삼도록 해요. 그리고 이 부러진 칼 조각을 우리 아들에게 전해주시오. 원래 오딘이 선물한 칼이지요. 아들에게 장차 칼을 만들면 칼 이름을 그람이라 붙이라 이르시오."

지그문트가 죽은 다음 히요르디스는 하녀 한 명과 신분을 바꾸었다. 하녀가 여왕 노릇을, 여왕이 하녀 노릇을 하기로 한 것이다. 머지

않아 덴마크의 왕 히얄프레크의 아들 알프(Alf)가 군대를 이끌고 지그문트의 나라를 찾아왔다. 하지만 나라는 유린당하고 여인들만 남은 이곳에서 그는 여왕에게 — 그러니까 하녀에게 — 그간의 사연을 물었다. 여왕은 그에게 링비 이야기를 하고 보물도 모조리 내주었다.

알프는 보물과 함께 여인들을 자신의 왕국으로 데려갔다. 알프는 머지않아 여왕과 하녀가 서로 신분을 바꾼 사실을 알아냈다. 그는 히요르디스에게 청혼을 했다. 히요르디스는 그의 청혼을 받아들였지만 그 전에 먼저 출산부터 해야 했다. 히요르디스는 건강한 사내아이를 낳았다. 아기는 히얄프레크 왕이 맡고 어머니는 새 남편 알프와 함께 살게 되었다.

우리는 지금까지 뵐중 집안의 내력을 읽었다. 뵐중 사람들이라 하면 보통 뵐중의 아들 지그문트의 후손을 가리킨다. 지그문트가 죽은 뒤에 마지막으로 유복자인 지구르트가 태어났으니, 그는 지그문트의 막내아들이다. 뵐중 집안을 '일핑 집안(Ylfinge)'이라고도 부른다. 일핑은 늑대인간이라는 뜻을 담고 있다. 앞서 보았듯이 지그문트와 진표틀리가 한동안 늑대옷을 입고 늑대인간으로 지냈다고 해서 생긴 이름이다.

늑대와 까마귀가 오딘 신을 따라다니는 상징 동물임을 생각해본다면, 뵐중 집안 이야기에 늑대와 까마귀가 자주 등장하는 것은 당연한 일이라 하겠다. 오딘이 전쟁과 죽음의 신이라 그런지, 그의 후손들은 흥미롭지만 어둡고 음침한 운명을 겪는다. 그중에서도 가장 유명한 것이 지구르트의 운명이다.

앞서 얘기했듯이, 뵐중 집안 전설은 바그너의 4부작 오페라 《니벨룽의 반지》의 핵심 줄거리를 이루고 있다. 절대반지가 만들어지는 제1부 〈라인의 황금〉은 《에다》의 안드바리 이야기를 토대로 하고 있고, 제2부 〈발퀴레〉에서 뵐중 집안의 내력이 나온다. 〈발퀴레〉에서 지그문트와 지글린데(지그니)의 결합이 이루어지지만 등장인물 일부가 달라진다. 지그니의 남편이 훈딩으로 바뀌고, 두 사람의 결합으로 태어난 아들은 진표틀리가 아닌 지구르트(지크프리트)가 된다. 바그너는 이런 간단한 변화를 통해 등장인물의 수를 줄였다. 제3부 〈지크프리트〉와 제4부 〈신들의 황혼〉은 다음에 이어지는 지구르트의 이야기를 토대로 삼고 있다. 《안인희의 북유럽 신화》 2권에 《니벨룽의 반지》 줄거리를 덧붙였으니, 참고하시길 바란다.

# 반지의 영웅 지구르트

지구르트의 이야기와 그다음에 이어지는 구드룬의 이야기는 중세 도이치 서사시 《니벨룽겐의 노래》의 줄거리와 부분적으로 겹친다. 또한 이 부분은 바그너의 4부작 오페라 《니벨룽의 반지》의 토대를 이루고 있다. 하지만 그 내용이 길고 복잡한 데다가 작품마다 등장인물의 이름이 달라지기 때문에 한국의 독자들에게는 마치 계륵처럼 뱉기도 삼키기도 어려운 측면을 지니는 것이 사실이다.

그래서 제안을 하자면 이렇다. 지구르트(지크프리트), 브륀힐트(브륀힐데), 군나르(군터), 구드룬(구트루네), 회그니(하겐) 등 중요한 등장인물의 이름은 반드시 기억해야 하지만 나머지는 줄거리를 먼저 기억하고 등장인물의 이름은 나중에 서로 맞추어보라고 말이다. 물론 처음 접하는 사람에게는 그것도 그리 호락호락한 일은 아니다.

오랫동안 사람들은 《운문 에다》를 '옛 에다'라 부르고, 산문으로 쓰인 《스노리 에다》(1220~1225년)보다 더 오래된 것으로 여겼다. 하지만 《운문 에다》 또는 '옛 에다'에서 일부 노래들, 특히 영웅 전설의 줄거리들을 보면, 이것이 흔히 '새 에다'라 불리는 《스노리 에다》보다 나중에 쓰인 것임이 분명해진다. 《운문 에다》의 영웅 이야기들이 《스노리 에다》에서 줄거리를 빌려 오고 있는 것이다. 또한 《운문 에다》의 영웅 이야기들은 상당 부분이 남쪽 라인 강 지역을 배경으로 한 전설들에서 줄거리를 가져왔다. 다시 말해 오늘날 독일 지역의 이야기들이 거꾸로 스칸디나비아 반도로 전해져서 뒤늦게 《에다》의 시편에 편입된 것이다.

이것은 전해지는 40여 편에 이르는 《에다》의 시편들이 쓰인 시기가 제각기 들쭉날쭉하기 때문에 빚어지는 일이다. 《에다》는 대략 800년 무렵부터 1270년대 사이에 쓰였다. 그중 영웅 전설 부분은 대개 중세 도이치 시인들이 활발하게 활동한 1200년경보다 몇 십 년 후에 그들의 영향을 받아 쓰인 것으로 여겨진다.

지구르트와 구드룬의 이야기도 그에 해당한다. 다만 《에다》 출전에서 우리는 남쪽의 《니벨룽겐의 노래》에는 빠져 있는 몇 가지 중요한 이야기를 읽을 수 있다. 절대반지의 기원과, 지구르트와 브륀힐트의 오랜 인연은 오로지 《에다》에만 자세하게 나오고 《니벨룽겐의 노래》에서는 제대로 다루지 않고 있다. 아마도 그래서 바그너는 4부작 오페라를 쓸 때 《에다》를 출전으로 삼았을 것이다. 그는 또한 《운문 에다》의 내용을 산문으로 풀어 쓴 《뵐중 집안 이야기》를 주요 출전으로 삼았다. 그만큼

《에다》에 훨씬 더 재미있는 이야기들이 많이 담겨 있다. 다음에 나오는 지구르트와 구드룬의 이야기 역시 《에다》 출전에 따른 것이다.

여기서는 《스노리 에다》와 《운문 에다》 두 가지를 모두 인용하고 《뵐중 집안 이야기》를 참조하여 보충한다. 그 밖에도 《니벨룽겐의 노래》는 우리말 번역본이 있으니 원하는 사람은 우리말로 이 위대한 중세 도이치 서사시와 그에 대한 자세한 해설을 읽을 수 있다.

### ✢ 난쟁이 밑에서 자라다

지그문트가 죽은 다음 그의 아내 히요르디스는 아들을 낳았다. 아기는 덴마크 왕 히얄프레크에게로 보내졌다. 왕은 아기의 눈빛이 밝은 것을 보고 기뻐하며 아기를 목욕시키고 지구르트라는 이름을 지어주었다. 히얄프레크는 지구르트의 어머니 히요르디스를 아들 알프와 혼인시켜 며느리로 맞아들였다. 하지만 아기는 어머니에게 보내지 않고 자신이 거두었다. 아이는 모든 사람의 사랑을 받았다.

히얄프레크의 궁정에는 레긴(Regin)이라는 난쟁이 대장장이가 있었다. 아이는 대장간에서 놀기를 좋아했다. 대장장이는 솜씨가 뛰어난 데다가 왕의 아들을 가르칠 만큼 아는 것도 많았다. 그래서 히얄프레크 왕은 어린 지구르트가 난쟁이와 어울리는 것을 보고도 그대로 두었다. 레긴은 어린 지구르트에게 많은 것을 가르쳤다.

지구르트는 어느 정도 자라자 레긴의 가르침에 따라 히얄프레크 왕에게 가서 말을 한 마리 달라고 청했다. 히얄프레크는 소년에게 왕의 마구간에서 마음대로 원하는 놈을 골라 가지라고 허락해주었다. 지구르트는 왕의 마구간이 자리 잡은 숲으로 향했다. 숲에서 수염을 길게 기른 나이 든 나그네 한 사람을 만났다.

"어디를 가느냐?"

"말을 고르러 가는데 저를 도와주시겠습니까?"

두 사람은 함께 마구간에 이르렀다. 그들은 말들을 시험했다. 말을 타고 깊은 강물로 들어가니 모든 말들이 중간에 돌아 나오는데, 오직 젊은 잿빛 수말 한 마리만 전혀 겁을 내지 않았다. 지구르트가 그 말을 타고 있는데 늙은 나그네가 이렇게 말했다.

"그 놈은 슬라이프니르의 후손이다. 그 말을 잘 보살펴라."

그런 다음 노인은 사라졌다. 그는 나그네로 변장한 오딘이었다. 그러니 애꾸눈이었을 게 분명하다. 슬라이프니르는 오딘이 타고 다니는, 다리가 여덟 달린 명마다. 지구르트는 이 잿빛 말에게 그라니(Grani, 잿빛 녀석)라는 이름을 붙여주었다.

지구르트가 그라니를 얻고 얼마 지나지 않아 레긴은 소년에게 다음과 같은 이야기를 들려주었다.


레긴의 아버지 흐라이트마르에게는 세 아들이 있었다. 파프니르(Fafnir), 레긴, 오트르(Otr, 수달이라는 뜻)라는 이름의 삼형제였다. 막내 오트르는 거의 매일 수달의 모습으로 변신하고 폭포수 아래로 흐르는 강물에 들어가 물고기를 잡으며 놀기를 좋아했다. 어느 날 오트르가 연어 한 마리를 잡아 강가에서 먹고 있는데, 아제 신들 셋이 그곳을 지나다가 그 모습을 보았다. 나그네 모습을 한 오딘과 로키와 회니(Höni) 중 로키가 잽싸게 큼직한 돌 하나를 던져 오트르를 맞혔고, 오트르는 그 자리에서 죽었다. 로키는 수달과 연어를 한꺼번에 잡았다고 좋아하며,

강가에서 수달과 연어를 잡아 들고 가던 오딘과 로키, 회니는 날이 저물자 흐라이트마르의 집에서 하룻밤 머물게 해달라고 청한다. 흐라이트마르는 그들이 잡은 수달의 아버지였다. 흐라이트마르는 아들의 죽음에 대한 대가로 엄청난 양의 보물을 내놓을 것을 요구한다. 폰 슈타센의 그림.

둘을 짊어지고 가던 길을 계속 걸었다.

저녁이 다가올 때쯤 세 나그네는 흐라이트마르의 집 앞에 이르렀다. 어차피 날도 저물었으므로 그들은 하룻밤 묵어가게 해달라고 집주인에게 청했다. 저녁거리는 있으니 그저 잠자리만 내주면 된다고 했다. 그러면서 강에서 잡아온 수달과 연어를 바닥에 내려놓았다. 흐라이트마르는 죽은 수달이 아들 오트르라는 것을 금방 알아차렸다. 흐라이트마르는 나머지 두 아들을 불러모았다. 그들 셋이 힘을 합쳐 잽싸게 나그네 셋을 붙잡아 묶고는, 아들 오트르를 죽인 대가로 몸값을 내라고 요구했다. 영문도 모른 채 붙잡힌 아제 신들은 별수 없이 그렇게 하겠노라고 했다.

흐라이트마르는 수달의 가죽을 벗기고는 이렇게 말했다.

"이 가죽 안에 황금 보물을 가득 채우고, 가죽의 바깥도 보물로 둘러싸서 가죽의 터럭 하나도 보이지 않게 해주시오. 그럼 댁들을 풀어드리리다."

농부 흐라이트마르는 참으로 엄청난 양의 보물을 요구한 것이다. 오딘은 로키더러 가서 그 보물을 구해오라고 명령했다.

로키는 재빨리 "바다에서 죽은 사람들의 세계를 다스리는" 란 여신을 찾아가 그물을 빌렸다. 란은 심술궂은 여신이라 이따금 변덕이 나면 이 그물을 던져 배와 사람을 통째로 바다 속으로 끌고 들어가곤 했다. 옛날 게르만 사람들은 바다에서 풍랑을 만나면 란 여신이 심술을 부리는 것이라고 여겼다.

로키는 란의 그물을 들고 부자 난쟁이 안드바리가 사는 곳을 찾아갔다. 안드바리는 폭포수 속에서 가물치로 변신해 놀고 있었는데, 로키가

그물을 쥔 로키의 모습. 흐라이트마르에게 붙잡힌 오딘 신은 로키에게 보물을 구해오라고 명령한다. 로키는 바다 저승의 여신 란에게 그물을 빌려 난쟁이 안드바리를 붙잡고 보물을 내놓으라고 협박한다.

그물을 던져 가물치를 붙잡아 묶었다. 그러자 가물치가 원래의 모습인 안드바리로 돌아왔다. 로키는 안드바리에게 가진 보물을 몽땅 내놓으라고 협박했다.

로키는 불의 신이라 난쟁이들이 그의 말에는 꼼짝 못했다. 땅속에 사는 검은 난쟁이들은 대개 대장장이 노릇을 했고, 대장장이는 알다시피 불을 다루는 일이다. 그래서 로키가 부탁하면 난쟁이들은 특별한 보물도 만들어주곤 했다. 하지만 이번에는 엄청난 양의 보물을 가져오는 일이라 그랬는지, 로키는 말로 어르지 않고 다짜고짜 난쟁이를 잡아 묶어놓고 협박부터 했다. 안드바리는 동굴에 있는 보물을 모조리 자루에 담아 로키에게 내주었다.

안드바리가 보물을 자루에 쓸어담은 뒤, 로키는 난쟁이의 손가락에서 반짝이는 금반지 하나를 보았다.

"그것도 이리 집어넣지."

"아이, 로키 님, 이것만은 드릴 수 없어요. 다른 사람은 이걸 제대로 쓰지도 못할 것이니, 실은 쓸모도 없는 작은 반지일 뿐입니다. 하지만 내겐 소중한 물건인걸요."

"그야 네 사정이지, 내 알 바 아니다."

로키는 조금도 물러설 마음이 없이 반지를 내놓으라고 요구했다. 안드바리는 재빨리 반지에 저주를 걸었다.

"반지야, 두 형제를 살인자로 만들고 여덟 귀족의 운명을 망쳐다오. 그 누구도 내 보물을 제대로 쓰지 못하고, 때 이른 죽음을 맛보게 되리라."

이렇게 반지에 저주를 걸고 나서야 안드바리는 반지를 로키에게 넘겨주었다. 로키는 보물을 짊어지고 흐라이트마르의 집으로 돌아왔다. 오딘은 로키가 가져온 보물 중에서 아름답게 반짝이는 황금반지를 발견하고 그것을 얼른 집어서 손가락에 꼈다. 그런 다음 신들은 온갖 보물로 수달 가죽의 속을 채우고, 이어서 팽팽해진 수달 가죽의 겉을 보물로 둘러쌌다.

흐라이트마르는 보물 더미를 자세히 살펴보더니, 수달의 수염 하나가 밖으로 삐져나온 것을 발견했다.

"여기 털 하나가 밖으로 나왔는걸. 댁이 손가락에 낀 그 반지로 이 구멍을 틀어막으면 딱 맞겠소."

오딘은 하는 수 없이 그의 말대로 했다. 이제 신들이 떠날 때 로키가 안드바리의 저주를 전해주었다. 하지만 보물에 눈이 먼 흐라이트마르는 그 말을 귓등으로 흘려들었다. 어쨌든 그 뒤로 안드바리의 보물은 '수달의 몸값' 또는 '아제들의 비상금'이라는 이름으로도 불리게 되었다. 보물은 모조리 흐라이트마르의 차지가 되었다(케닝 표현).

두 아들 파프니르와 레긴이 보물을 자기들에게도 나누어달라고 청했지만 흐라이트마르는 들은 체도 하지 않았다. 그러자 두 아들은 아버지가 잠들기를 기다렸다가 아비를 죽이고 보물을 빼앗았다. 살인자가 되리라는 난쟁이의 저주가 두 형제에게 실현된 것이다. 그런데 이번에는 파프니르가 보물을 몽땅 차지하려고 했다. 레긴이 형에게 졸랐다.

"형, 내게도 보물을 나누어주시오."

"지 아비를 죽인 나쁜 놈이 말도 많구나. 얼른 저리 꺼져라. 안 그랬다간 너도 아버지 곁으로 보내줄 테다."

형 파프니르는 거인 같았다. 몸집이 작은 레긴은 형을 당할 재간이 없었기에 마음에 원한을 품고 멀리 도망쳤다.

파프니르는 아버지의 '공포의 투구'와 안드바리의 보물을 몽땅 챙긴 다음 멀리 그니타 황야로 가서 깊은 숲 속 동굴로 들어갔다. 그곳에서 그는 '공포의 투구'를 머리에 쓰고 용으로 변신했다. 공포의 투구를 쓰고 있으면 동물이나 사람들은 모두 두려워하여 감히 가까이 접근하지 못한다.

이것이 레긴이 이곳에 온 사연이었다. 이야기를 다 들려준 다음 레긴은 지구르트에게 이렇게 말했다.

"형에게서 도망친 다음 나는 이곳으로 와서 히얄프레크 왕의 대장장이가 되었다. 이제 네가 어른이 되면 용을 죽이고 우리가 그 보물을 차지하자."

## ✤ 아버지의 원수를 갚고

대장장이 레긴은 이제 용감하게 자란 지구르트에게 어울리는 칼을 만들기로 했다. 그는 있는 솜씨를 다하여 칼을 만들어 지구르트에게 건네주었다. 젊은이는 칼을 쥐고 대장간의 모루에 힘껏 내리쳤다. 그러자 칼이 부러졌다. 지구르트는 더 나은 것을 만들어달라고 부탁했다. 하지만 레긴이 새로 만든 칼도 앞의 것보다 별로 더 나을 게 없었다. 지구르트는 이런 칼로는 만족할 수가 없었다. 그는 어머니를 찾아갔다. 어머니가 아들을 반갑게 맞아들였다.

"어머니, 돌아가신 지그문트 임금님이 두 동강 난 그람을 어머니에게 맡겼다는 이야기를 들었는데 사실인지요?"

히요르디스는 아들이 이미 어른이 되었음을 깨닫고 동강 난 그람(Gram)의 조각을 아들에게 내주었다. 지구르트는 아버지의 칼 조각을 레긴에게 가져다주었고, 레긴은 온갖 정성을 다 기울여 이것으로 가장 훌륭한 칼을 만들었다. 이것은 원래 오딘이 지그문트에게 선물한 칼이었다.

새 칼을 받은 지구르트가 모루를 힘껏 내리치자 이번에는 칼이 부서지지 않고 쇠모루가 둘로 쩍 갈라졌다. 그런 다음 이 튼튼한 칼을 라인 강물에 넣고 있으니, 강물을 따라 둥둥 떠내려 오던 양털 뭉치가 칼날에 닿자 곧바로 둘로 싹둑 갈라졌다. 칼이 이루 말할 수 없이 예리했다. 지구르트가 성년이 되자 레긴은 파프니르를 죽이러 가자고 재촉했다.

하지만 지구르트는 이렇게 대답했다.

"아버지의 원수를 갚는 일을 젖혀두고 보물부터 찾으러 간다면 아버지와 외할아버지를 죽인 훈딩의 아들들이 나를 조롱할 거야."

지구르트가 히얄프레크 왕에게 청하자 왕은 그가 아버지의 원수를 갚을 수 있도록 배와 군사들을 내주었다. 지구르트와 레긴은 배에 올라타고 훈딩의 나라를 향해 출정길에 올랐다. 하지만 출발하고 얼마 지나지 않아 폭풍이 몰아쳐서 배가 앞으로 나아가기는커녕 침몰할 지경이 되고 말았다. 그때 강가 암벽에 서 있던 한 사내가 이렇게 외쳤다.

"거기 배를 타고 지나가는 자는 대체 누구냐?"

레긴이 대답했다.

"우리는 지구르트를 따르는 사람들이다. 폭풍이 몰아쳐 죽을 지경이다. 거기서 묻는 자는 누구냐?"

"내 이름은 흐니카르(Hnikarr)라고 한다. 젊은 뵐중아, 내가 너와 함께 갈 테니 배를 이쪽으로 대라."

지구르트 일행은 배를 뭍 가까이에 댔다. 흐니카르가 배에 올라타자 곧 폭풍이 잠잠해졌다.

지구르트가 흐니카르에게 물었다.

"흐니카르여, 당신은 신들과 인간들을 위한 징조들을 모두 알고 있소. 칼을 휘두름에(전쟁에서, 케닝) 가장 좋은 징조가 뭔가요?"

"칼 나무(용사, 케닝)에게 가장 좋은 징조는 첫째가 검은 까마귀다. 둘째는 네가 출정 준비를 갖추고 나오는데 명성에 굶주린 사내 둘을 광장에서 만나는 것이다. 셋째는 물푸레나무 가지 아래서 늑대가 울부짖는 소리를 듣는 것이다."

이렇게 말하는 흐니카르는 다름 아닌 오딘이었다.

배는 무사히 훈딩의 아들들이 사는 나라에 도착했다. 훈딩의 아들들은 강력한 군대를 이끌고 지구르트의 군대와 맞섰다. 양측은 치열한 전투를 벌였다. 훈딩의 아들들도 잘 훈련된 용사들인 데다가 지구르트의 군대보다 수도 훨씬 많아서 싸움은 금방 끝나지 않았다. 며칠 동안 팽팽한 접전이 이어졌다. 하지만 마침내 지구르트의 군대가 승리를 거두고 훈딩의 아들들은 모조리 죽었다. 이렇게 해서 지구르트는 아버지와 외할아버지의 원수를 갚았다.

앞에 나오는 '훈딩을 죽인 헬기'에서도 헬기가 아버지 지그문트의 원수를 갚는 이야기가 나온다. 이는 덴마크 출신의 헬기 이야기와 남쪽 도이치 지역에서 올라온 지구르트 이야기가 억지로 하나로 합쳐지면서 생겨난 혼란이다.

### ✚ 용의 피가 인도하는 곳으로

아버지의 원수를 갚은 지구르트는 군대를 끌고 히얄프레크의 왕국으로 돌아왔다. 얼마 후 레긴이 다시 지구르트에게 파프니르를 죽이고 보물을 차지하자고 부추겼다. 그래서 두 사람은 말을 타고 그니타 황야로 향했다. 동굴 앞에 이르자 용이 물을 마시러 다니는 길이 보였다. 파프니르는 날개가 없어 날지는 못하고 바닥을 기어다니는 거대한 용이었다.

지구르트는 용이 지나가는 길에 커다란 구덩이를 파고 그곳에 몸을 숨겼다. 용이 물을 마시러 기어 나오며 독기를 내뿜었다. 그 독이 지구르트의 머리로 날아왔으나 그는 두려워하지 않고 용의 배 밑에 숨어 기

다리다가 용의 심장을 겨누어 칼을 꽂았다. 파프니르는 몸을 부르르 떨며 머리와 꼬리로 사방을 내리쳤다. 그 순간 지구르트가 구덩이에서 올라와 용과 서로 마주 보게 되었다.

파프니르는 겁도 없이 자신에게 덤벼들어 죽음의 상처를 입힌 이 젊은이에게 이름을 물었다. 지구르트는 처음에는 이름을 말하려 하지 않았다. 그래서 이렇게 대답했다.

"나는 아비 어미도 없는 뛰어난 짐승이다."

옛날 게르만 사람들은 죽어가는 사람이 상대방의 이름을 부르며 저주의 말을 하면 그 저주가 실현된다고 믿었다. 하지만 용이 거듭 묻자 지구르트는 저주의 두려움을 떨쳐버리고 이름을 밝혔다.

"나는 지그문트의 아들 지구르트다."

"그렇다면 잡혀 사는 놈이구나."

지구르트가 아비의 땅이 아니라 히얄프레크 밑에서 자라는 것을 빗댄 말이었다. 지구르트는 자신은 자유롭게 산다고 대꾸했다. 그러자 용이 지구르트에게 말했다.

"너는 온갖 해로운 말들을 많이 들었을 것이다만, 이제 내게서 진실을 들어라. 세상 모두가 황금을 노리지만 보물이 너를 죽일 것이다. 말을 타고 여기서 그냥 떠나라."

"네가 충고를 해도 나는 황금을 가지러 갈 테다. 하지만 파프니르야, 너야말로 이제 곧 죽을 것이다."

정말로 그렇게 되었다. 지구르트가 용과 싸우기 시작할 때 레긴은

지구르트는 독기를 내뿜는 파프니르 - 용의 심장을 겨누어 칼을 꽂았다. 아서 래컴의 그림.

멀찍감치 달아났었다. 이제 지구르트가 풀을 뜯어 칼에 묻은 용의 피를 닦아내고 있는데 레긴이 돌아왔다. 그는 지구르트의 용기를 입이 마르게 칭찬하더니 갑자기 말을 바꾸었다.

"너 지금 승리해서 신이 나 있다만 지구르트야. 넌 내 형을 죽였다."

"아저씨가 나더러 그러라고 부추겼으면서."

"그래, 하지만 어쨌든 내가 좋은 칼을 만들어주었으니 네가 쉽게 용을 죽일 수 있었던 거지."

"그래도 용기가 없는 사람이라면 용을 죽이지 못했을걸. 아저씨는 내가 용을 죽일 때 무서워서 멀리 도망쳤잖아."

두 사람은 서로 옥신각신했다. 레긴이 용의 시체로 다가가더니 칼을 꺼내 용의 심장을 베어내고는 그 상처에서 흐르는 용의 피를 마셨다. 그런 다음 지구르트에게 심장을 불에 구워달라고 말하고 자신은 옆에 쓰러져 깊은 잠에 빠졌다.

레긴이 잠자는 동안 지구르트는 불을 피우고 용의 심장을 꼬챙이에 꿰어 구웠다. 한참이 지나 지금쯤 익었겠지 하고 심장을 꾹꾹 눌러보던 그는 지글지글 끓는 기름에 손가락을 대고 말았다. 그는 덴 손가락을 저도 모르게 입으로 가져갔고 그 바람에 용의 심장에서 나온 피가 그의 혀에 닿았다. 그러자 갑자기 나뭇가지에 앉아 있는 새들의 노랫소리가 귀에 또렷하게 들려왔다.

새 한 마리가 노래했다.

"저기 지구르트가 파프니르의 심장을 굽는구나. 그걸 자기가 먹는 것이 더 나을 텐데."

다른 새가 말했다.

"저기 레긴이 누워 있네. 자기를 철석같이 믿는 사람을 배신하려 한다네. 고약한 생각으로 가득 찬 못된 대장장이가 형의 원수를 갚으려 하네."

또 다른 새가 말했다.

"그놈 머리를 싹둑 잘라 헬의 나라로 보내버려. 그럼 파프니르의 황금을 독차지할 수 있지."

새들의 노랫말을 곰곰이 새겨듣던 지구르트는 먼저 레긴의 목을 잘라 죽인 다음 용의 심장을 먹었다. 그리고 동굴로 들어가 그곳에 있는 보물을 가지고 나왔다. 그러자 다시 새들의 노래가 들렸다.

"세상에서 가장 아름다운 아가씨가 있지. 산 위에 발퀴레가 잠들어 있고 그 위로 불길이 타오른다네. 오딘이 사방에 가시나무를 심었다네."

"초록으로 덮인 길들이 기우키의 나라로 안내한다네. 그곳에 뛰어난 왕이 있고, 그가 딸을 키웠으니, 지구르트야, 너는 그 딸을 차지할 것이다. 운명이 방랑자의 앞길을 마련하는 법."

앞서 부른 새들의 노래가 뜻하는 바는 아주 분명했지만 이번에는 혼란스러웠다. 지구르트의 운명 자체가 그렇듯 혼란스러운 것이었으니, 노르네 여신들이 이미 모든 것을 정해놓은 대로였다. 그러나 인간이 제 앞날을 미리 알 수는 없는 법, 때가 되어야 그 정해진 운명을 알지. 어쨌든 안드바리의 저주가 실현되고 있었다. 두 형제가 힘을 합쳐 잠자는 아버지를 죽였고, 이제 그 두 형제도 죽었다.

### ✤ 잠자는 숲 속의 미녀

지구르트는 말에 보물을 실은 다음 남쪽 프랑크 땅으로 향했다. 그렇게 길을 가는데 산불이라도 난 것처럼 큰 빛이 하늘을 향해 뻗어 오르는 것이 보였다. 그쪽으로 올라가 보니 사방을 울타리처럼 빙 둘러가며 불의 방패가 타오르고 있었다. 지구르트는 겁도 없이 그라니를 몰아 그 불길을 뛰어넘었다. 불의 울타리 안으로 들어가 보니 갑옷을 입은 사내가 잠이 들어 있었다.

'이렇게 불편한 차림으로 잠을 자다니.'

지구르트는 이렇게 생각하고 잠자는 사람의 투구를 벗겼다. 그런데 놀랍게도 잠자는 사람은 남자가 아니라 금발의 아름다운 여자였다. 투구는 벗겼지만 갑옷은 윗부분이 단단히 묶여 있어서 풀 수가 없었다. 그는 명검 그람을 꺼내 갑옷을 위로부터 아래로 죽 가르고, 이어서 양쪽 소매도 갈랐다. 그렇게 해서 갑옷을 떼어냈다. 그때 여자가 잠에서 깨어나 일어나 앉더니 이렇게 말했다.

"무엇이 내 갑옷을 자르고, 내가 어째서 잠에서 깼을까? 누가 나를 깨웠나?"

"지그문트의 아들 지구르트의 칼이 갑옷을 열었소."

그녀의 이름은 지그드리파였다. 지그드리파란 '승리를 가져오는 여인'이라는 뜻으로, 발퀴레를 가리킨다. 그녀의 원래 이름은 브륀힐트다. 여기서 우리는 훨씬 친숙한 이름인 브륀힐트를 사용하기로 하자. 그녀는 서서히 정신이 들자 뿔잔에 꿀술을 가득 담아 자신을 긴 잠에서 깨어나게 해준 길손에게 대접했다. 브륀힐트는 잠에서 깨어나 다시 세상을 보게 된 것이 너무나 기뻤다. 그녀는 자신의 이야기를 털어놓

불의 울타리를 뛰어넘은 지구르트는 갑옷을 입은 채 잠든 브륀힐트를 발견하고 그녀를 길고 긴 잠의 감옥에서 꺼낸다. 잠든 미녀와 그녀를 마법에서 구해낸 용기 있는 젊은이, 많이 듣던 이야기 아닌가? 오토 폰 리히터의 그림.

았다.

옛날에 두 왕이 서로 전쟁을 했다. 그중 나이가 훨씬 많은 왕은 세상에서 가장 강한 전사였고, 오딘 신도 이 전사에게 승리를 약속해주었다. 또 다른 왕은 이름이 아그나르였는데 그를 보호해주는 이는 아무도 없었다. 브륀힐트가 전투에 개입해서 더 강한 늙은 왕을 쓰러뜨리고 젊은 아그나르에게 승리를 주었다. 그녀는 감히 오딘 신의 결정을 어긴 것이다.

오딘은 이렇게 건방진 행동을 한 벌로 그녀에게서 발퀴레의 권한을 빼앗았다. 동시에 잠드는 가시로 그녀의 몸을 찔렀다. 그녀가 깊은 잠에 빠지기 전에 오딘 신은 브륀힐트가 다시는 전쟁터에서 승리를 결정

자신의 결정을 거역한 브륀힐트에게 오딘은 발퀴레의 권한을 빼앗고 용기 있는 누군가가 그녀를 구하러 올 때까지 깊은 잠에 빠지도록 만들었다. 콜로만 모저의 그림.

하는 발퀴레 노릇을 못하는 것은 물론, 장차 어떤 사내와 혼인할 것이라고 선언했다. 그러자 브륀힐트가 재빨리 오딘에게 말했다.

"맹세하지만 두려움에 벌벌 떠는 사내하고는 혼인하지 않겠어요."

그런 다음 그녀는 깊은 잠에 빠졌다. 잠드는 가시에 찔렸기 때문이다.

이제 지구르트가 발퀴레였던 브륀힐트를 긴 잠에서 깨웠다. 그는 깨어난 발퀴레에게 지혜로운 가르침을 달라고 청했다. 그래서 그녀는 세상의 많은 것들에 대해, 또 승리하는 법과 사람들을 대하는 방법 등에 대해 많은 지혜를 전해주었다. 지구르트의 세상에 대한 지식과 지혜는 이렇게 산꼭대기의 브륀힐트에게서 얻은 것이다.

두 사람은 서로 사랑하는 사이가 되었다. 《에다》에는 자세히 나오지 않지만 뒷날 지구르트의 운명을 보면 여기서 둘이 부부의 인연을 맺은 것이 틀림없다.

이것은 오늘날 누구나 아는 〈잠자는 숲 속의 미녀〉 이야기의 원형이다. 그림 형제가 수집한 동화집에 들어 있는 〈가시장미 공주〉 이야기는 디즈니의 만화영화를 통해 더욱 널리 알려지게 되었다. 아름다운 공주가 열다섯 살이 되는 날 물레 바늘에 찔려서 100년 동안이나 잠에 빠지고, 성 안에 있는 것도 모두 함께 잠든다. 그림 형제가 이 동화에 붙인 주석에 따르면, 공주를 찌른 물레 바늘은 다름 아닌 잠들게 하는 가시이며, 이 동화의 원천은 《에다》에 실려 있는 브륀힐트와 지구르트의 이야기라고 한다.

### ✤ 기우키의 나라

지구르트는 브륀힐트 곁에 오래 머물지 않았다. 그는 얼마 뒤에 명검 그람을 옆구리에 차고 명마 그라니를 타고서 모험을 찾아 떠났다. 머릿속에는 브륀힐트가 전해준 지식을 담고, 말 등에는 용의 보물을 싣고서.

기우키(Giuki)라는 왕이 라인 강 남쪽에 있는 큰 나라를 다스리고 있었다. 기우키 왕은 그림힐트(Grimhild)라는 아내와 사이가 좋았고, 부부는 아들 셋과 딸 하나를 두었다. 세 아들의 이름은 군나르, 회그니, 구토름이라 했고, 딸의 이름은 구드룬이었다. 그림힐트 왕비는 마법에 통달했으며, 마음속에 어두운 면을 감추고 있는 여인이었다.

머지않아 지구르트는 기우키의 나라에 도착했다. 엄청난 보물의 주인인 그는 옷차림도 멋지고 용모와 몸매도 나무랄 데 없이 훌륭한 젊은

이인지라, 곧바로 기우키 왕의 환대를 받으며 한동안 그곳에 머물게 되었다. 그림힐트 왕비는 이 젊은이가 무척 마음에 들었다. 게다가 많은 보물을 가졌으니 딸 가진 부모라면 탐낼 만한 사윗감이었다. 하지만 젊은 영웅은 어찌 된 셈인지 아름다운 공주에게는 관심이 없었다. 왕비는 분명 다른 여자가 있기 때문이라고 짐작했다.

그림힐트는 망각의 약을 만들어 술에 타서 지구르트에게 주었다. 지구르트는 아무 의심도 없이 그 술을 마셨다. 그러자 브륀힐트에 대한 기억이 깨끗이 사라졌다. 머지않아 지구르트는 군나르의 여동생 구드룬에게 마음을 빼앗겼다. 그는 떠날 생각은 않고, 군나르, 회그니 형제와 서로 충성의 맹세를 했다. 기우키 왕과 왕비는 지구르트를 구드룬과 혼인시켰다. 지구르트는 과거의 일을 까맣게 잊고 구드룬을 사랑했다.

기우키 왕이 죽고 군나르가 그 뒤를 이어 왕이 되었다. 군나르는 훈족의 왕 부들리(Budli)의 딸 브륀힐트를 아내로 삼고 싶었다. 부들리 왕은 이미 죽었고 지금은 브륀힐트의 오빠인 아틀리가 훈족의 왕이 되어 있었다. 군나르는 구혼을 하러 아틀리 왕을 찾아가기로 했다. 군나르의 구혼 여행에는 지구르트도 동행했다. 하지만 아틀리 왕은 브륀힐트와 결혼하고 싶으면 산 위에 있는 그녀의 성으로 찾아가서 그녀에게 직접 물어보라고 했다.

브륀힐트는 아버지나 오빠의 궁전에 살지 않고 산 위에 있는 자신의 성에서 따로 살았다. 게다가 그 성을 불길이 둘러싸고 있는데, 말을 타고 그 불길을 넘어오는 남자를 남편으로 삼겠노라고 맹세를 해둔 터였다. 일찍이 지구르트가 그라니를 타고 뛰어넘은 적이 있는 바로 그 불의 방패였다. 브륀힐트는 그렇게 쉽게 아내로 삼을 수 있는 여자가 아니었던 것이다.

지금껏 그 불의 방패를 건너뛴 사내는 지구르트 말고는 아무도 없었다. 불길이 무섭게 타올라서 가까이 다가가기만 해도 말이 앞발을 쳐들며 앞으로 나아가기를 거부했다. 하지만 망각의 약을 먹은 지구르트는 아무것도 기억하지 못했다. 군나르가 아무리 채찍질을 해도 군나르의 말은 말을 듣지 않았다. 지구르트의 명마 그라니는 불길을 뛰어넘을 담력이 있었지만 지구르트 외에 다른 사람이 자기 등에 타는 것을 용납하지 않았다.

두 사람은 한 가지 꾀를 냈다. 지구르트가 군나르의 모습으로 변신하고 대신 구혼하기로 한 것이다. 지구르트는 아내 구드룬을 사랑하고 있었으므로 군나르의 아내가 될 브륀힐트는 털끝 하나 건드리지 않기로 맹세했다.

그렇게 해서 군나르로 변신한 지구르트가 그라니를 타고 불길을 뛰어넘어 브륀힐트의 성으로 들어섰다. 브륀힐트는 맹세한 대로 말을 타고 불길을 넘어온 사내를 남편으로 받아들였다. 자세한 이야기는 없지만 첫날밤의 복잡한 사정을 우리는 짐작해볼 수 있다. 그녀는 '지구르트가 오는구나. 지구르트 말고 대체 누가 저 불길을 넘어올 수 있을까?' 하고 생각했을 것이다. 그래서 반가운 마음에 달려나갔지만 그 사람은 지구르트가 아니라 전혀 모르는 사내였으니, 얼마나 놀라고 당황했을까? 그러나 《에다》는 그런 자세한 사정을 전해주지 않는다.

지구르트는 브륀힐트를 기억하지 못했다.

"대체 뉘신데 이 불길을 뛰어넘어 오셨나요?"

브륀힐트를 바라보는 군나르와 눈길을 피하는 브륀힐트. 두 사람의 어긋난 운명을 말해주는 듯하다.

"나는 기우키의 아들 군나르입니다. 아름다운 브륀힐트 공주를 아내로 삼고 싶어 왔소이다."

그날 밤 새색시와 나란히 누운 이 낯선 사내는 둘 사이에 명검 그람을 꽂아놓고는 여자를 털끝 하나 건드리지 않았다.

이튿날 그는 새색시와 함께 군나르가 머물고 있는 곳으로 왔다. 그리고 그녀가 보지 못하게 재빨리 군나르와 모습을 바꾸었다. 이제 다시 지구르트로 돌아온 것이다. 그리고 제 모습을 되찾은 군나르가 브륀힐트와 성대한 결혼식을 올렸다.

### ✦ 영웅의 최후

앞에서 보았듯이 브륀힐트는 원래 발퀴레였다. 그리고 아마 인간세계와도 인연이 있었던 듯 훈족의 왕 부들리의 딸이며 아틀리의 누이동생이기도 했다. 용을 죽인 후 새의 말을 듣고 찾아온 지구르트와 부부의 인연을 맺었으나 지구르트가 기억상실증에 걸린 탓에 기구하게도 군나르의 아내가 되었다. 하지만 브륀힐트마저 기억을 잃은 것은 아니었다. 기억에도 선명한 애인 지구르트는 시누이 구드룬의 남편이 되어 있었고, 브륀힐트를 기억조차 못하는 것처럼 보였다.

사이가 좋은 지구르트와 구드룬에게는 벌써 두 아이가 태어났다. 아들 지그문트와 딸 슈반힐트였다. 브륀힐트는 겉으로는 내색하지 않았으나 가슴속에는 원망과 질투가 불길처럼 타오르고 있었다. 지구르트를 잃은 뒤로 그녀는 단 한순간도 행복을 맛보지 못했다.

어느 날 시누이와 올케가 라인 강으로 머리를 감으러 갔다. 올케인 브륀힐트는 시누이 구드룬이 머리 감은 물로 머리를 감기 싫다며 강변을 벗어나 강물 속으로 들어갔다. 그러면서 자기 남편 군나르가 구드룬의 남편보다 더 뛰어나고 용감하기 때문이라고 했다. 그러자 구드룬도 물속으로 들어가면서 이렇게 말했다.

"그렇다면 내가 더 위쪽에서 머리를 감을 자격이 있어요. 내 남편이 군나르 오빠나 다른 누구보다도 더 용감하니까. 그야 지구르트가 파프니르와 레긴을 죽이고 그 유산을 차지한 걸 보면 알 수 있지요."

"군나르도 타오르는 불길을 뛰어넘어 내게로 온 걸 보면 그보다 더 용감한걸요."

두 여왕은 유치한 말싸움을 계속했다. 그러다 구드룬이 해서는 안 될 말을 입 밖에 내고 말았다.

"언니도 참, 오빠가 그런 일을 할 수 있을 것 같아요? 용감한 지구르트라면 또 몰라."

"하지만 지구르트가 아니라 군나르가 불길을 넘어와 내게 구혼했는데."

"아직도 모르겠어요? 그럼 내 손가락에 있는 이 반지가 누구 손에서 나온 건지도 안 보이나요?"

브륀힐트가 첫날밤 남편에게 선물한 반지가 구드룬의 손가락에서 빛나고 있었다. 그 반지를 본 순간 브륀힐트의 눈에서는 이전 발퀴레 시절에 내뿜던 것과 같은 두려운 불꽃이 일렁였다. 그녀는 창백하게 질린 채 아무 말도 없이 조용히 궁으로 돌아갔다.

브륀힐트는 곰곰이 생각하고 또 생각했다. 저 반지, 난쟁이 안드바리가 저주를 걸어둔 바로 그 반지였다. 지구르트와 처음 인연을 맺었을 때 그에게서 받은 반지를 브륀힐트는 소중한 보물처럼 늘 손가락에 끼

구드룬과 브륀힐트가 말다툼을 벌이고 있다. 브륀힐트는 지구르트가 자신과의 사랑을 저버렸다는 사실에 절망하고 분노한다. 체슈카의 그림.

고 있었다. 그러다 군나르를 남편으로 맞아들일 때 그녀는 군나르가 준 반지를 받고 대신 자신이 끼고 있던 반지를 그에게 내주지 않을 수 없었다.

당연히 남편 군나르의 손에 있어야 할 반지가 어째서 구드룬의 손가락에 있는가? 그렇다면 구드룬의 말이 사실이란 말인가? 지구르트는 자기를 그토록 처참하게 배신했더란 말인가? 그 옛날 그토록 사랑했던 지구르트는 자기를 단순히 잊은 정도가 아니라 구드룬을 아내로 삼고 처남인 군나르를 돕기 위해 자신을 속였단 말인가? 그리고 지금은 브륀힐트의 눈앞에서 구드룬과 저토록 행복하게 살고 있나?

바그너의 오페라 《니벨룽의 반지》에서는 브륀힐트의 죽음이 약간 다르게 그려진다. 지크프리트(지구르트)의 장례식에서, 브륀힐데(브륀힐트)는 말을 타고 지크프리트의 시신이 놓인 불 붙은 장작더미 속으로 뛰어들어 함께 불타 죽는다. 아서 래컴의 그림.

이제 더는 참을 수 없었다. 그녀는 입을 꾹 다물고 복수의 기회를 엿보았다. 그러면서 남편 군나르와 시동생 회그니에게 틈만 나면 지구르트의 보물 이야기를 했다. 저 건방진 지구르트를 죽이고 그의 보물을 군나르가 차지한다면 얼마나 좋을까? 군나르는 전에도 그리 명랑하지 않았던 아내가 날이 갈수록 얼굴색이 더욱 창백해지고 말수가 줄어드는 게 마음에 걸리던 차였다. 아내가 원하는 일을 들어주지 않을 수 없었다. 게다가 지구르트의 보물이 탐나기도 했다. 회그니는 자신의 형이며 군주인 군나르에게 충성을 맹세한 몸이었다. 두 사람은 지구르트를 죽이기로 마음을 모았다.

그런데 또 다른 문제가 있었다. 그들 두 사람은 지구르트와 서로 충성을 맹세한 사이라 지구르트를 배신할 수가 없었다. 그래서 둘은 맹세를 하지 않은 막내 구토름에게 지구르트를 죽이는 일을 맡기기로 했다. 장차 자라면 아비의 원수를 갚겠다고 나설 지구르트의 아들 지그문트도 함께 죽이기로 결정했다. 지그문트는 두 사람에게는 사랑하는 조카였지만 이미 반지의 저주가 걷잡을 수 없이 현실이 되는 중이었다.

구토름은 형들의 명령을 받고 지구르트가 잠든 틈을 타서 지구르트 부부의 침실로 숨어들었다. 그리고 잠든 지구르트의 가슴을 칼로 힘껏 찔렀다. 하지만 지구르트는 칼을 맞고 죽어가면서도 마지막 힘을 짜내 상대방을 칼로 찔러 죽였다. 구드룬이 놀라 깨어보니 침상에는 지구르트가, 바닥에는 구토름이 칼에 찔린 채 죽어 있었다. 세상에 이보다 더 기 막힐 노릇이 없었지만 그게 끝이 아니었다. 사랑하는 아들마저 지난밤에 죽은 것이다. 하룻밤 사이에 사랑하는 사람을 셋이나 잃은 충격에 그녀는 실신해서 몸을 일으킬 힘마저 잃었다.

지구르트가 죽었다는 소식을 듣고 브륀힐트도 칼로 제 몸을 찔렀다. 그녀는 어차피 불행한 삶을 끝낼 생각이었다. 다만 죽기 전에 배신한 지구르트에게 복수를 했을 뿐이고, 이제 사랑하는 지구르트마저 없는 마당에 더 살아야 할 이유가 없었다. 죽어가는 브륀힐트를 발견하고 군나르가 놀라서 소리쳤다.

"부인, 원하는 대로 다 해주었건만 이게 무슨 일이오?"

브륀힐트는 마지막 힘을 모아 대답했다.

"나는 평생 지구르트만 사랑했어요."

군나르와 회그니는 거대한 장작더미 위에 지구르트와 브륀힐트의 시신을 한데 올려놓고 둘을 한꺼번에 불태웠다. 발퀴레 출신의 아름다운 브륀힐트와 세상에 둘도 없는 영웅 지구르트는 이렇게 불운한 삶을 마쳤다.

남편과 아들을 한꺼번에 잃어버린 구드룬이 정신을 차릴 겨를도 없이 지구르트의 소유였던 용의 보물은 군나르와 회그니의 차지가 되고 말았다.

지구르트의 죽음에 대해서는 출전마다 내용이 조금씩 다르다. 군나르, 회그니(하겐)와 함께 사냥하던 도중에 회그니가 뒤에서 그를 창으로 찔러 죽였다는 것도 있고〔《니벨룽겐의 노래》〕, 민회에서 돌아오는 길에 죽였다는 것도 있고〔《운문 에다》의 〈구드룬의 두 번째 노래〉〕, 또 잠을 잘 때 죽였다는 것도 있다. 여기서는 《스노리 에다》의 이야기와 《운문 에다》 중 〈짧은 지구르트 노래〉를 따랐다.

# 잔혹한 운명의 여인 구드룬

지구르트 이야기와 그의 아내 구드룬의 이야기가 중세 도이치 서사시 《니벨룽겐의 노래》와 부분적으로 겹친다는 말은 이미 했다. 주인공의 이름은 다르지만 구드룬 부분은 《니벨룽겐의 노래》 2부와 중첩되는 이야기가 많다. 다만 《에다》의 시인들은 훈족과 니벨룽겐족(니플룽족 또는 니플룽겐족)의 멸망에서 이야기를 멈추지 않고 기구한 운명을 지닌 구드룬의 이야기를 끝도 없이 이어간다. 물론 우리는 《에다》 줄거리를 따라가고 있으므로 여기서도 구드룬이 죽을 때까지 그녀의 이야기를 계속할 것이다.

다만 두 이야기 사이에 중요한 차이점이 있다. 《니벨룽겐의 노래》에서 여주인공 크림힐트(구드룬)는 남편 지크프리트를 죽인 오빠들에게 복수할 셈으로 오빠들을 훈족의 나라로 불러들였다. 그리고 오빠들을 죽여서 원수를 갚았다. 그녀 자신도 뛰어난 용사들을 죽인 벌을 받아 다른 용사의 칼을 맞고 같은 자리에서 죽었다. 크림힐트와 그녀의 종족은 한 명도 남김없이 모조리 쓰러져 죽고 만다.

《에다》의 구드룬은 망각의 약을 마신 탓에 남편 지구르트에 대한 기억을 잊는다. 대신 여기서는 새 남편 아틀리가 보물을 차지할 욕심에 처남들을 끌어들여 죽였다. 그리고 구드룬은 오빠들을 죽인 남편 아틀리와 그 아들들을 죽임으로써 친정 식구들의 죽음에 복수한다. 속사정이 이렇듯 상당히 다른데도 줄거리는 비슷하게 흘러간다. 본질적으로 두 종족(니벨룽겐족과 아틀리가 다스리는 훈족)의 몰락을 다루고 있기 때문이다.

구드룬 이야기에는 게르만족의 이동 시기의 역사적 사건들이 녹아들어 있다. 부르군트의 왕 군다하르(Gundahar)가 436년 또는 437년에 서로마의 장군 아에티우스(Flavius Aëtius)에게 패배하여 목숨과 나라를 한꺼번에 잃었다. 이때 훈족이 로마 군대를 도왔다. 훈족에게 패배하여 죽은 군나르(군터) 이야기에는 역사상의 인물 군다하르에 대한 기억이 뒤섞여 있다.

또 다른 역사적 사건이 이 기억과 결합되었다. 453년에 훈족의 왕 아틸라(Attila)가 게르만 처녀 일디코(힐디카)와 결혼하고 첫날밤에 죽었다. 이 사건이 사람들의 상상력을 자극했다. 훈족의 왕인 신랑이 자신의 친족을 멸망시킨 데 대해 신부가 복수한 것이라고 믿기 시작한 것이다. 게르만 사람들은 앞의 군다하르 이야기와 아틸라 이야기를 결합해서 하나의 이야기로 만들었다. 지구르트의 아내인 구드룬이 다시 아틸

훈족 왕 아틸라. 우리 책에서는 아틀리라는 이름으로도 등장한다. 훈족 왕 가운데 가장 강력한 왕으로, 주변의 게르만족과 동고트족을 굴복시켜 대제국을 건설했다. 그의 갑작스러운 죽음으로 대제국도 함께 붕괴되었다.

라의 아내가 되면서 지구르트 이야기와도 결합되었다.

남부의 라인 강 유역으로 내려간 게르만족 사이에 퍼진 이런 이야기와 문학작품들이 북유럽으로 거슬러 올라가 《에다》 시인들을 자극하여, 지구르트와 구드룬 이야기가 《에다》 영웅 이야기의 핵심을 이루게 되었다. 어쨌든 구드룬의 노래에는 게르만족이 이동하던 시기의 실제 역사 일부가 섞였다. 역사가 전설로 바뀌는 모습을 여기서 분명히 볼 수 있다. 여기에는 그림 형제가 말하는 '역사 전설'이 간접적인 형태로나마 드러나 있다.

또 구드룬이 아들의 심장을 남편에게 먹인 사건은 그리스 신화의 메데이아 이야기에서 모티프를 가져온 것으로 여겨진다.

## ✤ 망각의 약

남편과 아들과 동생이 죽고, 또 그들을 죽게 만든 브륀힐트도 죽고, 이 모든 죽은 이들의 장례를 치르는 동안에도 구드룬은 거의 실신 상태였다. 남편 지구르트가 가져온 보물은 두 오빠가 차지했다. 구드룬에게는 지구르트와의 사이에서 얻은 슈반힐트(Schwanhild, 스반힐트)라는 딸 하나만 남았다. 그녀는 딸을 어머니에게 맡겨둔 채 멀리 덴마크로 갔다. 그곳에서 3년 반 동안 하콘의 딸 토라의 집에 머물렀다. 토라는 그녀를 위해 남쪽 나라의 궁전들과, 영주들이 싸우는 온갖 장면들을 수놓았다. 구드룬도 그녀와 함께 수를 놓으며 시간을 보냈다.

그사이 어머니 그림힐트는 딸 구드룬의 남편과 그 아들을 죽인 범인이 바로 자신의 아들들이라는 것을 알게 되었다. 어머니는 두 아들을 불러다가 당장 누이의 아들을 죽인 일에 대해 보상하라고 꾸짖었다. 오빠들은 덴마크에 있는 구드룬에게 여러 번 값진 선물을 보냈다. 하지만 구드룬에게 그런 선물은 아무 위안이 되지 못했다. 그래도 갖은 노력 끝에 어머니는 마침내 딸을 고향으로 불러들일 수 있었다.

그림힐트는 혼자가 된 딸을 다시 시집보내려고 했다. 하지만 지구르트에 대한 기억이 남아 있는 한 그것은 불가능한 일이었다. 어느 날 구드룬은 어머니가 가져다준 음료수 한 잔을 마셨다. 그 옛날 지구르트가 마신 것과 같은 망각의 약이었다. 구드룬도 지나간 일을 잊었다.

그러자 어머니는 딸을 훈족의 왕인 아틀리와 혼인시키려고 했다. 부들리의 아들이자, 죽은 브륀힐트의 오빠인 아틀리 말이다. 구드룬은 이 혼인을 별로 내켜하지 않았지만 아틀리는 어떻게 해서든 구드룬을 아내로 맞이하고 싶었다. 동생 브륀힐트가 군나르의 궁전에서 죽었으니

남편 지구르트가 죽은 후, 슬픔에 빠져 지내던 구드룬은 어머니 그림힐트가 준 망각의 약을 마시고 지난 일을 잊었다. 그림힐트는 딸을 훈족의 왕이자 브륀힐트의 오빠인 아틀리와 다시 결혼시키기로 했다.

그 보상을 받고 싶었고, 또 지구르트가 남긴 용의 보물을 일부라도 차지하고 싶었다. 어머니와 아틀리의 성화에 못 이겨 구드룬은 아틀리와 결혼했다. 지구르트와의 사이에서 얻은 딸 슈반힐트는 아틀리의 궁전으로 데려가지 않고 요나쿠어 왕의 궁전에 맡겼다.

아틀리는 훈족의 왕이니 아마도 오늘날 헝가리의 초원에 자리 잡고 있었을 것이다. 구드룬은 라인 강변에 있는 오빠들의 궁전을 떠나 멀리 동쪽으로 시집을 간 것이다.

그러나 구드룬은 아틀리와 혼인하면서 전남편의 보물을 가져오지는 않았다. 그것은 이미 오빠들이 차지했으니 구드룬도 어찌해볼 수가 없는 일이었다. 세월이 흘러 아틀리와 구드룬 사이에 두 아들이 태어났다. 아틀리는 여전히 지구르트의 보물에 대한 욕심을 버리지 못했다. 그래서 어떻게든 보물을 차지할 셈으로 처남 둘을 궁전에 초대하기로 했다.

아틀리는 멀리 서쪽에 있는 군나르와 회그니에게 영리한 부하 한 명을 사신으로 보냈다. 크네프뢰트라는 이름의 사신은 군나르의 왕국으로 찾아가 왕과 부하들을 아틀리의 궁으로 초대했다.

"우리 임금님이 처남인 군나르 왕과 부하들을 궁으로 초대하셨습니다. 부디 오셔서 오랜만에 누이도 한 번 만나보시지요."

아틀리 왕의 힘이 강력한지라 군나르 왕은 사신이 건방진 태도를 보이는데도 함부로 대하지 못했다. 하지만 이상한 일이 있었다. 누이 구드룬이 오빠들에게 선물을 보내왔는데, 늑대 털로 감싼 반지였다. 회그니가 그것을 보고 불길함을 느껴 군나르에게 이렇게 말했다.

"형님, 동생이 우리에게 이런 물건을 보낸 뜻이 무어라고 생각하십니까? 이 초대에 응하는 것이 위험하다는 경고를 담은 게 아닐까요?"

하지만 용감한 군나르는 회그니의 말에 개의치 않고 아틀리 왕의 초대에 응하기로 결정했다. 어차피 군나르와 회그니는 지구르트가 남긴 용의 보물을 일찍부터 라인 강 깊숙이 두 사람만 아는 곳에 감추어둔 상태였다. 그들 말고는 누구도 그 보물을 찾아낼 수가 없었다. 군나르는 출발하기 전에 회그니에게 이렇게 말했다.

"군나르가 쓰러지는 날에는 늑대가 니플룽족의 유산을 지키게 될 것이다. 군나르가 돌아오지 못하는 날에는 말이다."

### ✢ 니플룽겐족의 최후

군나르 왕이 훈족의 나라로 가겠다고 앞장을 서자 신하들도 함께 따라나섰다. 그들은 여행에 필요한 가벼운 무장만을 갖춘 채 라인 강변을 떠나 말을 타고 동쪽을 향해 먼 길을 달렸다. 여러 날이 지난 뒤에야 아틀리의 궁이 보이는 곳에 이르렀다. 사방을 살펴보니 궁전 주변은 경비가 철통같고, 무장한 병사들이 여기저기 눈에 띄었다. 마치 손님이 아니라 적군을 맞아들이는 분위기였다. 애당초 불안한 마음이 없지 않았던 군나르 일행에게는 등골이 서늘해지는 광경이 아닐 수 없었다.

오빠들이 도착했다는 소식을 듣고 구드룬이 달려 나오더니 이렇게 탄식을 했다.

"내가 그리 경고를 보냈건만 어쩌자고 이렇게 오셨습니까? 그렇거든 무장이나 갖추고 올 일이지 이렇게 그냥 오시면 어떡합니까? 오빠들은 아틀리에게 속았어요. 저 사람은 이미 오빠들을 죽이려고 철저하게 준비를 다해놓았는데."

군나르가 대답했다.

"누이야, 니플룽겐족을 모아 전쟁 준비를 하기엔 이미 때가 늦었구나. 라인 강은 여기서 너무 멀리 있으니."

구드룬은 울면서 궁으로 돌아갔다. 군나르가 이끄는 니플룽겐족은 순식간에 훈족에게 붙잡히고 말았다. 매제 되는 사람이 초대해놓고는 무장도 제대로 하지 않은 사람들을 도착하는 길로 포로로 잡아버리니 어쩌겠는가? 물론 잡히기 전에 그들은 있는 힘을 다해 맞서 싸웠다. 용감한 회그니는 날카로운 칼을 휘둘러 일곱 명을 베어 죽이고, 여덟 번째 전사는 뜨거운 불길 속에 던져 죽였다. 하지만 결국 회그니도 잡히고 말았다. 회그니와 군나르는 따로따로 붙잡혔다.

아틀리는 포로로 붙잡힌 군나르에게 뻔뻔스럽게 물었다.

"처남, 혹시 황금을 내고 목숨을 살 뜻이 있소?"

지구르트가 남긴 보물을 내놓으면 목숨은 살려주겠다는 뜻이었다. 군나르는 태연히 이렇게 대답했다.

"회그니의 심장을 꺼내 내 손바닥에 올려놓는다면야 생각해보지."

훈족의 왕은 차마 회그니를 죽이지는 못하고 히알리라는 하인의 심장을 꺼내다가 군나르에게 주었다. 사발 속에 담긴 심장을 보더니 군나르가 이렇게 말했다.

"이건 비겁한 어떤 놈의 심장이지 용사 회그니의 심장이 아니야. 사발 속에서도 가슴에 들어 있을 때보다 더 많이 떨고 있지 않은가."

아틀리는 하는 수 없이 살아 있는 회그니의 가슴을 갈라 심장을 도려냈다. 대담한 용사였던 회그니는 이렇게 처참하게 죽는 순간에도 웃음을 터뜨렸다고 한다. 사발에 든 회그니의 심장을 보고 군나르가 말했다.

아틀리의 초대를 받은 회그니와 군나르는 자신들에게 닥친 어두운 운명을 직감한다. 온 힘을 다해 저항하던 두 사람은 결국 아틀리에게 붙잡혀 목숨을 잃는다.

"이것이 용사 회그니의 심장이지. 두려움이 없지 않은가."

아틀리는 군나르에게 이제 보물을 내고 니플룽겐족의 목숨을 사라고 다시 권했다. 군나르가 큰 소리로 웃음을 터뜨리고 말했다.

"회그니가 살아 있는 동안에는 내게 의심이 조금 남아 있었지. 나 말고 보물이 어디 있는지 아는 사람이 바로 회그니였으니까. 하지만 이제 회그니가 죽었으니 나 말고는 보물 둔 곳을 아는 사람이 세상에 다시없다. 라인 강아, 훈족에게 뺏기지 않게 보물을 잘 지켜다오."

훈족의 왕은 군나르를 붙잡아 사슬에 채우도록 명령했다. 구드룬이 눈물을 삼키면서 군중을 뚫고 앞으로 나아가 외쳤다.

"아틀리 임금님, 남쪽의 태양을 향해, 오딘 신의 성채를 향해, 또 혼인의 침상에서도 그토록 맹세를 하더니만 이게 어인 일입니까. 이제 홀로 남은 군나르 오빠를 잘 대해주십시오. 그에게 행한 그대로 전하께서도 당할 것이옵니다."

아내가 던지는 무서운 말에도 아랑곳하지 않고 아틀리는 부하들에게 군나르를 뱀들이 우글대는 구덩이에 던지라고 명령했다. 손이 묶인 군나르는 뱀 구덩이에서 원통한 마음을 누른 채 발가락으로 하프를 켰다. 그 소리에 뱀들이 모두 잠들었지만 독사 한 마리가 깨어 있었다. 그 독사는 먼저 군나르의 가슴을 물어 큰 상처를 내더니 그 상처 안으로 머리를 들이밀어 군나르의 간을 물었다. 군나르는 이렇게 뱀에 물려 죽었다. 그와 함께 니플룽겐족도 최후를 맞이했다.

### ✤ 구드룬의 마지막 요리

아틀리가 회그니를 죽이고 이어서 군나르까지 뱀 구덩이에 던지라고 명령한 다음 궁으로 돌아오자 구드룬이 그를 맞아들였다. 훈족의 용사들은 니플룽겐족의 보물을 차지하지는 못했어도 종족 전체를 무너뜨린 것을 기념하여 저녁에 모두 큰 홀에 모여 잔치를 벌였다. 구드룬은 아무 말도 없이 왕과 용사들에게 맛있는 요리와 술을 대접했다. 왕도 마음껏 먹고 마셨다. 많은 사람이 술에 취해 이미 잠들었다. 술에 흠뻑 취한 왕이 막 잠들려는 참에 구드룬이 왕의 옆으로 다가와 귀에 대고 속삭였다.

"훈족의 임금님, 당신은 방금 피를 가득 담고 펄떡펄떡 잘도 뛰던 두 아들의 심장을 먹었어요. 꿀을 섞어 요리를 했지. 인간의 고기로 만든 요리를 배 속에서 잘 소화시켜보시오. 하지만 앞으로는 귀여운 아들들을 부를 일이 없을 게요. 재산이 많은들 무슨 소용이 있답니까? 물려줄 자식도 없는 판에."

이게 대체 무슨 소린가? 왕은 자신이 말을 제대로 알아들은 것인가 싶었다. 너무 취하고 너무 놀라서 제대로 생각할 수가 없었다. 그 순간 회그니의 아들이 숨어 있던 자리에서 뛰쳐나와 아틀리 왕을 칼로 찔러 죽였다. 구드룬이 살아남은 조카를 그곳에 숨겨두고는 남편을 죽일 계획을 세웠던 것이다. 아틀리의 부하들은 왕이 죽은 것도 모르고 모두 술에 취해 자고 있었다.

아틀리 왕을 죽인 다음 두 사람은 밖으로 나가 홀의 문을 잠갔다. 그리고 미리 준비해둔 장작더미에 불을 질렀다. 안에 있던 아틀리의 부하들은 모조리 불에 타서 죽었다. 구드룬은 오빠들을 죽인 남편에게 복수하는 데 그치지 않고 자신이 낳은 그의 아들들마저 모조리 죽였다. 부들리 왕의 일가가 살아오던 왕궁의 오래된 홀들이 무너지고, 보물을 간직한 방들도 자욱한 연기를 피워 올리며 불길에 스러졌다.

니플룽겐족에 뒤이어 아틀리 왕이 이끄는 훈족도 이렇게 최후를 맞이했다. 그리고 이로써 일찍이 안드바리가 보물에 붙여둔 저주가 모두 실현되었다. 보물이 정말로 "두 형제를 살인자로 만들고 여덟 귀족의 운명을 망친" 것이다. 먼저 두 형제란 아버지를 죽인 파프니르와 레긴을 가리킨다. 또 여덟 명의 영주와 아들들이 안드바리의 보물로 인해 목숨을 잃었다. 지구르트와 아들 지그문트, 구토름, 군나르, 회그니, 아틀리와 그의 두 아들이 바로 그들이다.

### ⚜ 계속되는 기구한 운명

두 아들을 죽인 다음 홀에 있던 남편의 시신과 그 부하들이 불길에 휩싸였을 때 구드룬은 자기도 죽을 생각으로 멀리 바다를 향했다. 그게 어느 바다였는지는 알 길이 없으나 어쨌든 그녀는 이제 그만 죽을 셈으로 바닷물에 뛰어들었다. 하지만 아직은 죽을 운명이 아니었다. 아무리 해도 물속에 가라앉지 않고 파도에 밀려 떠내려가던 그녀는 요나쿠어 왕의 나라에 이르러 구출되었다.

그곳에서는 구드룬이 지구르트와의 사이에서 얻은 딸 슈반힐트가 오래전부터 자라고 있었다. 죽음의 문턱에서 돌아온 구드룬은 오랜만에 딸을 만나 다시 삶의 의욕이 생겼던 것일까? 요나쿠어 왕의 구혼을 받아들여 그와 재혼했다. 세 번째 결혼이었다.

그녀는 세 번째 결혼에서 세 아들을 두었다. 쇠를리, 함디르, 에르프였다. 다만 에르프는 출전에 따라 다른 여자의 소생으로 나오기도 한다. 그사이 슈반힐트는 아름다운 처녀가 되었다. 그녀가 매우 아름답다는 소문이 세상에 널리 퍼졌다. 소문을 듣고 강력하고 부유한 왕 요르문레크가 슈반힐트를 아내로 삼고 싶어 했다. 이미 다 자란 아들 란트버가 있었던 것으로 보아 요르문레크는 꽤 나이가 든 사람임이 분명했다. 누가 보아도 슈반힐트는 란트버와 혼인하는 편이 더 어울렸다. 하지만 요르문레크 왕은 젊은 아들 란트버를 구혼 사절로 요나쿠어와 구드룬 부부에게 보냈다. 요르문레크 왕의 신하인 비키가 란트버와 함께 갔다.

바닷가의 구드룬. 스스로 목숨을 끊기 위해 바다로 뛰어들었지만 노르네 여신들은 구드룬이 가혹한 운명에서 벗어나는 것을 허락하지 않았다. 리하르트 E. 케플러의 그림.

　구드룬은 남편과 상의하여 슈반힐트를 저 강력한 요르문레크 왕의 아내로 주기로 결정했다. 이제 슈반힐트는 부모의 곁을 떠나 구혼 사절을 따라 신랑의 나라로 가게 되었다. 란트버 왕자와 비키는 새로운 왕비가 될 슈반힐트와 함께 자기들의 나라로 출발했다. 가는 도중에 비키가 란트버 왕자에게 이렇게 말했다.

　"실은 왕자님이 저 아름다운 아가씨를 아내로 맞이하는 편이 훨씬 나을 텐데요. 두 분이 다 젊으니 더 잘 어울리는 것을."

젊은 두 남녀는 실제로 서로에게 호감을 느꼈을지도 모른다. 아마 그랬을 것이다. 사정이야 어쨌든 별다른 문제 없이 구혼 사절은 신부와 함께 무사히 요르문레크 왕국으로 돌아왔다. 아니면 그사이 란트버와 슈반힐트는 특별한 관계로 발전했는지도 모른다. 《에다》 텍스트는 자세한 이야기를 해주지 않는다. 늙은 왕은 예정대로 결혼식을 올리고 젊고 아름다운 슈반힐트를 아내로 맞아들였다.

하지만 비키는 간교하고 심술궂은 인물이었던 모양이다. 얼마 지나지 않아 비키가 왕에게 란트버와 나누었던 이야기를 고자질했다. 늙은 왕은 질투심에 사로잡혀 노발대발하며 아들을 교수형에 처하라고 명령했다. 란트버는 죽기 전에 자신의 매를 잡아 털을 죄다 뽑아서 아버지에게 갖다 드리라고 부탁하고는 아버지가 내린 형벌을 받아 죽었다. 늙은 왕은 아들이 보낸 털 뽑힌 매를 보고는 자기가 이미 늙었고, 후계자를 없앴으니 왕국이 이제 끝났음을 깨달았다. 어리석은 늙은이! 어쩌자고 질투에 사로잡혀 귀한 아들을 없앴더란 말인가!

아들 잃은 늙은 왕은 심란한 마음을 달랠 셈으로 신하들과 함께 사냥을 나갔다. 돌아와 보니 슈반힐트가 마당에서 머리를 감고 있었다. 왕은 부아가 치밀었다. 내 아들은 죽었는데 저년은 멀쩡하게 살아 있다니. 왕은 말을 탄 채로 젊은 왕비를 향해 돌진했다. 가엾은 여인은 말발굽에 짓밟혔고, 다른 사람들도 왕이 하는 대로 따라 했다. 젊고 아름다운 슈반힐트는 이렇게 비참하게 짧은 삶을 끝냈다.

구드룬이 이 소식을 들었다. 슈반힐트는 죽은 지구르트가 세상에 남긴 마지막 핏줄이었다. 이제 니플룽겐족은 거의 사라지고 있었다. 구드룬은 잠든 세 아들을 깨워 이렇게 외쳤다. 그들은 아직 나이가 어렸다.

"어째서 잠만 자고 있니, 얘들아. 누이가 저 고트족의 말발굽에 채여 죽었다는데. 너희 외삼촌들 같았으면 절대 그런 꼴은 두고 보지 않았을 게다."

그러자 용감한 아들 함디르가 어머니에게 이렇게 대꾸했다.

"회그니 삼촌이 지구르트를 죽였을 때는 엄마도 그런 칭찬을 하진 않았을 테죠. 엄마는 외삼촌들의 복수를 한다고 아들들까지 잔인하게 죽여놓고는. 그럼 우리도 요르문레크 왕에게 가서 누나의 복수를 할게요. 어머니가 우리를 싸움터로 내모니까. 어서 우리한테 갑옷이나 갖다 주세요."

구드룬은 아들의 말을 듣고 웃음을 터뜨리며 손수 갑옷을 가져왔다. 그것은 쇠붙이의 공격을 막아주는 갑옷이었다. 어머니는 자식들이 떠나기 전에 몇 가지를 일렀다.

"요르문레크 왕의 땅에 도착하거든 밤에 왕이 자는 틈을 이용하거라. 쇠클리와 함디르는 왕의 손과 발을 자르고, 에르프가 왕의 머리를 자르도록 해라."

그런 다음 그녀는 용감한 아들들이 말에 올라타는 것을 지켜보았다. 떠나기 전에 함디르가 마지막 한마디를 던졌다.

"함디르가 저 고트 사람들과 싸우다 죽거든, 어머니, 장례식에서 슈반힐트 누나와 우리 아들들을 위해 술이나 한잔 올려주시오."

아들들이 말을 타고 떠나는 모습을 보면서 구드룬은 하염없이 눈물을 흘렸다. 지나간 서글픈 삶이 모조리 기억에 떠올랐던 것이다.

삼형제는 요르문레크 왕국을 향해 말을 달렸다. 가는 도중에 함디르가 에르프에게 시비를 걸었다. 앞서도 말했지만 에르프는 출전에 따라 어머니가 다른 형제로 나오기도 한다. 어쩌면 요나쿠어가 훈족 처녀와의 사이에서 낳은 아이였을까? 어쨌든 함디르가 시비조로 이렇게 물었다.

"이 갈색 머리 자식이 우리를 어떻게 돕는다지?"

그러자 에르프가 대답했다.

"손이 발을 돕듯이 나도 형들을 도울 수 있어."

"발이 손에 기대야 한다면, 그게 대체 뭐람."

에르프는 말 등에 앉아 이리저리 생각하면서 이렇게 중얼거렸다.

"비겁한 자에게 길을 알려주면 일만 고약해진다니까."

무엇 때문에 화가 났는지, 두 형제는 에르프를 보고 어미 없는 사생아라고 부르며 기어이 그를 죽이고야 말았다. 이제 둘만 남아 길을 재촉했다. 겨우 셋이서 길을 떠났는데 도중에 하나를 죽였으니, 병력이 3분의 1이나 줄어든 셈이구나. 쇠를리가 한 발로 뛰면서 두 손으로 몸을 지탱해보았다. 비틀거리기는 해도 쓰러지지 않고 버틸 수가 있었다. 그러자 그가 말했다.

"이것 봐라, 손이 발을 돕네. 아무래도 에르프가 살아 있는 편이 나을 뻔했나."

요르문레크 왕궁에 거의 이르렀을 때 젊은 왕자 란트버의 시체가 찬바람 몰아치는 교수대에 매달린 채 바람에 이리저리 흔들리는 꼴이 보였다. 두 형제가 밤늦게 왕의 홀에 들어가 보니 왕은 술에 취해 잠들어 있었다. 두 형제는 재빨리 왕을 붙잡고 두 손과 두 발을 잘랐다. 아직 왕의 머리를 자르지 못했는데 왕이 비명을 지르며 부하들을 불렀다. 함디르가 말했다.

"에르프가 살아 있었다면 지금쯤 머리를 베었을 텐데."

그들은 에르프가 꼭 필요했음을 뒤늦게야 깨달았다. 하지만 이미 늦었다. 왕의 부하들이 몰려들었다. 왕의 부하들은 쇠클리와 함디르의 몸을 창과 칼로 쑤셔보았지만 날이 안으로 들어가지 않았다. 쇠붙이가 뚫고 들어갈 수 없는 갑옷을 입고 있었기 때문이다. 그러자 손발은 잘렸어도 머리는 아직 멀쩡한 요르문레크 왕이 피를 흘리며 외쳤다.

"놈들을 돌로 쳐서 죽여라."

그렇게 해서 쇠클리와 함디르는 요르문레크 왕궁에서 돌에 맞아 죽었다. 팔다리가 잘린 요르문레크 왕도 머지않아 죽었다.

자식들을 전부 앞서 보내고도 아직까지 살아남은 구드룬은 어떻게 되었을까? 아마 오래 살지는 못했을 것이다. 이제는 새로 자식을 얻을 나이도 지났으니, 머지않아 근심 속에 죽었겠지. 모진 운명을 견딘 그녀 자신도 참으로 모진 여자였다. 아들들을 손수 죽이거나 아니면 죽을 곳으로 내몬 어미이니 말이다. 이렇게 마지막 남은 니플룽겐족이 지상에서 사라지고 말았다.

이 이야기에 나오는 요르문레크 왕은 동고트 왕 에르마나리히(Ermanarich)일 것으로 추정된다. 이 왕국은 흑해 연안에 자리 잡고 있었는데, 375년에 훈족의 침입을 받아 몰락했다. 당시의 문헌은 늙은 에르마나리히 왕이 전투 중에 스스로 목숨을 끊었다고 전한다. 훈족에게 밀려 서쪽으로 도망친 동고트족이 이탈리아에 잠깐 왕국을 세웠을 때 이 이야기도 함께 서유럽으로 들어온 것 같다.

고트족과 훈족의 역사 등을 담고 있는 요르다네스(Jordanes)의 《고트족의 행적》(551년)에도 에르마나리히 왕의 이야기가 나오는데, 여기서는 그의 죽음이 다르게 묘사된다. 에르마나리히 왕은 몰락하여 사라진 로조몬 종족의 처녀를 말발굽으로 쳐서 죽였다고 하는데, 그녀의 이름은 조닐다라고 했다. 그러자 그녀의 두 형제인 암미우스와 자루스가 에르마나리히 왕에게 보복을 했고, 그 결과 왕은 심한 상처를 입어서 죽었다는 것이다.

《에다》의 〈함디르 노래〉에 등장하는 슈반힐트, 함디르, 쇠를리 등의 이름은 요르다네스의 이야기에 등장하는 조닐다, 암미우스, 자루스가 북유럽 방식으로 변형된 것이다. 그렇게 보면 에르마나리히 왕의 죽음이 변형되어 구드룬 이야기의 마지막에 등장하고 있음을 알 수 있다. 이 또한 역사적 인물이나 사건이 특이한 굴곡을 거쳐 전설로 변형되는 과정을 보여준다.

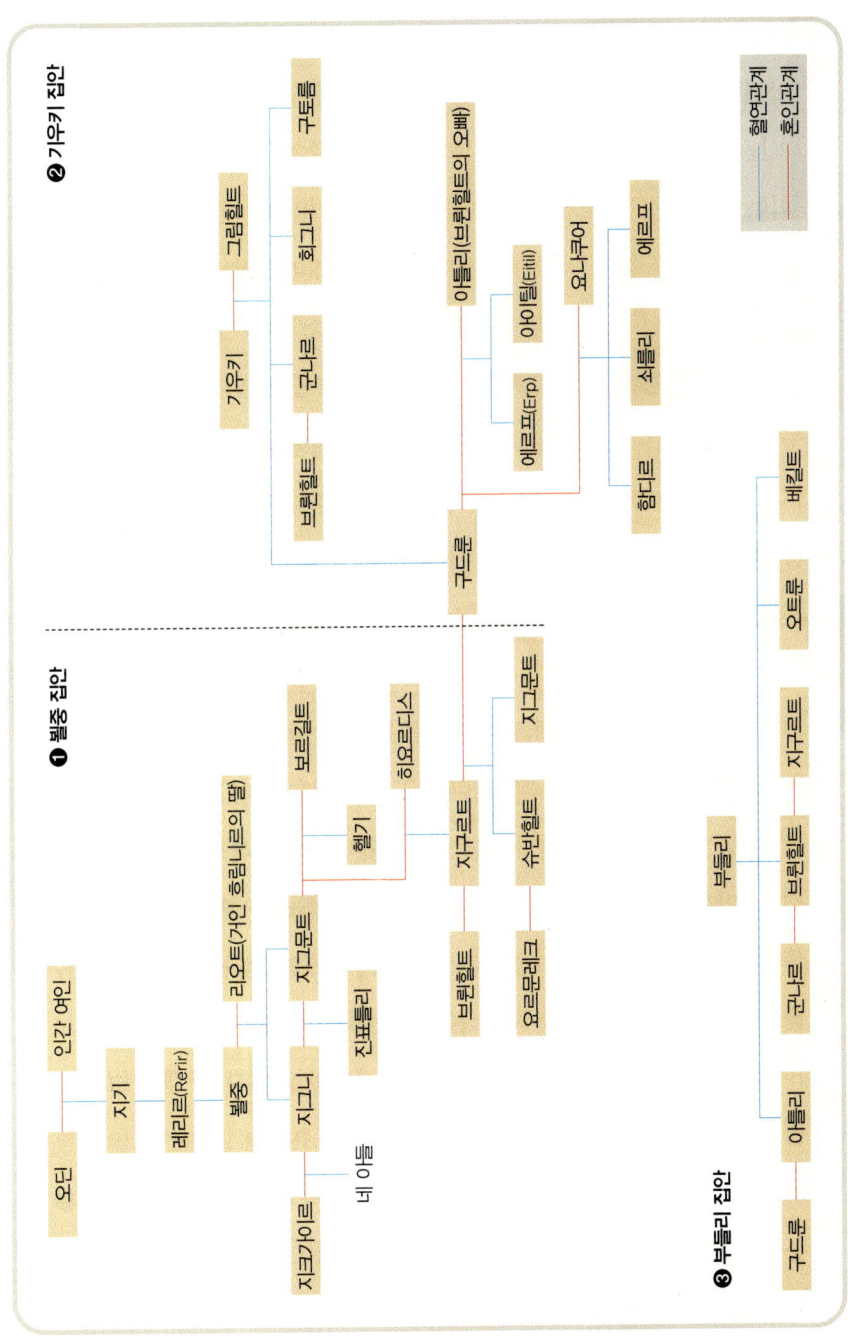

# 형제의 전쟁

까마득한 옛날, 흉년이 닥치면 그렇지 않아도 살기가 힘든 북유럽의 게르만 사람들은 살길을 찾아 남쪽으로 내려가곤 했다. 수많은 갈래로 다시 나뉘는 이들 게르만 종족은 시간을 두고 남쪽으로, 또 멀리 동쪽으로도 퍼져나갔다. 4세기부터 대규모 이동이 계속되었다. 이렇게 퍼져나간 게르만 종족은 각 지역의 토착민과 섞이면서 제각기 다른 종족을 이루어 살았다. 멀리 동쪽까지 퍼져나가 흑해 유역에 정착했던 게르만 사람들은, 몽골 초원에서 서쪽으로 진출한 훈족(흉노족)에게 쫓겨 다시 유럽의 서쪽과 남쪽으로 밀려갔고, 훈족도 그들 뒤를 따라 계속 서쪽으로 밀려왔다.

그 과정에서 여러 갈래의 게르만 사람들과 훈족과 로마 병사들이 서로 연합하거나 대립하여 싸우면서 서로마제국이 최후를 맞이하게 된다. 대략 375년부터 568년까지 이루어진 게르만족의 대이동은 서로마제국의 몰락을 재촉했다(476년). 그 뒤로도 로마 사람들과 게르만 종족들이 한데 어울려 유럽의 역사를 이어나가기 때문에 게르만족의 대이동은 유럽의 역사에서 아주 중요한 사건이다.

게르만족의 대이동 시기에 게르만 사람들이 어디서나 승리를 거둔 것은 아니다. 때로는 로마 군대에 의해 한 종족 전체가 몰살당하기도 하고, 훈족에게 약탈당하거나 쫓겨나 정착지를 버리고 머나먼 방랑의 길에 오르기도 했다. 이 시기에 사람들의 기억에 남은 사건이나 인물들이 게르만 민족의 영웅 전설 속에 녹아들어 있다. 앞서 읽은 이야기들에서도 게르만 민족 이동 시대의 사건들 일부가 이미 등장했다. 다음의 이야기도 역시 민족 이동 시대의 이야기다.

짐로크 판본《에다》에는 이〈훈족의 전투 노래〉가 들어 있지 않지만 그보다 뒤에 나온 겐츠머 판본과 크라우제 판본에는 이 이야기가 들어 있다.*

### ✤ 앙간티르와 훌뢰트

멀리 동쪽 흑해 연안에 자리 잡은 고트족의 왕 하이드레크(Heidrek)는 배다른 두 아들을 두었다. 하나는 게르만 여인과의 정식 혼인에서 태어난 아들 앙간티르(Angantyr)이고, 다른 하나는 훈족 공주와의 사이에서 태어난 아들 훌뢰트(Hlöd)였다. 앙간티르는 아버지의 집에서 성장

---

* 원제는 'Hlödskvida', 도이치 번역은 'Das Hunnenschlachtlied'라고 한다.

했지만 흘뢰트는 훈족의 왕인 외할아버지 후믈리(Humli) 밑에서 자랐다. 그 어머니의 운명에 대해서는 알 수가 없다. 고트족과 훈족 사이에 태어난 흘뢰트의 얼굴이나 몸집에 동양인의 모습이 어느 정도 섞여 있었으리라고 짐작할 수 있다. 앙간티르는 아마 금발이었겠지만 흘뢰트의 머리카락과 눈은 아마도 밤색이나 갈색이었을 가능성이 높다.

외할아버지 밑에서 자란 흘뢰트는 아버지 하이드레크 왕이 죽고 형 앙간티르가 그 뒤를 이어 왕이 되었다는 소식을 들었다. 흘뢰트는 형을 찾아가 제 몫의 유산을 요구하기로 마음먹었다. 물론 흘뢰트의 뒤에서 훈족의 왕인 외할아버지 후믈리가 그렇게 하라고 용기를 북돋아 주었다.

흘뢰트는 당당한 용사로서 무장을 갖추고 튼튼한 말을 타고서 부하 몇을 거느리고 외할아버지가 다스리는 동쪽 나라를 떠나 고트족의 궁으로 형을 찾아갔다. 왕족이 사는 큼직한 건물 앞에 이르자 흘뢰트는 한 사내를 보고, 안으로 들어가 앙간티르에게 말을 전하라 일렀다.

"흘뢰트가 찾아와 앙간티르 왕과 이야기를 나누고자 한다고 전해주시오."

그 사내는 들은 대로 왕에게 말을 전했다.

"하이드레크 왕의 상속자이며 임금님의 동생인 흘뢰트가 무장을 갖추고 찾아왔습니다. 말 등에 앉은 젊은이의 모습이 당당하고 늠름한데, 임금님께 드릴 말이 있다고 했습니다."

앙간티르 왕은 마침 식사 중이었다. 그는 식사를 중단하고 즉시 갑옷을 차려입었다. 밝은색 방패를 한 손에 들고, 다른 손에는 '티르핑'이라는 이름의 훌륭한 검을 쥐었다. 궁에 작은 소동이 일어났다. 다른 사람들도 흘뢰트의 말과 앙간티르의 대답을 듣고 싶어서 전부 모여들었던 것이다. 흘뢰트가 안으로 안내되었다. 형제는 생전 처음 서로 얼굴을 마주하게 되었다.

먼저 앙간티르 왕이 이복동생을 맞아들이며 이렇게 말했다.

"어서 오시게, 흘뢰트, 내 동생. 어서 자리에 앉게나. 돌아가신 아버지를 생각하며 맥주나 포도주를 한잔 들기로 하지."

흘뢰트가 이렇게 대꾸했다.

"맥주나 마시려고 이곳에 온 게 아니오. 아버지 하이드레크 왕이 남긴 유산에서 그 절반을 내 몫으로 요구하려고 왔소. 암소와 송아지, 물레방아, 온갖 무기와 보물, 하녀와 하인과 그 자식들까지. 그리고 유명한 숲과 군대가 가는 길 가장자리에 있는 거룩한 무덤, 드네프르 강변에 있는 아름다운 루네 돌, 하이드레크 왕이 소유한 갑옷의 절반, 그리고 땅과 사람들 절반을 내게 주시오."

흘뢰트의 요구에는 장남과 차남의 구분, 종족의 구분 등이 전혀 없었다. 아무런 구분이 없이 모든 것에서 절반을 뚝 떼어달라는 요구였다. 대체 서양이나 동양 어느 종족에 이런 법이 있었던가? 오늘날이라면 몰라도 옛날에 특히 왕자들은, 장남과 나머지 아들들의 구분이 아주 명확했다. 아버지의 왕위를 물려받을 아들은 하나뿐이기 때문이다. 흘뢰트의 무리한 요구를 듣고 앙간티르가 대답했다.

"너는 이 나라에 오면서 계산을 잘못 했구나. 게다가 네 행동방식도 옳지 않다. 빛나는 방패들이 망가지고, 수많은 사내가 풀숲에 쓰러지고, 내 보검 티르핑이 두 조각으로 갈라지기 전에는 네가 원하는 대로 나누어주지 않을 것이다."

그러면서 앙간티르는 이복동생에게 물건과 보물은 원하는 대로 주겠노라고 제안했다. 하지만 사람과 땅은 달랐다. 무기를 들 수 있는 사내 200명에 훌륭한 말 200마리, 하인과 하녀를 각각 200명씩 내주고, 각각의 사람에게 필요한 만큼의 물건도 주겠다고 제안했다.

마침 그 자리에는 그 옛날 하이드레크 왕을 키운 기추르(Gizur)라는 사람도 함께 있었다. 그는 이미 나이가 아주 많은 노인이었다. 앙간티르가 흘뢰트에게 제안하는 내용을 듣고 기추르는 그것도 지나치게 많다고 생각했다. 그래서 모두가 듣는 앞에서 이렇게 말했다.

"하녀의 자식이 그런 걸 받다니, 왕으로 태어났다 해도 결국은 하녀의 자식에 지나지 않는 것을. 존귀한 자가 유산을 받을 때 사생아는 언덕 위에 앉아 있었지."

흘뢰트는 사생아라는 말에 노여움이 폭발했다. 그는 즉시 담판을 중단하고, 외할아버지 후믈리 왕에게 돌아가 자기가 보고 들은 대로 보고했다. 후믈리는 자신의 딸을 하녀라 부른 것에 대해 분노를 참을 수가 없었다.

### ✢ 훈족의 침입

훈족의 왕 후믈리는 그해 겨울에는 움직이지 않고 고향에 머물며 병사들을 더 많이 모집하여 훈련시키기로 했다. 열두 살 이상의 사내는 모두 병사로 뽑혔다. 무기를 들 힘만 있으면 아무도 집에 머물 수 없었다. 이렇게 병사들을 모아 무장을 갖춘 훈족의 군대는 이듬해 집을 떠나 '어둠의 숲(미르크비트)'을 통과하여 말을 달렸다. 그 숲은 훈족의 나라와 고트족의 나라를 가르는 숲이었다. 훈족 군대가 숲에서 빠져나오자 너른 평원이 펼쳐져 있었고, 그 평원에 거대한 거주지가 자리 잡고 있었다. 저쪽 산 위에는 군주의 요새 겸 성이 있었다.

그곳은 앙간티르의 누이 헤르보르(Herwor)와 스승 오르마르(Ormarr)가 다스리는 곳이었다. 훈족의 군대에 맞서 나라를 지키는 임무가 그들에게 주어져 있었고, 그런 만큼 그곳에는 상당한 규모의 군대가 있었다.

어느 날 아침 해가 뜰 무렵 성문 위 성탑에 있던 헤르보르는 저 멀리 숲의 남쪽에서 말들이 만들어내는 거대한 먼지구름을 보았다. 그 먼지구름 사이로 황금으로 장식한 방패와 투구와 갑옷들이 보였다. 그 뒤로는 거대한 규모의 훈족 군대가 있었다. 헤르보르는 재빨리 아래로 달려 내려가 뿔나팔을 불었다. 군대를 모으는 나팔소리였다. 그녀는 심부름꾼에게 이렇게 명령했다.

"병사들에게 모두 무장하고 무기를 들고 전투 채비를 마친 다음, 남쪽 성문 앞으로 모이라 이르시오."

병사들이 모이자 나이 든 오르마르가 용감하게 앞으로 나섰다.

"나도 말을 타고 방패를 들고 고트 사람들을 위해 싸우겠다."

그가 말을 타고 앞으로 달리자 헤르보르와 다른 병사들도 그 뒤를 따랐다. 이어서 고트족과 훈족 사이에 대대적인 전투가 벌어졌다. 하지만 헤르보르의 병사들은 수적으로 훈족의 상대가 되지 못했다. 게다가 나이 든 오르마르와 헤르보르 공주가 이끄는 병력으로는 노련한 전사인 후믈리와 젊은 용사 흘뢰트를 상대하기가 버거웠다. 결국 이 전투에서 헤르보르는 전사하고 말았다. 비록 여자였으나 그녀는 용맹한 사람이었다. 게르만 여자들은 종족이 위급한 상황에 처할 때면 남자와 똑같

용감한 여전사 헤르보르는 훈족과의 일전에서 장렬히 전사한다. 노르웨이의 화가 페테르 N. 아르보의 그림.

이 말을 타고 전쟁에 나서곤 했다.

　간신히 살아남은 오르마르는 있는 힘을 다해 말을 달려 앙간티르 왕에게 갔다. 그는 이 긴급한 사태를 어서 왕에게 알려야 했다. 그는 앙간티르 왕궁에 도착하자 지체하지 않고 헤르보르 요새의 형편과, 헤르보르가 전사했다는 소식을 왕에게 알렸다.

　"하이드레크의 딸이며 당신의 누이인 헤르보르 공주가 죽었소."

　앙간티르는 입술을 악물고 겨우 슬픔을 눌렀다. 그리고 주변을 둘러보며 탄식했다.

　"전에는 우리의 숫자가 이보다 훨씬 많았건만, 지금 꼭 필요한 때에 인원이 부족하구나."

　늙은 기추르가 그 말을 듣고 앞으로 나섰다.

"내 지금 당장 방패를 들고 말을 타고 훈족을 찾아가 그들에게 전투를 알리겠소."

기추르는 즉시 무장을 갖추고 말에 올라탔다. 그는 말에 탄 채로 왕에게 물었다.

"훈족더러 어디서 전투를 하자고 할까요?"

"둘기야와 둔 황야, 그리고 야사르 산에서 만나자고 하시오. 고트족은 이미 그곳에서 이름 높은 승리를 거둔 적이 있으니."

왕의 말을 듣자마자 늙은 기추르는 시종 하나 거느리지 않고 혼자 훈족의 군대를 향해 달려갔다. 그리고 후믈리 왕에게 앙간티르 왕의 말을 전했다. 후믈리는 그 말에 동의했다.

### ✥ 8일간의 전투

기추르는 앙간티르 왕에게 돌아와 훈족이 어마어마한 군대를 동원했음을 알렸다. 여섯 개 군단에 각 군단의 인원이 5000명을 훨씬 넘었다고 하니, 총 3만 명이 넘는 대군이었다. 고트족 병사를 모두 합쳐도 수가 훨씬 못 미쳤지만 그래도 앙간티르는 전투 준비를 갖추었다. 무기를 들 수 있는 사내는 모두 전투에 나섰다. 앙간티르 군대가 둔 황야로 나아갔다. 훈족의 군대가 그들을 기다리고 있었다. 이편에는 앙간티르가, 저편에는 배다른 동생 흘뢰트가 버티고 섰으니, 비록 종족이 다르다 하나 그들은 한 아비의 자식이었다.

이튿날 전투가 시작되었다. 맹렬한 전투가 여드레 동안이나 계속되었다. 전사자의 숫자는 헤아릴 수가 없을 지경이었고, 수많은 병사들이 이미 쓰러졌으나 앙간티르와 흘뢰트는 아직 부상도 입지 않고 버티고

훈족의 침입은 당시 유럽 사람들에게 가장 강력한 공포였다. 이 그림에서는 훈족이 좀더 동양 사람에 가깝게 묘사되어 있다.

있었다. 사람 수가 줄어들어 전투가 약해지기는커녕 오히려 더욱 격렬해졌다. 훈족은 사람 수가 많았으나 멀리 원정을 떠나왔고, 어린 병사들이 너무 많아 희생이 더욱 컸다. 그들은 어서 전투를 끝내고 어떻게든 살아남기만을 바라는 처지가 되었다. 고트족은 물러설 기미가 전혀 없었다. 그들은 쳐들어온 훈족에 맞서 목숨과 나라를 지키겠다는 각오였다.

아흐레째 되는 날 고트족이 힘찬 공격을 감행하여 훈족의 전선(戰線)이 뒤로 밀리게 되었다. 이 순간 앙간티르 왕이 병사들의 방패 벽 밖으로 튀어나와 적군 앞에 몸을 드러냈다. 손에는 보검 티르핑을 쥔 채로 부하들을 격려하고, 승리가 머지않았으니 용기를 내자고 외쳤다. 그 순간 훈족의 방패 벽이 열리면서 흘뢰트도 밖으로 뛰쳐나왔다.

이제 양쪽 군대가 지켜보는 가운데 형제가 서로 마주 보고 섰다. 그들은 서로를 향해 칼을 휘두르기 시작했다. 형제의 싸움이었다. 이 혹독하고 괴로운 싸움에서 앙간티르가 이기고 흘뢰트가 쓰러졌으며, 그것을 보고 달려 나온 후믈리도 전사했다. 왕이 전사하자 훈족 병사들이 도망치기 시작했다. 이번에는 고트족이 그들을 쫓아가 마구 살육했다. 시체가 산을 이루고 피가 강처럼 흘렀다. 골짜기마다 말과 사람의 시체가 그득했다.

수적으로 열세이던 고트족이 전쟁에서 승리를 거두었다. 앙간티르는 산처럼 쌓인 시체들을 보며 탄식했다.

"흘뢰트 내 동생아, 네가 원하는 대로 보물을 주겠다고 했건만. 이제 너는 싸움의 대가로 아무것도 얻을 수가 없게 되었구나. 우리는 둘 다 저주를 받았다. 너는 이렇게 쓰러져 죽었고 나는 너를 죽인 사람이 되었으니, 사람들은 나를 동생을 죽인 자로 기억하겠지. 노르네가 우리에게 준 운명이 참으로 가혹하구나."

이 이야기는 게르만 민족 이동 시기에 게르만 일족인 고트족과 동양에서 건너간 훈족이 서로 땅을 차지하려고 다툰 과정을 보여준다. 비록 가족사처럼 다루고 있지만 실은 얼굴과 몸집이 상당히 다르고 관습도 다른 서양 사람과 동양 사람의 다툼이기도 하다. 그 싸움의 결과 많은 전사자가 발생한다. 또한 이 이야기는 그런 충돌의 과정에서 종족들이 서로 섞이는 과정도 보여주고 있다. 앙간티르와 흘뢰트는 생김새가 매우 달라도 결국은 한 아버지의 자손들이 아니었던가.

중세 초기 게르만 민족의 이동 기간에 수많은 종족들이 서로 충돌해 싸우고, 그러면서 종족들이 뒤섞였음을 볼 수 있다.

# 베오울프

앞의 이야기들과 달리 베오울프는 《에다》에 나오는 이야기가 아니다. 이것은 고대 영어(Old English)로 쓰인 서사시로서, 약 1000년 된 필사본 하나가 전해지고 있다. 원본은 685년 이전에 쓰인 것으로 추정되며, 라틴어가 아닌 지방 언어로 쓰인 것 중에는 유럽에서 가장 오래된 서사시다. 이 작품은 그 완결성과 언어 및 예술적인 힘 때문에 영국 국민문학의 최고 보물 중 하나로 꼽힌다. 6세기 전반에 일어난 사건들을 다룬 것으로 역사와 전설의 요소가 밀접하게 결합되어 있다. 덴마크, 게아트, 스웨덴의 왕가 혈통이 정밀하게 제시되고 있는데, 일부는 역사적 근거가 있을 것으로 여겨진다.

주인공은 스웨덴의 괴틀란드 출신이고 사건의 배경은 덴마크다. 또한 게르만 전설 속 괴물들과 주인공의 싸움이 핵심 줄거리를 이룬다. 덕분에 고대 영문학에 속하는 베오울프 이야기가 게르만 영웅들의 이야기에 끼어들게 되었다. 곧 《베오울프》는 가장 오래된, 또한 완벽하게 보존된 게르만 영웅 서사시가 되는 셈이다. 앵글로색슨족이 처음 브리튼 섬에 정착할 때 게르만족의 전설이 함께 따라왔을 것으로 생각된다.

이 작품의 주제, 양식, 운율도 게르만 영웅 전설의 전통과 일치한다. 《에다》의 특징이 되는 케닝(kenning, kenningar) 은유법이 《베오울프》의 전체 서술에서 엄청난 비중을 차지하고, 이름의 두운법도 잔뜩 등장한다. 또한 《에다》가 그렇듯이 《베오울프》도 각운이 아닌 두운(Stabreim) 시행으로 쓰였다.

다만 이 작품에서는 게르만 영웅 전설의 요소가 기독교 신앙과 마구 뒤섞여 있다. 게르만 용사인 베오울프가 기독교의 이상인 절제, 자기희생, 약자에 대한 공감 등의 미덕을 드러낸다. 또한 구약성서가 강한 영향을 남겼고, 텍스트에서 아주 빈번히 기독교의 신을 부른다. 게다가 줄거리가 일정하게 흐르지 않고, 이야기 중간으로 회상과 옆길로 새는 이야기가 계속 끼어들어 처음 읽는 사람을 어리둥절하게 만든다(천짜기 구조, Interlace structure). 그런 탓에 게르만 영웅 이야기의 특성인 긴박감이 많이 떨어진다.

서사시 자체는 영국에서 정밀한 연구와 탐색의 대상이 되고 있으며, 소설 《반지의 제왕》으로 유명한 영문학자 톨킨(J. R. R. Tolkien)도 이 작품을 연구하고 중요한 평론을 남겼다. 베오울프의 이야기는 이따금 영화로 만들어져 우리에게도 어느 정도 알려져 있다. 최근에는 로버트 저메키스의 애니메이션 영화 〈베오울프〉(2007년)에서 할리우드 톱스타 안

젤리나 졸리가 괴물 그렌델의 어미의 모델로 이용되면서 항간에 더욱 널리 알려지게 되었다.

작품의 자세한 연구는 학자들에게 맡기고 여기서는 간략한 줄거리만 제시하기로 한다. 기독교 신앙과 결합된 게르만 영웅의 이야기는, 이교 영웅과 기독교 기사 영웅을 함께 다루는 우리 책에서 두 세계의 가운데로 들어가기에 꼭 알맞은 소재이기도 하다.

### ✣ 위기에 처한 흐로드가 왕궁

덴마크 왕 흐로드가(Hrothgar)는 저 유명한 영웅 실드(Shield)의 후손이다. 실드는 바닷물에 밀려 덴마크 해안까지 흘러 들어온 배 안에서 발견되었다. 배의 난간에는 방패들이 둘러쳐져 있고 돛대 위에는 황금 깃발 하나가 펄럭이는데, 한 소년이 돛대에 기대 잠들어 있고 그 주변에 무기들이 놓여 있었다. 사람들은 그를 실드라고 불렀다. 그는 오랫동안 왕 노릇을 하며 훌륭한 왕이라는 칭송을 듣다가 늙어서 죽었다.

후손들과 시종들은 위대한 왕에게 어울리는 성대한 장례식을 치러주었다. 방패와 무기들로 장식한 배의 돛대에 군주의 시신을 올려놓고 시신을 훌륭한 보물로 장식한 다음 배를 먼 바다로 떠나보냈다. 그가 죽은 후 그의 후손들이 왕위를 물려받았고, 이제는 실드의 후손 중에 가장 훌륭한 흐로드가 왕이 나라를 다스렸다. 흐로드가는 500년 무렵에 덴마크를 통치한 실존 인물이라고 한다. 그는 여러 번이나 전쟁에 나가 승리를 거두어 큰 명성을 얻었다. 그런 다음 흐로드가는 훌륭한 궁을 짓고 손님을 잘 접대했기에 멀고 가까운 데서 많은 사람이 찾아왔다. 밤이면 그들은 '헤오로트(Heorot, 사슴)'라 불리는 커다란 중앙 홀에 모여 아무런 근심 없이 꿀술을 마시고 하프를 타며 노래를 부르곤 했다.

바닷가 늪지에 사는 거인 그렌델이 그들의 즐거운 노랫소리를 듣고 화가 나서 어느 날 밤 자정 무렵에 이곳의 넓은 홀로 찾아왔다. 그곳 바닥에 푹신한 깔개를 깔고 호위병들이 잠들어 있었다. 무시무시한 거인은 잠자는 사람들을 서른 명이나 잡아서 자신의 거처로 끌고 갔다. 그의 동굴로 끌려간 사람 중에 살아나온 사람은

거인 그렌델. 흐로드가 왕이 벌이는 연회에 나타나 사람들을 잡아가고 갖은 횡포를 일삼았다. 베오울프는 흐로드가 왕이 어려움에 처했다는 소식을 듣고 그를 돕기 위해 덴마크로 향한다.

없었다. 이 거인은 창조주의 저주를 받은 살인자 카인의 후예였다.

이튿날 밤에도 거인은 다시 나타나 병사들을 잡아갔다. 그렇게 매일 밤 괴물이 찾아와 사람들을 잡아갔다. 어둠 속에 나타나 사람을 잡아가니, 몸값이나 그 무엇을 주고도 잡혀간 사람들을 되찾아올 길이 없었다. 오래지 않아 사람들은 이 왕궁을 두려워하며 떠나버렸다. 화려하게 치장된 거대한 홀에는 먼지만 뽀얗게 쌓여갔다. 왕과 신하 몇 명만 궁에 머물며 대책을 논의해보았으나 별 뾰족한 수가 없었다. 벌써 열두 해 동안이나 이런 일이 계속되었고, 이제 몇 명 남지 않은 경비병들마저 눈에 띄기만 하면 잡혀갔다.

### ✤ 베오울프, 출정하다

시간이 흐르면서 그렌델의 못된 짓에 대한 소문이 멀리 퍼졌다. 스웨덴 남쪽 게아트(가우트, 고트) 사람들의 나라에 사는 베오울프도 그 소문을 들었다. 그는 스웨덴 왕족인 벡문딩(웩문딩) 가문 출신으로, 히겔락(Hygelac) 왕의 조카이자 용감한 무사였다. 베오울프는 일곱 살에 게아트족 왕인 외할아버지 흐레델 왕에게로 가서 그곳에서 자랐다. 외할아버지의 뒤를 이어 외삼촌인 히겔락이 왕이 되었다. 그사이 베오울프는 성년이 되어 있었다. 그는 곤경에 빠진 흐로드가 왕을 돕고 싶었다. 그래서 게아트족에서 가장 용감한 용사 열네 명을 골라 함께 배를 타고 덴마크로 출발했다. 그리고 이튿날 목적지에 도착했다.

해변을 지키던 병사들이 낯선 사람들이 도착하는 것을 보고 큰 소리로 물었다.

"대체 누군가? 어서 이름을 밝히시오."

젊은 베오울프가 대답했다.

"우리는 게아트족이오. 히겔락 왕의 무사들로, 나는 에지데오의 아들 베오울프요. 실드의 후손들에게 거인이 못된 짓을 한다는 소문을 듣고 찾아왔소. 흐로드가 왕이 넓은 홀에서 다시 평화롭게 살기를 원하는지 알고 싶군요."

"그렇다면 당신들을 왕께 안내해드리겠소. 그동안 내 부하가 당신들의 배를 지킬 것이오."

배를 만에 정박해두고 그들은 왕궁으로 향했다. 궁에서는 흐로드가의 시종인 불프가르가 그를 맞아들이며 이름이 무엇이고 무슨 일로 왔는지 물었다. 베오울프는 자신이 누군지를 밝혔다. 불프가르는 얼른 왕에게 가서 베오울프라는 용사가 바다를 건너 왔다고 알렸다. 왕은 베오울프의 집안에 대해 이미 잘 알고 있었고, 또 소년 시절의 베오울프를 직접 본 적도 있었기에 반갑게 그를 맞아들였다.

호로드가 왕과 베오울프는 잠시 옛날이야기를 나누었다. 베오울프는 훌륭한 무기를 갖고 있었지만 모든 것을 운명에 맡기고 맨손으로 거인과 싸우겠노라고 말했다. 그는 남자 서른 명에 해당하는 힘을 가진 장사였다. 호로드가는 베오울프 일행에게 꿀술과 함께 훌륭한 저녁을 대접했다. 실로 오랜만에 헤오로트에서 성대한 잔치가 열렸다. 왕의 가수인 운퍼드(Unferth)는 베오울프가 온 것을 못마땅하게 여겨 그에게 시비 거는 노래를 불렀다. 내용은 이랬다.

"옛날 그대는 바다에서 브레카와 헤엄치는 내기를 했었지. 일곱 밤이나 헤엄을 쳤지만 브레카가 이겼어."

그러자 베오울프가 대답했다.

"나는 그때 어렸지만 다른 누구보다도 더 많은 일을 해냈다네. 우린 고래를 만날지 몰라 칼을 빼들고 바다에 뛰어들었어. 브레카와 나는 다섯 밤 동안이나 함께 바다에서 헤엄쳤다. 그러자 파도가 다가와 우리를 떼어놓았지. 그는 고향으로 돌아갔지만 나는 얼음장 같은 파도 속에서 바다괴물과 싸워야 했다. 괴물 하나가 나를 꼭 움켜쥐었지만 나는 칼로 괴물을 찔렀지. 그런 다음에도 먼동이 틀 때까지 계속 싸웠어. 괴물을 모두 아홉 놈이나 죽였다. 어떤 사람도 그 괴물의 발톱에서 빠져나온 적이 없지만 나는 살아 나왔지. 그러는 너는 네 형제들을 죽이지 않았느냐. 나중에 그 값을 치러야 할 거다. 네가 정말로 용감하다면 그렌델이 네 주인님에게 그토록 못된 짓을 하진 못했을 게야. 나는 놈과 싸우려고 왔다."

　베오울프가 이렇게 당당하게 약속하는 말을 듣고 흐로드가 왕은 흐뭇한 마음으로 잠자리로 갔다. 머지않아 이 홀에서 큰 싸움이 벌어질 것을 그는 알고 있었다. 다른 사람들도 모두 왕을 따라 잠자리로 물러났다. 밤이 점점 깊어갔다. 손님만이 부하들과 함께 남아 넓은 홀의 푹신한 깔개 위에 몸을 눕혔다.

### ✤ 식인 거인 그렌델

　베오울프는 쇠갑옷과 투구를 벗고 칼도 부하 한 명에게 내주며 지키라고 했다.

　"내 힘이나 분노는 그렌델에 못지않다. 그러니 놈을 칼로 칠 필요가 없지. 놈은 무기라는 걸 모른다니 말이야."

　그날 밤 자정 무렵 그렌델이 늪지에서 안개를 뚫고 나타나 왕궁으로 다가왔다. 홀에 들어가 몇 놈이라도 잡아갈 속셈이었다. 마법을 이용해 용의 가죽으로 만든 큼직한 자루 하나가 허리띠에 매달려 있었다. 사람을 잡아 넣을 자루였다. 빗장이 걸린 문을 열어젖히고 홀에 들어서자 잠든 사내들이 보였다. 괴물 거인은 속으로 씩 웃고 맨 먼저 보이는 사람을 붙잡아서 잔혹하게 둘로 잘라 우두둑 그 뼈를 씹고 피를 마시고 손과 발에 이르기까지 살덩이를 깨끗이 다 먹어치웠다.

　그런 다음 베오울프의 자리로 와서 그를 움켜쥐려고 했다. 그 순간 상대방이 번개처럼 몸을 움직여 괴물의 한쪽 팔을 타고 앉더니 거인의 손을 꽉 움켜쥐었다. 그렌델은 그처럼 힘이 센 자를 겪어본 적이 없었다. 놈은 너무 놀란 나머지 어서 여기서 빠져나가 늪지로 돌아가 쉬고

픈 마음뿐이었다. 하지만 이 사람의 힘이 어찌나 센지 그 손아귀에서 팔을 빼낼 수가 없었다.

거인이 날뛰는 바람에 홀은 우당탕탕 시끄러운 소리를 내며 의자와 탁자들이 넘어지고 부서졌다. 건물은 안팎으로 든든한 버팀목을 대놓은 덕에 끄떡없었지만 실내는 그야말로 아수라장이었다. 베오울프의 부하들도 모두 깨어나 칼을 들고 괴물에게 덤벼들었으나 어떤 쇠도 그렌델의 몸을 뚫지 못했다. 하지만 놈은 아무리 날뛰어도 베오울프의 억센 손아귀를 물리칠 재간이 없었다. 베오울프의 손아귀에서 빠져나가려고 버둥대던 그렌델은 마침내 어깨뼈가 우지끈 소리를 내며 부러지고 인대가 찢어지고 살이 툭툭 갈라졌다. 마지막에는 놈의 팔만 베오울프의 손에 남았다. 거인은 치명상을 입고 겨우 도망쳤다. 베오울프와 부하들은 홀을 대강 치우고, 괴물의 팔을 승리의 표시로 홀의 천장에 매달아놓았다.

날이 밝자 덴마크 사람들이 기쁨의 환성을 올렸다. 왕도 신하들과 함께 홀에 나타나 베오울프의 승리를 높이 찬양했다. 그들은 모두 천장에 매달린 괴물의 팔과 주먹을 살펴보았다. 손에는 손톱 대신 쇠발톱이 달려 있었다. 아무리 튼튼한 쇠라도 저 발톱을 감당할 수는 없을 것이 분명했다. 운퍼드는 그 광경을 보고 침묵했다.

왕은 큰 잔치를 열었다. 흐로드가 왕은 베오울프에게 황금 깃발과 투구와 갑옷과 소중한 칼을 선사했다. 그리고 가장 훌륭한 말 여덟 마리를 골라 그에게 선물했다. 궁정가수 한 사람이 옛날의 싸움 노래를 불러 흥을 돋우었다. 왕비도 기쁜 마음으로 용사에게 술을 권했다. 밤이 깊어지자 왕과 왕비는 잠자리로 물러가고, 베오울프도 자신을 위해

마련된 침실로 물러났다. 큰 홀 헤오로트에서는 그 옛날처럼 왕의 귀족들이 당번을 서기 위해 그곳에 자리를 폈다. 이곳에 남은 사람들은 대부분 꿀술에 취해 금방 잠에 빠져들었다. 대개는 투구를 머리맡에 벗어놓은 상태였다.

그런데 못된 거인 그렌델의 복수를 위해 한 여인이 일어섰으니, 바로 그의 어미였다. 아들의 팔을 떼어낸 인간들에게 복수하기 위해 왕의 홀로 손수 찾아온 것이다. 사람들은 놀라 칼을 뽑아들고 그녀에게 덤벼들었다. 그녀는 깜짝 놀라 도망치면서도 천장에서 아들의 팔을 거두고 흐로드가 왕이 가장 아끼던 신하 한 명을 붙잡아 목을 잡아 끌고 갔다.

왕은 그 소식을 듣고 홀로 달려가서 정말 아끼는 신하가 보이지 않자 깊은 슬픔과 절망에 빠졌다. 왕은 베오울프를 불러오게 했다. 베오울프는 놀라 늙은 왕에게로 달려가서 밤새 무고하신지 안부부터 여쭈었다. 왕이 대답했다.

"내 안부는 묻지 말게. 내가 가장 아끼는 신하가 죽었다네. 내게 언제나 좋은 충고를 해주고, 전쟁터에서는 나와 함께 싸우던 친구였는데."

왕은 지난밤에 일어난 일들을 간단히 설명했다. 이어서 이런 설명을 덧붙였다.

"사람들이 말하는데, 늪지대에서 기묘한 덩치 둘이 걸어가는 걸 보았다네. 하나는 여자 같다고 하네. 여하튼 보통 사람보다는 훨씬 크다네. 늑대 골짜기에 그 괴물들이 살고 있어. 여기서 바다에 이르기까지

용맹한 베오울프는 그렌델의 팔을 잡아 뽑고, 아들의 복수를 하러 찾아온 어미 괴물까지 해치운다. 영국 화가 존 헨리 프레더릭 베이컨의 그림.

괴물 그렌델을 물리친 베오울프를 위해 흐로드가 왕의 왕비가 친히 술을 권하고 있다.

나무뿌리들이 사납게 뒤엉켜 물에 잠긴 어두운 숲이 길게 뻗어 있는데, 밤이면 거기서 끔찍한 모습을 드러낸다는 게야. 바닥을 모르는 그 물속에 불이 있다지 뭔가! 개 떼에게 쫓기는 사슴도 차라리 저쪽 바다에 빠져 죽으면 죽었지, 이 숲으로는 도망치지 않는다오."

"지혜로운 임금님, 슬퍼하지 마십시오. 소중한 사람을 위해 슬픔에 잠기기보다는 복수를 하는 편이 언제나 더 나으니까요."

베오울프는 늙은 왕을 위로하고 당장 길을 나섰다. 왕이 말을 타고 앞장서서 길을 안내해주었다. 늪지대로 향한 숲길에는 거대한 발자국이 뚜렷하게 찍혀 있었다. 머지않아 그들은 잿빛의 암벽 위에 이르렀다. 이 암벽 아래 물 속에 거인이 사는 동굴이 있었다. 암벽 위에서 그들은 저 아래쪽 숲으로 둘러싸인 물을 내려다보았다. 물이 온통 피로 물들어 있고, 암벽의 발치에는 잡혀온 신하의 머리가 막대 끝에 꽂혀 있었다.

　사람들은 애도의 나팔을 불면서 그 자리에 주저앉았다. 파도 속에는 온갖 종류의 뱀들과 기묘한 바다 용들이 서로 뒤엉켜 헤엄치는 꼴이 보였다. 놈들은 갑작스러운 나팔소리에 놀라 숨었지만 베오울프가 얼른 화살을 날려 한 놈을 맞혔다. 그런 다음 베오울프는 가슴을 보호해줄 흉갑을 입고, 머리에는 옛날의 무기 대장장이가 만든, 수퇘지 장식이 붙은 투구를 썼다. 짐승들에게 물리지 않기 위해서였다. 운퍼드가 그에게 흐룬팅이라는 명검을 주었다. 대신 베오울프는 자신의 낡은 칼을 그에게 주었다.

　베오울프는 자기가 혹 돌아오지 못할 경우에는 왕께서 부하들을 잘 보호해주고, 자기가 받은 선물은 히겔락 왕에게로 보내달라고 부탁했다. 왕이 미처 대답도 하기 전에 그는 아래로 내려가 험한 파도 속으로 들어갔다. 물속을 한참이나 내려가서야 바닥이 보였다. 그곳에서 무시무시한 바다 늑대 여인이 그가 내려오는 것을 보고 발톱을 세워 달려들었지만 다행히 그의 갑옷을 뚫지는 못했다. 그는 상처를 입지 않았다.

　괴물 여인이 그를 바닥까지 끌고 내려가더니 자신의 거처로 끌고 갔다. 사방에서 기괴한 바다 짐승들이 덤벼들어 이빨로 그의 팔과 다리를 물어 그가 칼을 쓰지 못하게 했다. 거인과 베오울프는 물 속에 만들어진 커다란 홀 안으로 들어갔다. 거기엔 물이 들어오지 않았고 바다 짐승들도 따라오지 못했다. 홀 가운데 피운 불이 환한 빛을 내고 있었다. 불빛에 거대한 여인의 모습이 보였다. 베오울프는 흐룬팅을 꺼내 힘껏 휘둘렀지만 칼은 거인의 살을 뚫지 못했다.

　그는 거인의 어깨를 잡고 흔들어서 바닥에 쓰러뜨렸다. 하지만 거인이 끔찍한 힘으로 그에게 덤벼들었기 때문에 이번에는 그가 나동그라졌다. 그러자 거인이 재빨리 날이 널찍한 칼로 그의 가슴을 찔렀는데, 칼날이 단단한 사슬 갑옷을 뚫지 못했다. 그는 홀 안에 걸려 있는 물건들 가운데서 거인 장인이 만든 거대한 칼 하나를 발견했다. 너무 커서 인간은 집어들기도 힘들었다. 하지만 힘센 베오울프는 칼의 손잡이를 잡고 있는 힘을 다해 칼을 번쩍 쳐들어 여인의 목에 내리꽂았다. 칼이 목뼈를 파고들자 괴물 여인은 쓰러져 죽었다.

베오울프는 피 묻은 칼을 그대로 손에 든 채로 그렌델을 찾아보았다. 바다 거인 그렌델은 이미 죽은 채 의자에 누워 있었다. 그는 칼을 휘둘러 죽은 거인의 목을 잘랐다. 바닷물이 벌겋게 피로 물들자 위에서 기다리던 사람들은 베오울프마저 죽고 이제 모든 희망이 사라졌다고 여겼다. 정오까지 기다리다가 상심한 왕은 시종들을 거느리고 궁으로 돌아가고, 베오울프의 부하들만 그곳에 남아 희망도 없이 기다렸다.

하지만 물속 사정은 사람들의 생각과는 달랐다. 베오울프가 들고 있던 칼날이 차츰 형체도 없이 녹아내렸다. 거인들의 피가 너무 독해서 쇠가 녹아버린 것이다. 그는 홀에 있는 다른 물건들은 거들떠보지도 않고 한 손에 그렌델의 목을, 다른 손에는 남은 칼의 손잡이만 들고 위로 올라왔다. 부하들이 기뻐하며 용사를 맞이했다. 그들은 함께 흐로드가 왕의 궁전으로 향했다. 부하 네 명이 창을 모아 그렌델의 머리를 매달고 갔다. 한 사람이 들기에는 너무 무거웠기 때문이다.

흐로드가 왕은 베오울프가 가져온 그렌델의 머리를 보고 몹시 기뻐했다. 또한 그가 내민 칼의 손잡이를 보고 경탄했다. 황금으로 장식된 손잡이에는 거인 장인의 솜씨로 싸움의 장면과 루네 문자가 새겨져 있

그렌델의 머리를 들고 가는
베오울프의 부하들.

었다. 흐로드가 왕은 베오울프의 용기뿐만 아니라 그의 지혜로움에도 경탄했다. 그리고 그가 아주 훌륭한 왕이 될 거라는 말도 했다.

    그날 밤 베오울프 일행은 푹 쉬고 이튿날 고향으로 출발했다. 흐로드가 왕은 베오울프에게 푸짐한 선물을 주어 보냈다. 배는 사람과 말과 보물을 싣고 무사히 고향 땅에 도착했다. 베오울프는 외삼촌이자 자신의 군주인 히겔락에게 그동안 있었던 일을 상세히 보고하고, 덴마크 사람들이 자기들을 무척 친절하게 맞아주었다는 말도 덧붙였다. 히겔락 왕은 베오울프가 흐로드가 왕에게서 선물로 받아온 소중한 무기를 당연히 베오울프의 몫으로 도로 내주었다. 그리고 자신이 아버지에게서 물려받은 가장 좋은 칼도 자랑스러운 용사에게 선물해주었다.

여러 해가 지나고 히겔락 왕과 이어서 그 아들까지 전사하자 베오울프가 그 뒤를 이어 게아트 사람들의 왕이 되었다. 그는 50년이라는 긴 세월 동안 나라를 훌륭하게 다스렸다. 이미 일흔 살 가까운 노인이 된 베오울프는 수염도 머리카락도 하얗게 세었다.

### ✤ 늙은 용사의 마지막 일전

베오울프의 나라, 바닷가 근처 어떤 산에 용이 한 마리 살고 있었다. 용은 보물을 지키고 있었는데, 아무도 용의 동굴로 가는 길을 알지 못했다. 어느 날 말썽을 부린 하인 하나가 주인의 매를 피하려고 도망치다가 우연히 용의 동굴에 들어가게 되었다. 용은 깊이 잠들어 있었고, 하인 녀석은 용의 보물 중에서 값진 잔 하나를 훔쳐 달아났다. 그는 주인에게 이 잔을 바치고 용서를 얻었다.

한편 잠에서 깨어난 용은 인간의 냄새를 맡았다. 그래서 주위를 샅샅이 뒤졌으나 사람의 흔적은 보이지 않았다. 보물을 잘 살펴본 용은 무척 귀한 잔 하나가 사라졌다는 것을 알았다. 인간이 이리로 들어와 훔쳐간 것이 분명했다. 밤이 되자 용은 인간세계로 날아와서 사람들을 모두 쓸어버릴 기세로 사나운 불길을 마구 뿜어댔다. 그 바람에 왕궁도 불타고 많은 사람이 죽고 수많은 집들이 파괴되었다. 이 용은 날개 달린 용이었다.

베오울프 왕은 자신의 궁과 수많은 집이 불탄 것을 보고 분노했다. 그는 튼튼한 쇠방패 하나를 만들라고 명령했다. 이 늙은 영웅은 용의 분노가 두렵지 않았다. 이미 수많은 싸움을 겪은 자신이 아니던가! 그는 겨우 열한 명의 부하만 거느리고 용을 찾아 나섰다. 먼저 용이 불길을 뿜게 된 원인을 찾아보다가 하인이 용의 보물을 훔쳤다는 말을 들었다. 그 하인은 내키지 않는 길안내를 맡아야 했다. 일행은 이제 하인까지 쳐서 모두 열세 명이 되었다.

그들은 저편 암벽이 마주 보이는 언덕 위에 멈추었다. 베오울프는 이미 죽음을 각오한 상태였다. 그는 부하들을 그곳에 남겨둔 채 혼자 방패와 칼을 들고 언덕을 내려가 암벽으로 다가갔다. 그 산에서 강물 한 줄기가 내려오는데, 강물은 용의 입김으로 뜨거웠다. 불꽃에 데지 않고는 용의 동굴 안으로 들어갈 수가 없었다. 베오울프는 칼을 단단히 붙잡고 방패를 높이 쳐들고서 목청껏 용을 불러냈다. 그러자 용이 밖으로 꿈틀꿈틀 기어 나오더니 힘껏 불꽃을 내뿜었다. 방패가 용의 불꽃으로부터 그를 완전히 보호해주지 못해 뜨겁기가 이를 데 없었다. 그런데도 그는 칼을 쳐들고 용감하게 용에게 덤벼들어 힘껏 찔렀다. 하지만 칼날은 용의 몸을 꿰뚫지 못하고 놈의 발에 닿아 아래로 미끄러졌다. 그 바람에 녀석의 화만 더 돋우었다. 녀석이 분노에 사로잡혀 독기 어린 불꽃을 뿜어내자 베오울프는 온통 불꽃에 휩싸였다.

한편 뒤에 남은 부하들 중에 왕의 친척이기도 한 위글라프(Wiglaf)라는 사람이 있었다. 그는 왕이 너무나 걱정되었다. 그래서 함께 온 용사들에게 내려가서 왕을 돕자고 제안했다. 하지만 모두 두려움에 떨며 숲으로 도망쳐 숨기에만 급급했다. 아무도 나서지 않자 위글라프는 혼자 아래로 달려 내려가 왕과 함께 용에게 맞섰다. 용의 불꽃이 위글라프의 나무 방패를 금방 태워버려서 그도 왕의 방패 뒤로 몸을 숨겼다. 베오울프가 용의 머리를 칼로 힘껏 내리쳤지만 이 중대한 순간에 칼날이 부

부하 위글라프의 도움으로 용을 물리쳤지만 더 이상 그렌델의 팔을 뽑아내던 젊은 날의 베오울프가 아니었다. 고귀한 왕이자 용감한 영웅 베오울프는 그렇게 전설로 남았다.

서지고 말았다.

다시 용이 불꽃을 뿜었다. 동시에 녀석이 늙은 용사 베오울프의 목을 물자 피가 솟구쳐 나와 강처럼 흘렀다. 그것을 보고 위글라프는 뒤로 물러서지 않고 손을 불길에 데면서도 용의 옆구리에 칼을 찔러 넣었다. 용이 움찔하며 베오울프를 문 힘이 조금 느슨해진 순간 베오울프는 허리춤에서 재빨리 단도를 꺼내 용의 심장을 꿰뚫었다. 그러자 마침내 용이 죽었다.

늙은 용사 베오울프는 용감한 부하 위글라프의 도움으로 용을 물리쳤다. 하지만 그 자신도 치명상을 입었으니, 죽음이 바로 눈앞에 다가와 있었다. 그나마 충성스러운 위글라프가 옆에 있어 다행이었다. 위글라프는 물을 떠다 왕에게 마시게 하고, 용에게 물린 상처도 물로 닦아 냈다. 그런 다음 용의 동굴로 들어가 값진 보물들을 가지고 나와 죽어 가는 왕에게 보여주었다. 왕은 보물을 보고 기뻐했다. 그는 바다 가까운 호로네스네스(Hronesness) 언덕에 무덤을 만들어 뱃사람들이 그 '베오울프의 산(또는 곶)'을 보고 인사를 할 수 있게 하라는 말을 남기고 죽었다. 용의 보물은 백성의 몫으로 돌리고 위글라프에게는 목걸이와 황금 장식이 달린 투구와 흉갑을 남겼다.

도망쳤던 부하들도 모두 나타났다. 소식을 듣고 수많은 사람이 이곳으로 몰려왔다. 위글라프가 일곱 명의 용사를 골라 함께 시신과 보물을 호로네스네스 언덕으로 운반했다. 용의 시체는 바다에 던졌다. 그리고 왕의 유언대로 언덕에 높은 장작더미를 쌓고 그 둘레를 투구와 방패와 갑옷들로 둘러싸고 한가운데 베오울프의 시신을 올려놓았다. 그런 다음 불을 붙였다. 검은 연기가 솟아올랐다. 모여든 백성들이 왕의 죽음을 슬퍼하여 울었다. 시신을 태운 다음 그들은 뱃사람들이 지나는 길에 볼 수 있도록 산 위에 봉분을 높이 올렸다. 그 일은 열흘 동안이나 계속되었다. 왕의 유해와 용의 동굴에서 가져온 황금과 보물을 함께 뒤섞어 봉분을 만들고 그것을 봉했다. 이어서 용사 열두 명이 말을 타고 봉분 주위를 돌면서 애도의 노래를 부르고 베오울프의 용기와 업적을 찬양했다.

베오울프는 죽은 뒤에도 백성들 사이에서 가장 고귀한 왕, 가장 용감한 보호자, 그러면서도 가장 온화한 사람이었다는 칭송을 받았다.

# 판타지의 탄생

**중세의 문학작품**

   지금까지 우리는 베오울프만 빼고는 모두 《에다》에서 나온 영웅들의 운명을 읽었다. 다음에 이어지는 2부에서는 기독교 세계 영웅들의 이야기를 읽게 된다. 1부와 2부 이야기 모두 중세 시대에 쓰인 문학작품에서 뽑아낸 것으로, 13세기 말(1280년 무렵) 이전의 문헌들이다.

   여기서 다루는 중세의 문학작품은 신화와 전설을 소재로 삼은 것들로 대부분 운문 형식을 취하고 있다. 이들은 읽기 위한 것이라기보다는 비좁은 중세의 요새성(fortress 또는 Burg)에 모여 살던 왕과 기사들, 여인들과 하인들 모두에게 낭송해서 들려주기 위한 것이었다. 여러 사람을 위해 낭송하자면 산문보다는 당연히 일정한 리듬을 지닌 운문이 더 편리했다. 시(詩)의 형식이지만 오늘날로 치면 소설에 가깝다. 기사들의 모험과 사랑이 이야기의 핵심을 이룬다.

   중세 기사들의 삶은 그리 편하지 못했다. 비좁은 성에서의 삶도 몹시 힘들었고, 전쟁터에서 거추장스러운 무장을 하고 싸우기도 쉽지 않았을뿐더러, 노상 싸움의 연속이니 언제 목숨을 잃을지 모르는 상황이었다. 요새 성이 포위라도 당하는 날이면 지독한 굶주림을 겪어야 했다. 그런 현실을 있는 그대로 그린 이야기를 듣고 싶은 사람은 많지 않았다. 그렇기에 중세의 기사소설은 현실을 완전히 떠난 것은 아니라도, 어쨌든 환상적인 세계를 풀어놓는 경우가 많았다.

작가들은 매우 화려한 장비와 의상, 특출한 용기를 지닌 주인공의 통쾌한 모험과 특이한 운명을 통해 듣는 이에게, 특히 영주와 기사들에게 즐거움을 선사하려고 했다. 주인공 기사는 놀랄 만큼 빼어나고, 그가 사랑하는 여인도 태양 아래 가장 아름답다. 그는 너른 세상을 떠돌아다니며 흥미진진한 모험을 하고 언제나 승리한다. 게다가 온갖 진귀한 음식이 풍성하게 등장하는 화려한 만찬 이야기도 빠지지 않는다.

이런 환상적인 특성들 덕분에 중세 문학작품은 오늘날 우리 눈에도 대부분 판타지 소설로 보인다. 그렇긴 해도 고대부터 서양에서 문학작품은 오락과 더불어 가르침을 주어야 한다고 생각되어왔다. 로마의 작가이자 문학이론가인 호라티우스(기원전 65~8년)가 《시론》에서 이미 그렇게 규정하고 있거니와, 오늘날에도 딱히 여기 반대할 명분은 많지 않다.

다만 한 가지 주의할 점이 있다. 문학작품에서 가르침이나 교훈이 노골적으로 드러나 있다면 상징의 힘이 그만큼 떨어지는 것이니, 고급문학에서는 이것을 하급으로 친다. 재미도 그렇지만 교훈도 잘 보이지 않게 감추어져 있는 것이 더 낫고, 장기적으로 보면 가르침의 실제 효과도 그 편이 더 크다.

이것은 중세문학에도 해당한다. 작가들은 즐거움 사이로 삶에 대한 가르침을 은근히 한데 섞어서 청중에게 들려주었다. 재미있는 이야기 뒤에 숨겨진 가르침을 들을 수 있는 귀를 가진 사람이라면 아직도 그것을 들을 수가 있다.

### 《에다》 세계의 판타지 특성

중세의 문학작품에 들어 있는 '판타지 특성'에 대해 잠깐 살펴보기로 하자. 가장 큰 특징은 작품의 큰 배경이라 할 수 있는 시간과 공간 자체다. 《에다》 문학의 공간 설정은 특별하다. 이것은 오딘과 토르와 프라이 신들을 믿은 게르만 사람들의 독특한 신앙체계에서 비롯한다. 북유럽 신화에는 총 아홉 세계가 있는데, 작품에 실제로 자주 등장하는 것은 네다섯 개의 세계다.

이것은 매우 독창적인 세계관이다. 신화에서 정말로 인간이 살고 있는 공간은 중간계 하나뿐이고, 나머지 세계는 모두 상상의 공간이다. 상상의 공간을 단순히 현실계와 구분되는 단 하나의 세계로 묶지 않고, 그것을 다시 여러 개로 나눈 것이 북유럽 신화체계의 특징이다. 이 아이디어가 너무 흥미로운 것이어서 오늘날 수많은 컴퓨터 게임에서는 여러 개의 세계가 등장하는 것이 정형화된 기본 틀이 되다시피 했다. 이런 공간 분할이 게임의 중요한 재미임을 생각해본다면 이 아이디어 자체가 보물이라고 해도 지나치지 않을 것이다.

예를 들면 오늘날 판타지 영화 분야에서 그야말로 제왕의 자리에 있는 〈반지의 제왕〉의 원작소설을 쓴 톨킨도 이런 공간 분할의 아이디어를 소설에 받아들여 여러 공간들을 설정했다. 소설을 읽어본 독자들은 모두 알겠지만, 이 작품을 제대로 따라가려면 '해설편'에 붙어 있는 지도를 처음부터 정밀하게 판독하고 들어가야 한다. 그렇지 않았다가는 소설을 다 읽는다 해도 줄거리를 제대로 파악하지 못해 딴소리를 하기 일쑤다. 제각기 전혀 다른 유형의 존재들이 각각의 세계를 장악하고 있다.

《안인희의 북유럽 신화》 1, 2권의 신들의 이야기 편에서는 신들과 거인들이 직접 대결을 벌였다. 그래서 인간이 살고 있는 중간계는 별로 특별한 의미가 없었다. 이들 초인적인 존재들이 우주 전체를 배경으로 대결을 펼치기 때문이다. 하지만 영웅들의 이야기로 넘어오면 사정이 달라진다. 많은 영웅이 신의 혈통을 타고난 반신(半神)이긴 해도 전체 이야기가 주로 인간들의 세계로 넘어온다. 이제는 중간계가 주요 공간이 되고, 신들과 거인들의 세계는 배경으로, 신비로운 어둠 속으로 밀려난다. 그래도 처음부터 아주 없는 것과는 다르다. 영웅들의 이야기 틈틈이 신들이 등장하고, 따라서 신화 세계의 공간이 이야기의 보이지 않는 배경이 되고 있기 때문이다.

《에다》세계의 시간도 매우 흥미로워서 우리의 상상력을 자극한다. 우리 동양인에게 환생이란 아주 친숙한 개념이기에, 환생하는 연인들의 이야기는 전혀 새로울 게 없다고 생각할지도 모른다. 하지만 이것은 서양 세계에서 나온 이야기다. 기독교 세계관으로는 생각할 수도 없는 시간관이 여기 등장한다.

〈잠자는 숲 속의 미녀〉의 원형이 되는 브륀힐트 이야기에도 흥미로운 시간의 흐름이 나타나 있다. 오랜 시간 불길에 둘러싸여 잠자던 브륀힐트와 이제 방금 도착한 젊은 지구르트 사이에는 엄청난 삶의 시간차가 있는데도 두 사람은 서로 사랑하는 사이가 된다. 뵐중과 발퀴레 아내의 인연도 이와 비슷하다. 뵐중은 자신의 탄생에 도움을 준 리오트와 혼인하기 때문이다. 이런 이야기에는 타임머신이나, 아니면 과학기술의 발전으로 사람을 냉동시켰다가 깨어나게 한다는 오늘날의 상상력과 통하는 시간관이 들어 있다.

《에다》세계의 독특한 판타지적 상상력은 독특한 시간과 공간의 구성에서 비롯한다. 이런 시간과 공간이 있기에 각각의 세계에 거주하는 서로 다른 유형의 주인공들이 나름의 설득력을 얻게 되는 것이다.

## 긍정의 보물과 부정의 보물, 성배와 반지

게르만 영웅 전설의 대부분이 쓰인 12~13세기 말은 유럽의 기사문화가 전성기에 이른 시대였다. 당시 유럽 세계 거의 전체가 이미 기독교로 통일되다시피 한 상태에서《에다》에는 이교도 기사들이 등장한다. 위에서 이교도 기사들의 활동 무대가 되는 시간과 공간을 잠깐 살펴보았다.

일신교 신앙 체계인 기독교 세계에서《에다》와 같은 형태의 공간 분할은 가능하지가 않다. 고작해야 우리가 살고 있는 이승과, 천국과 지옥으로 나뉘는 저승을 구분할 수 있을까? 그래서 기독교 기사들의 활동 무대는《에다》세계와는 달리 실재하는 대륙들과 나라들이다. 그런데도 다른 한편으로는 이교의 영역인 마법사의 세계나 사랑의 동굴, 사랑의 미약이나 독약 따위 마법의 영역들이 나타난다.《에다》와는 다르지만 이 또한 독특한 환상적 시간과 공간이 등장하는 것이다.

시간·공간의 체계 말고도 중세 문학작품을 재미있게 만들어주는 또 다른 요소는 양쪽 모두 공통적으로 독특한 보물이 등장한다는 사실일 것이다. 이교도 영웅들 사이에 등장하는 가장 중요한 보물은 지구르트가 차지하는 반지다. 지구르트가 제대로 사용하지는 않지만 이것은 부(富)를 끌어 모으게 해주는 힘을 가진 보물로, 원래 주인인 난쟁이의 저주가 걸려 있다. 모두가 이 특별한 보물을 차지하고 싶어 안달이고 그 때문에 엄청나게 많은 사람과 종족이 멸망에 이르게 된다.

그에 대비할 만한 기독교 세계의 최고 보물이 바로 성배다. 성배란 원래 예수가 십자가에 처형되기 전에 최후의 만찬에서 사용한 잔을 가리킨다. 우리가 다음에 만나게 될〈파르치팔〉에서 성배는 놀랍게도 돌의 형태로 등장한다. 해마다 정해진 날에 하늘에서 성령이 내려와 축복을 내리기에 성배의 능력이 지속된다. 곧 하느님에게서 직접 받은 권능이 성배에 주어져 있다. 이 거룩한 돌이 지닌 보물로서의 기능이 가히 놀랍다. 맛있는 음식을 넉넉하게 제공해줄 뿐더러 신의 계시를 인간들에게 직접 전달하기 때문이다. 여기서 성배는 거의 마법의 돌이나 연금술에 필요한 현자의 돌처럼 여겨지는 신비로운 보물이다.

 이교의 보물인 반지를 차지하는 것도 아무에게나 주어진 일이 아니라 거의 정해진 운명처럼 여겨지는데, 성배는 아예 인간의 힘으로는 차지할 수 없는 보물이다. 인간이 성배를 차지하는 것이 아니라 성배가 적절한 인간을 골라서 불러들이기 때문이다.

 이런 온갖 신비로운 이야기는 우리의 호기심을 무한히 자극한다. 한 가지 재미있는 사실은 저주받은 반지가 제대로 이용되기보다는 찾아서 없애야 하는 것인 반면, 성배는 성배성에서 제대로 기능하고 있다는 사실이다. 반지가 부정적인 힘이라면 성배는 긍정적인 힘이라고 해석할 수가 있을 것이다.

왕가의 자제들 중에도 별종이나 성질 고약한 사람이 있게 마련이라 왕손이라고 해서 모두 예의범절이 뛰어나다고 말할 수는 없다. 토지를 받아 통치자가 될 수도 있었다. 따라서 기사들 중에는 별별 사람이 다 섞여 있었다고 보는 편이 옳다. 요컨대 기사들의 세계관이라는 점을 기억해야 한다. 특히 많은 사람들이 모여 이에 판을 벌여 놓고 구경하는 가운데 기사들이 무예의 우열을 가리기 위해 벌이던 토론 싸우다 죽거나 다치는 일도 흔했으니, 목숨을 내건 시합이다. 그러니 그 구경이 얼마나 재미있었겠는가. 엄격한 규칙에다가 신랑감을 고를 기회였기 때문이다. 상(賞)으로 신분 높은 여성과 결혼하고 봉토를 받을 기회도 주어졌기 때문에 창시합을 잘못해 거의 목숨을 벌다시피 했다. 이런 시합이 있었던 덕분에 중세가 재미있어지는 것이다.

# 2

# 영웅, 성배를 꿈꾸다

## 기독교 기사 영웅들

에서 늘 그렇듯이 왕가의 장남으로 태어나도 나라를 잃어버릴 수 있고, 왕손이 아니라도 무예가 뛰어나면 봉이 최고인 세상이었다. 다만 언뜻 생각하는 것보다는 교육을 훨씬 중히 여겼고, 또 기사도의 규칙이 엄격했다 규칙을 지키지 않는다면 시합 자체가 불가능한 것으로 오늘날로 치면 일종의 스포츠경기에 더 가까웠다. 물으니 신분이 높은 여성들도 넋을 잃고 창시합을 구경했다. 아니 신분이 높은 여성일수록 더더욱 넋을 잃었다. 다. 여성들이 구경하는 이 시합에 나가는 기사들은 당연히 무예는 기본이요, 그밖에도 화려한 장비와 몸치장

# 성배의 기사 파르치팔

## ✣ 기사, 중세 유럽의 떠돌이 지식인

중세의 기사계급은 상당히 엄격한 사회계급이었다. 처음 기사계급이 생겨날 때나 뒷날 기사계급이 무너질 때는 아무나 쉽게 기사가 되는 경향도 있었지만 12~13세기 전성기에 기사는 엄격한 신분계급으로 정착되었다. 먼저 부모 양쪽이 모두 기사계급, 곧 귀족 출신의 자제여야 기사가 될 수 있었다(1180년경 이후). 당시 유럽의 중요한 왕들 상당수가 젊은 날 기사로 활동했거나, 아니면 적어도 기사 수업을 받았다. 당연히 기사계급의 교육도 엄격한 편이었다.

유럽의 중세는 오늘날처럼 국경선이 확고한 국민국가가 들어서기 이전의 시대다. 봉건제 국가의 체제는 오늘날 국민국가의 개념으로는 얼른 이해가 되지 않는다. 특히 우리는 역사상 봉건제도를 경험한 적이 없고, 아주 오랜 옛날부터 국경선이 분명한 반도에서 살아왔기 때문에 국경선 바뀌는 게 별일도 아닌 대륙의 현실을 언뜻 낯설게 여긴다. 누구나 자기 처지에서 남을 바라보기 때문이다.

봉건제 국가에서 황제 또는 왕들은 혼자서 나라 전체를 통치하지 않고 큰 땅덩이를 여럿으로 쪼개 그중 일부만 자신이 다스리고, 나머지는 저를 따르는 기사 귀족들에게 통치권을 넘겨주었다. 높은 귀족으로서 큰 땅의 통치권을 얻은 사람도 다시 그 땅을 여럿으로 쪼개 자기 밑에 다른 통치자들을 두었다. 그러므로 중세 역사에는 큰 싸움에서 이기거나 왕위를 물려받은 다음 땅이나 나라를 나누어주었다는 얘기가 자주 나온다. 바꾸어 말하면 통치자가 전투를 통해서나 아니면 다른 이유에서 나라를 잃어버리는 일도 아주 흔했다는 뜻이다. 현실에서도 그랬지만 이야기에서는 더욱 그랬다.

큰 나라의 봉건군주는 명색으로는 전체 지역의 군주지만 각 지역의 실질적인 통치는 그에게서 통치권을 넘겨받은 기사 귀족들의 손으로 이루어졌다. 이들이 바로 봉신(封臣)이다. 기사들이 큰 무공을 세우면 그 대가로 군주에게서 봉토(封土)를 받고 봉신이 되었다. 군주가 바뀌어 새로 왕위를 물려받은 군주는 봉신에게서 그 봉토를 도로 빼앗는 경우도 있었지만 대개는 통치권을 새로이 확인해주었다.

봉토를 받는 대신 봉신들은 군주가 전쟁을 치를 때면 자신의 비용을 들여서 군주의 전투에 참가해 신하로서 군주에게 봉사할 의무를 지녔다. 바로 충성(Treue)의 의무다. 그러므로 봉건군주에 대한 충성이야말로 기사의 일등 가는 미덕이다. 물론 군주의 아내를 향한 충성도 포함

기사의 일생. 시동으로 시작해 기사 서임식을 거쳐 죽음에 이르기까지, 중세의 기사는 엄격한 규율과 예법을 따르는 삶을 살아야 했다.

된다. 이것도 뒤집어 말하면 빠르게 변하는 현실에서 충성이란 드물고도 귀한 미덕이었다는 뜻이다. 그런 만큼 충성은 어디서나 열렬한 찬양을 받았다.

중세 기사들의 세계에서는 국제적인 교류가 매우 활발했다. 교황의 명령에 따라 또는 독자적인 판단에 따라 여러 나라 출신의 기사들이 한데 어울려 주로 배를 타고 지중해를 거쳐 서아시아 지역으로 십자군 전쟁을 떠나던 시대였으니, 국제적 교류가 자연스럽게 이루어졌다. 공을 세우면 통치권을 얻을 수도 있었기 때문에 온갖 모험가들이 십자군에 뛰어들었다. 당시 훌륭한 교육을 받은 뛰어난 기사들 중에는 무예는 기본이요, 예의범절이 엄격하고 외국어를 몇 개나 하는 사람들도 있었다.

왕가의 자제들 중에도 별종이나 성질 고약한 사람이 있게 마련이라 왕손이라고 해서 모두 예의범절이 뛰어나다고 말할 수는 없었다. 게다가 변화가 심한 사회에서 늘 그렇듯이 왕가의 장남으로 태어나도 나라를 잃어버릴 수 있고, 왕손이 아니라도 무예가 뛰어나면 봉토를 받아 통치자가 될 수도 있었다. 따라서 기사들 중에는 별별 사람이 다 섞여 있었다고 보는 편이 옳다.

요컨대 기사들의 세계란 가문 좋고 힘세고 싸움 잘하는 놈이 최고인 세상이었다. 다만 언뜻 생각하는 것보다는 교육을 훨씬 중히 여겼고, 또 기사도의 규칙이 엄격했다는 점을 기억해야 한다. 특히 많은 사람들이 모여 아예 판을 벌여놓고 구경하는 가운데 기사들이 무예의 우열을 가리기 위해 벌이던 마상(馬上) 창시합은 기사도의 규칙을 지키지 않는다면 시합 자체가 불가능한 것으로, 오늘날로 치면 일종의 스포츠 경기에 더 가까웠다. 물론 싸우다 죽거나 다치는 일도 흔했으니, 목숨을 내건 시합이다.

그러니 그 구경이 얼마나 재미있었겠는가! 엄격한 규칙에다가 선수(즉 기사)들이 목숨까지 걸었으니, 신분이 높은 여성들도 넋을 잃고 창시합을 구경했다. 아니 신분이 높은 여성일수록 더더욱 넋을 잃었다. 신랑감을 고를 기회였기 때문이다. 상(賞)으로 신분 높은 여성과 결혼하고 봉토를 받을 기회도 주어졌기 때문에 창시합을 잘하는 것이 기사들의 최고 명예였다. 여성들이 구경하는 이 시합에 나가는 기사들은 당연히 무예는 기본이요, 그 밖에도 화려한 장비와 몸치장에 거의 목숨을 걸다시피 했다. 이런 시합이 있었던 덕분에 중세가 재미있어지는 것이다.

왕가나 기사계급의 사내아이가 만 일곱 살이 되면 장래의 기사로서, 또한 통치자로서 교육을 받기 시작했다. 교육을 담당하는 교사를 따로 두었는데, 형편이 되면 그런 교육자를 여럿 두기도 했다. 아이는 외국어와 궁정의 예법을 익혔다. 여러 나라의 통치자와 그 부인들을 만날 신분이니, 기사에게 궁정 예절은 필수였다.

일부 아이들은 시 짓는 법과 피리나 기타 같은 악기 연주를 배우기도 했다. 동시에 말 타기를 배우고, 이어서 칼 쓰는 법과 창시합을 위한 기술을 익혔다. 그 과정에서 통치술과 관련된 지식도 함께 배웠다. 물론 기사계급의 딸들도 장래를 위해서 내용은 조금 달라도 사내아이 못지않게 훌륭한 교육을 받았다.

아이가 열넷이나 열다섯 살이 되면 보통 성년(成年)으로 인정받는다. 이제 소년은 차츰 어른들의 세계로 나아가 지금까지 배운 것을 실제로 사용하게 되는 것이다. 성년이 된 소년들은 자신의 왕에게서, 또는 이

름 높은 왕을 찾아가 기사로 임명을 받았다. 기사가 무릎을 세우고 꿇어앉으면, 군주가 칼을 그의 오른쪽 어깨에 가져다대는 기사 임명식은 우리에게도 잘 알려져 있다.

볼프람 폰 에셴바흐(Wolfram von Eschenbach, 1170? ~1220?)가 쓴《파르치팔(Parzival)》에서 우리는 혈통으로는 왕자지만 기사 교육을 제대로 받지 못한 소년이 무턱대고 기사부터 된 뒤에 수많은 잘못을 범하면서 어린 시절에 놓친 기사 교육을 체험을 통해 배워나가는 과정을 읽게 된다. 그는 좌충우돌 수많은 실수를 통해 배우면서 차츰 위대한 기사로 성숙해간다. 그 이야기를 들어보자.

### ✤ 완벽한 기사 가흐무레트

중세의 왕이나 공작, 백작 등은 아버지가 죽으면 맏아들이 작위와 재산을 상속하고, 둘째 아들부터는 그냥 평범한 귀족일 뿐 아무런 권리도 얻지 못했다.

옛날 프랑크 땅의 앙주 왕이 죽었을 때도 같은 일이 일어났다. 장남이 왕위와 함께 나라와 재산을 모두 상속받고 둘째에게는 아무것도 돌아가지 않았다. 형은 너그럽게도 동생에게 자기 궁에서 전과 다름없이 모든 것을 누리고 살도록 허락해주었다. 하지만 차남인 가흐무레트(Gachmuret)는 젊은 형님-왕에게 이렇게 말했다.

"나의 형님이자 임금님, 이곳에서 지내는 것보다 너른 세상으로 나

---

기사 서임식. 기사로서의 교육을 마치고 나면 영주나 유명한 기사에 의해 기사로 서임되었다. 기사 서임식은 옛 게르만 사람들의 성년식에 그 기원을 두고 있다고 한다. 영국 화가 에드먼드 블레어 레이턴의 그림.

가 마음껏 모험을 하고 싶습니다. 형님도 기사이니, 제 마음을 잘 이해하시겠지요. 저를 보내주십시오."

동생의 간절한 청을 듣고 새 왕은 그에게 시종들과 장비를 내주면서 그가 떠나는 것을 허락했다. 가흐무레트는 슬퍼하는 어머니를 뒤에 남겨두고 왕궁을 떠났다. 기사로서의 모험 여행을 시작한 것이다.

가흐무레트는 완벽한 기사 교육을 받은 사람이었다. 예의범절이 바르고 용모 또한 뛰어났다. 시종들도 모두 차림새가 화려하고 훌륭했다. 이런 모습으로 길을 나선 그는 오늘날의 프랑스 남부에서 배를 타고 지중해를 거쳐 멀리 서아시아 지역으로 갔다. 십자군 전쟁 시대에 기사들이 서아시아 지역으로 가는 것은 극히 자연스러운 일이었다. 특히 프랑스 지역 출신 기사들이 중심이 되어 이스라엘 지역에 기독교 왕국인 예루살렘 왕국(1099~1291년)을 세운 동안에는 더욱 그랬다. 하지만 이 이야기에는 십자군 전쟁 이야기가 나오지 않는다.

젊은 기사 가흐무레트는 십자군 전쟁을 위해 그곳에 간 게 아니라 모험을 찾아 그렇게 멀리까지 나간 것이었다. 그는 바그다드로 들어가 이슬람교도 왕인 칼리프 바루크(Baruc)를 만나 그의 환대를 받고 바루크 왕의 기사로 봉사했다. 가흐무레트는 이슬람교 세계에서 가장 훌륭한 용사로 널리 이름을 날리게 되었다. 하지만 그가 너무 용감해서 아무도 도전해오지 않자 결투를 할 일도 없어졌다. 용감한 가흐무레트는 모험을 찾아 다시 기독교 세계로 돌아가기로 마음먹었다.

가흐무레트 일행은 배를 타고 유럽으로 돌아가다가 차차망크라는 왕국에 이르렀다. 차차망크 왕국은 프랑스에서 배를 타고 건너가기 쉬운 북부 아프리카나, 아니면 이슬람교도가 장악한 스페인 남부 어딘가에 있었을 것으로 짐작된다. 어쨌든 이곳은 기독교 국가가 아니라 이슬람교 국가였고 사람들도 백인이 아니라 대부분 흑인이었다. 가흐무레트가 도착했을 때 이 왕국은 백인 기독교 기사들이 이끄는 군대에 포위되어 존폐의 위기에 빠져 있었다. 가흐무레트는 차차망크 왕국의 편을 들 이유가 없었다. 유럽 출신의 백인 기독교 기사였기 때문이다. 하지만 그는 이미 바그다드에서도 이슬람교도인 바루크 왕에게 봉사하지 않았던가?

적들에 둘러싸여 위기에 몰려 있던 차차망크의 젊은 여왕 벨라카네(Belakane)는 젊고 용감한 기사 가흐무레트를 반갑게 맞아들여 그에게 간곡히 부탁했다.

"젊은 기사여, 나를 위해 싸워주십시오. 당신의 용감한 봉사에 대해서는 부족하지 않게 사례를 해드릴게요."

젊은 기사는 너무 절박하게 붙잡는 여왕을 차마 뿌리치지 못해 그곳에 남아 여왕을 위해 싸워서 적들을 물리쳤다. 이어서 아름다운 흑인 여왕 벨라카네와 결혼하고 차차망크 왕국을 통치하는 왕이 되었다. 싸움이 끝난 다음 그는 적이면서 동지이기도 한 기독교 기사들에게 봉토를 나누어주고 그들과도 화해를 했다.

하지만 아름다운 벨라카네 여왕은 젊은 가흐무레트를 오래 붙잡아둘 수가 없었다. 모험을 향한 열망이 그를 기사들의 창시합으로 부르고 있었기 때문이다. 여왕이 그에게 아무리 값진 선물을 주어도 소용이 없었다. 그는 미리 준비를 해두었다가 몰래 도망치다시피 배를 타고 차차망크 왕국을 빠져나갔다. 모험을 향해 달려간 것이다. 여왕에게는 달랑 편지 한 통만 남겼다.

가흐무레트가 떠나고 나서 벨라카네 여왕은 아들을 낳았다. 그 아들은 아버지와 어머니를 닮아 흰색과 검은색이 섞인 피부색을 지녔다. 흰색과 검은색의 중간색이 아니라 마치 까치의 깃털처럼 흰색과 검은색이 번갈아 섞인 모습이었다. 머리카락 색깔도 마찬가지였다. 여왕은 아들 피부의 하얀 부분에 거듭 키스를 퍼부었다. 아기의 이름은 파이레피츠(Feirefitz)였다. '알록달록 아들'이라는 뜻이다.

가흐무레트는 먼저 스페인으로 갔다가 칸볼레이스 왕국으로 갔다. 그곳의 젊은 여왕이 기사들이 말을 타고 벌이는 창시합을 열었기 때문이다. 유럽의 내로라하는 기사들이 죄다 모여들었다. 이번 창시합에서 우승한 자에게 주는 상이 워낙 특별했기 때문이다. 승리자는 상으로 여왕을 아내로 맞이할뿐더러, 당연히 그녀가 통치하는 칸볼레이스와 노르갈스 왕국의 왕이 된다고 했다.

차차망크의 왕인 가흐무레트도 창시합에 참가하기 위해 그곳으로 갔다. 그는 이미 아내가 있는 몸이었으니 여왕을 아내로 삼고 싶은 욕심은 없었으나 모험과 명성만은 놓치고 싶지 않았다. 벨라카네 여왕이 준 선물들로 화려하게 치장하고 시종들을 거느린 그는 이미 부유한 기사였다.* 창시합이 미처 시작되기도 전에 그는 연습 경기에서 벌써 이름 높은 기사들을 여럿이나 물리치고 승리를 거두었다. 진짜 싸움에서

---

* "기사 한 사람을 부양하는 비용이 점점 더 비싸졌다. 11세기 말에는 말 한 마리가 황소 5~10마리 가격과 맞먹었다. 구식 가죽조끼를 대신해서 등장한 사슬갑옷은 그보다 네 배에서 열 배나 비쌌다. 그러니까 황소 20~100마리 가격이었다. 그러나 말 한 마리로는 충분하지 않았다. 긴 행군을 하고 나면 말이 지쳐서 전투를 할 수 없었기 때문이다. 1100년에 플랑드르 백작은 500명의 기사를 소집했을 때 기사 한 사람당 말 세 마리, 곧 행군마, 전투마, 짐말을 배정했다. 그러므로 150헥타르 이하의 땅을 소유한 사람은 늘 전투 준비가 된 기사 한 사람을 지속적으로 부양할 수 없었으리라는 계산이 나온다." ―《중세로의 초대》.

기사들의 마상 시합. 군사적 훈련을 목적으로 시작되었지만 나중에는 궁정의 큰 볼거리로 변모했다. 시합에서 이기는 기사는 부와 명예를 동시에 얻을 수 있었다. 기사들의 시합에는 항상 귀부인들이 참석해 관람하였다.

도 그를 이길 기사가 없다는 것이 거의 확실해졌다. 그사이 젊고 아름다운 헤르첼로이데(Herzeloyde) 여왕의 마음은 그를 향하게 되었다. 하지만 그는 멀리 차차망크에 두고 온 아내, 검은 여왕이 마음에 걸려 그녀의 사랑을 받아들이기를 거부했다. 그러자 헤르첼로이데 여왕이 이렇게 말했다.

"나를 위해 그 이슬람교도 여자는 잊어버려요. 그 여자는 이교도이니 그 사람과의 인연을 그만 잊어버리고, 우리 기독교 신앙에 따라 나를 사랑해주세요."

가흐무레트는 검은 여왕 벨라카네를 여전히 사랑하고 있음에도 그녀는 너무 먼 곳에 있고, 지금 바로 곁에는 젊고 아름다운 여왕이 있으니 마음이 흔들리지 않을 수 없었다. 혈기왕성한 젊은 용사가 아름다운 여인을 계속 거부하기가 쉽지 않았고 가흐무레트는 결국 기독교도인 헤르첼로이데와 다시 결혼했다. 하지만 그에 앞서 헤르첼로이데는 가흐무레트가 내건 한 가지 조건에 동의해야만 했다. 그가 앞으로도 기사로서 계속 창시합에 나가도 좋다는 조건이었다.

그가 이곳에 오기 전에 이미 앙주의 왕인 그의 형이 다른 창시합에 나갔다가 죽었다.* 가흐무레트는 뒤늦게야 그 소식을 들었지만 어쨌든 그는 이제 죽은 형의 뒤를 이어 앙주의 왕좌도 물려받았다. 또한 헤르첼로이데와의 결혼을 통해 칸볼레이스와 노르갈스의 왕이 되었다. 가흐무레트는 이렇게 해서 여러 나라를 다스리는 왕이 되었다. 그는 창시합에 참석했던 모든 기사들에게 선물과 봉토를 나누어주었다. 하지만 시간이 얼마 지나지 않아 가흐무레트는 다시 모험을 찾아 서아시아 지역으로 떠났다. 그리고 서아시아에서 다시 바루크 왕을 위해 싸우다가, 결국은 창시합에서 젊은 나이에 죽음을 맞이하고 말았다.

어느 날 헤르첼로이데는 악몽을 꾸었는데, 그로부터 머지않아 남편의 시종들이 그가 죽었다는 소식을 가지고 돌아왔다. 그녀의 슬픔은 끝이 없었다. 남편의 시신을 거두어 장례를 치르고 얼마 지나지 않아 여

---

* "전투가 끝난 뒤에도 기사들은 싸움을 금지한 교회의 반대를 무릅쓰고 창시합을 계속했다. 기사로 산다는 것은 왕에 이르기까지 귀족계급 전체의 생활방식이었다. 그러나 이 위험한 놀이는 희생을 요구했으며, 수백 년에 걸쳐서 상당히 폭넓은 희생 사례를 보여주었다. 1175년 작센 지역에서만 16명의 기사들이 창시합으로 목숨을 잃었고, 1240년에 쾰른에서는 40명의 기사와 시종들이 목숨을 잃었다. 대부분의 기사들은 말에서 떨어져 밟히거나 깔려 죽었다."
— 《중세로의 초대》.

왕은 아주 힘든 진통 끝에 건강한 사내아이를 낳았다. 아름다운 헤르첼로이데 여왕의 운명도 저 검은 여왕 벨라카네의 운명과 별로 다르지 않았으니, 두 여인 모두 모험만 좋아하는 용감한 남편을 떠나보낸 뒤 아들을 얻었던 것이다.

### ✤ 바보 소년

헤르첼로이데는 남편을 너무나 사랑했기에 그의 죽음을 받아들이기가 몹시 힘들었다. 그나마 새로 태어난 아들을 보며 겨우 슬픔을 견뎠다. 하지만 이 아들이 자라 기사 교육을 받고, 결국은 창시합에 마음을 빼앗겨 거기 쫓아다니다가 어쩌면 목숨을 잃을지도 모른다는 생각만 해도 고통을 참을 수가 없었다. 그녀는 마침내 중대한 결심을 했다. 왕국의 통치는 다른 사람에게 맡기고 아들을 데리고 꼭 필요한 신하와 시녀 몇 명만 거느리고 깊은 숲으로 들어간 것이다.

어머니는 소중한 아들을 세상의 위험에서 보호하고 싶었다. 아이가 미처 말을 깨치기도 전에 숲에서 함께 지내는 남녀 모든 신하들을 불러 앞으로 기사에 대해서는 단 한마디도 꺼내지 말고, '기사'라는 단어조차 입 밖에 내지 말라고 단단히 명령했다. 모든 신하들이 여왕에게 그러겠노라고 맹세했다.

헤르첼로이데 여왕은 오로지 아들의 목숨을 지킬 마음으로 당시의 기사 교육은 물론 아예 교육 자체를 거부한 것이다. 왕자로 태어난 소년은 숲에서 멋대로 뛰어놀며 자랄 수는 있었으나, 사회적 접촉이나 어떤 형태의 교육도 받지 못했다. 육체적으로는 매우 아름답고 또한 건강했지만 세상에 대해서는 아무것도 몰랐다. 다른 세상이 있다는 것도 몰랐을 것이다. 그의 이름은 파르치팔이었지만 주위 사람들은 그냥 '예쁜 애'라고만 불렀다.

아름다운 소년은 근심 없이 자랐다. 어느 날 그가 새의 노래를 듣고 감격해서 눈물을 흘리는 것을 보고 어머니는 새들을 미워했다. 그녀는 하인들과 근처에 사는 농부들에게 숲에 사는 새들을 모조리 잡아 죽이라고 명령했다. 헤르첼로이데는 지나치게 아들을 염려한 나머지 마치 아무 생각도 없는 여자처럼 행동한 것이다. 소년이 어머니에게 물었다.

"어째서 새들을 미워하나요?"

"내 아들아, 너는 내가 어째서 하느님의 계율을 깨뜨리느냐고 묻는 거냐?"

그러자 소년이 자기가 한 질문을 잊어버리고 얼른 다시 물었다.

"어머니, 하느님은 뭔가요?"

소년은 정말 아는 것이 하나도 없었다. 어머니가 얼른 하느님이란 훤한 대낮보다도 더욱 밝게 빛나는 분이며, 우리가 도움을 구하면 도와주시는 분이라고 설명해주었다. 티 없이 밝은 소년은 어머니의 설명을 그대로 믿었다. 그는 별다른 근심 없이 숲에서 나무를 깎아 사냥용 창을 만들어서 그것으로 작은 짐승들을 잡으며 시간을 보냈다.

그러다 어느 날 우연히 숲으로 들어온 기사 네 명을 보게 되었다. 번쩍이는 투구와 갑옷을 입고 칼을 옆구리에 차고 방패를 든 채 튼튼한 말 등에 올라탄 그들의 모습이 햇빛을 반사하여 훤한 대낮보다 더욱 밝고 빛나 보였다. 한 번도 기사를 본 적이 없는 소년은 그들이 하느님이라고 생각했다. 그래서 어머니에게서 배운 대로 재빨리 무릎을 꿇고 소리쳤다.

숲 속에서 세상과 격리된 채 살던 파르치팔은 숲에 들어온 기사들을 보고 하느님이라 생각해 무릎을 꿇고 도움을 청한다.

"하느님, 도와주십시오!"

기사들은 숲에서 만난 이 엉뚱한 소년을 보고 깜짝 놀랐다. 열다섯 살쯤 된 소년은 몸매와 얼굴이 이루 말할 수 없이 아름다웠다. 기사 한 명이 물었다.

"젊은이, 방금 기사 두 명을 보지 못했나? 나쁜 짓을 한 작자들인데."

소년은 이런 물음에 대답은 하지 않고 빛나는 기사를 향해 다시 외쳤다.

"하느님, 도와주십시오."

"나는 하느님이 아니라 그분의 계율을 지키는 사람일 뿐이야. 우리는 기사들이지."

그러자 소년이 재빨리 물었다.

"기사라고요? 그게 뭔가요? 누가 기사를 만드나요?"

"그야 아서 왕이 할 수 있는 일이지. 그의 궁으로 찾아가면 아마 기사로 만들어주실 게다. 보아하니 너는 기사의 혈통을 타고난 것 같으니 말이지."

기사들은 소년을 자세히 살펴보았다. 소년의 모습이 어찌나 아름다운지 아담의 시대 이후 이처럼 아름다운 소년은 세상에 있어본 적이 없다고 말할 수 있을 정도였다. 하지만 그들은 갈 길이 바쁜지라 묻는 말에 대답은 않고 질문만 퍼붓는 소년을 뒤로하고 서둘러 떠나버렸다.

소년은 재빨리 어머니에게로 뛰어가 자기가 본 것을 고했다. 어머니는 소년이 기사들을 만났다는 말에 너무 놀라 기절해버렸다. 하지만 소년은 기사들의 멋진 모습을 한시도 지울 길이 없게 되었다. 어서 아서 왕을 찾아가 기사가 되고픈 마음뿐이었다.

어머니는 아들을 말릴 수 없음을 알아차렸다. 소년은 세상물정을 모르고 소박하기는 해도 고집이 세고 힘도 장사였다. 어머니는 얼른 꾀를 냈다. 자루를 만들 때 쓰는 굵은 삼베로 셔츠와 바지가 통짜로 붙은 옷을 만들었다. 바지는 겨우 무릎까지만 오는 길이인 데다 셔츠에는 광대 모자까지 달았다. 영락없는 어릿광대의 옷이었다. 덧붙여 어머니는 아들에게 다듬지 않은 송아지 가죽으로 만든 농부 장화를 신겼다. 세상 사람들이 소년의 꼴을 보고 마구 비웃으면 혹시 제풀에 꺾여 돌아올지도 모른다는 한 가닥 가냘픈 희망으로, 귀한 아들에게 이렇게 우스꽝스러운 옷을 만들어 입힌 것이다.

마지막 밤을 함께 보내며 어머니는 아들에게 중요한 교훈 몇 가지를 일러주었다.

"물길을 만나거든 색깔이 어두운 곳은 피하고 밝은 곳을 골라 건너도록 해라. 그리고 누구를 만나든 언제나 친절하게 인사해야 한다. 혹시 도중에 경험이 많은 어른을 만나면 그분의 가르침을 가슴에 새기고 따르도록 해라. 고귀한 여인에게서 반지와 인사를 얻을 수만 있다면 세상 모든 근심이 사라질 거야. 그러니 망설이지 말고 그녀에게 키스를 하고 팔로 꼭 안아주렴."

이어서 다음의 사실도 알려주었다.

"우리가 여기 들어와 사는 동안 레헬린(Lähelin)이란 사람이 너의 신하들에게서, 그러니까 네게서 두 왕국을 빼앗아 차지했단다. 그리고 우리 신하들을 죽이거나 가두었다. 너의 왕국은 이제 사라졌다."

"내가 놈에게 그 값을 치르게 해줄 테야."

소년은 어머니가 만들어준 어릿광대 옷과 장화 차림에, 어머니가 내

길을 떠나는 파르치팔을 배웅하던 어머니 헤르첼로이데는 아들이 더 이상 눈에 보이지 않자 슬픔을 이기지 못해 쓰러져 숨을 거두고 만다.

준 비실대는 말을 타고서, 숲에서 사냥할 때 쓰던 엉터리 창을 들고 아침 일찍 길을 떠났다. 이제 세상을 향해 홀로 나아가는 그는 꼴이 아무리 우스워도 더는 소년이 아니라 어엿한 젊은이였다.

어머니는 아들을 떠나보내며 가슴이 찢어지는 듯했다. 그녀의 이름 '헤르첼로이데'란 '마음의 아픔'이라는 뜻이다. 남편이 죽었을 때 이미 마음이 갈가리 찢겼는데, 이제 하나뿐인 아들마저 떠나고 나니 가슴이 쿡쿡 쑤셨다. 아들의 모습이 시야에서 완전히 사라지자 어머니는 곧 바닥에 쓰러졌다. 주위 사람들이 달려갔을 때는 여왕이 이미 숨을 거둔 다음이었다. 아들을 떠나보낸 충격을 이기지 못하고 그만 죽은 것이다. 파르치팔은 그런 사실을 까맣게 모른 채 태평스럽게 길을 갔다.

한참을 가다 보니 숲을 따라 작은 냇물이 졸졸졸 흐르고 있었다. 닭도 건널 수 있을 만큼 얕은 냇물이었지만 주변에 나무와 풀이 무성하게 우거져서 물빛이 검푸르게 보였다. 젊은이는 어머니가 색깔이 어두운 곳은 건너지 말라고 말한 것을 떠올리고 건너지 않았다. 덕분에 하루 종일 냇물을 따라 말을 달리다가 밤을 보내고 이튿날 날이 밝아서야 물빛이 밝은 것을 보고 강을 건넜다.

강을 건너고 얼마 지나지 않아 너른 들판에 크고 화려한 천막이 쳐진 것을 보고 그는 안으로 들어갔다. 천막 안에는 아름다운 귀부인이 혼자 잠들어 있었다. 남편이 아내만 홀로 남겨두고 숲으로 사냥을 간 탓이었다. 젊은이는 여인의 아름다움에 마음을 빼앗겨 가까이 다가가 살펴보았다. 잠든 여인은 손에 반지를 끼고 있었다.

그는 어머니의 말을 기억하고 여인의 반지를 차지할 속셈으로 침대로 뛰어들었다. 여인이 깜짝 놀라 깨어났다. 여인이 놀라 질책하는데도 개의치 않고 젊은이는 억지로 그 입술에 입을 맞추고 그녀를 팔에 꼭 끌어안은 다음 그 반지마저 빼앗았다. 그리고 작은 브로치도 빼앗았다. 맙소사, 힘이 장사인 젊은이가 연약한 여인에게서 힘으로 이 모든 것을 빼앗은 것이다. 어머니의 말뜻은 그게 아니었을 테지만.

이렇게 뻔뻔스러운 짓을 한 젊은이는 더 이상은 아무 일도 하지 않고 그냥 옆으로 물러나 앉았다. 진짜 나쁜 뜻은 없었던 것이다. 그러더니 배가 고프다고 투덜댔다. 제대로 먹지도 못한 채 어제부터 말을 달렸으니 당연한 일이었다. 귀부인은 이 알 수 없는 젊은이가 더 이상 다른 뜻은 없음을 알아차렸다. 그래서 옆의 탁자에 차려진 음식을 가리키며 먹으라고 했다. 그는 허겁지겁 몽땅 먹어치웠다. 여인이 말했다.

"이거 봐요, 젊은이. 내 반지와 브로치를 돌려줘요. 남편이 곧 돌아올 텐데, 그러면 당신을 가만 두지 않을 거예요."

그는 여인의 남편이 두렵지는 않았으나 볼일이 끝났으니 어차피 떠날 참이었다. 여인의 입술에 키스를 하고 팔로 그녀를 포옹하고 반지도 얻었으니 세상의 모든 근심이 없어질 거라 여기며 만족스럽게 그곳을 떠났다. 이 일로 인해 여인은 큰 고통을 당하게 된다. 남편이 아내가 바람이 나서 다른 사내에게 반지와 브로치를 주었다고 믿고 그녀를 몹시 구박하기 때문이다. 소년은 알지 못했지만 그녀는 오릴루스(Orilus) 공작의 아내 예슈테(Jeschute)였다. 그리고 오릴루스 공작은 레헬린의 동생이었다.

그는 다시 말을 타고 가면서 길에서 사람을 만날 때마다 큰 소리로 "하느님의 보호를 받으시오." 하고 인사를 했다. 그런 다음 언제나 "우리 어머니가 이렇게 인사를 하라고 일러주셨어요." 하고 덧붙였다. 세상물정을 너무 몰라 그렇지, 그는 어머니의 말을 하나하나 가슴에 새겨 두었던 것이다.

그가 말을 타고 언덕길을 내려가는데 한 여인이 바위에 기대 앉아 울고 있었다. 죽은 기사 하나가 그녀의 품에 안겨 있었고, 그녀는 애인의 죽음을 슬퍼하는 중이었다. 젊은이는 상대가 슬퍼하거나 말거나 얼른 인사를 하고는 재빨리 "우리 어머니가 이렇게 인사를 하라고 일러주셨어요." 하고 덧붙였다. 울던 여인이 아름다운 젊은이를 보고 이름을 묻자 그는 이렇게 대답했다.

"우리 집에선 나를 그냥 예쁜 애, 아니면 착한 아들이라고만 불렀는데."

이 말을 듣고 그녀는 그가 누군지 알아차렸다. 죽은 사내는 젊은이의 친척이 되는 사람이었다. 그리고 이 여인은 이름이 지구네(Sigune)였고, 소년과는 사촌 사이였다. 그의 어머니 헤르첼로이데가 지구네의 이모였던 것이다. 지구네는 죽은 애인에 대한 사랑으로 온갖 고통을 겪게 되는 여인이다. 물론 제 이름도 제대로 말하지 못하는 젊은이가 그런 사정을 알 턱이 없었다. 지구네는 그에게 중요한 사실을 일러주었다.

"이제 보니 내 사촌동생 파르치팔이구나. 파르치팔이란 '[마음] 한가운데를 꿰뚫는다'는 뜻이야. 너를 사랑하는 어머니의 마음을 네가 찢어놓으니까. 네 아버지가 이미 어머니 마음에 깊은 아픔을 남겼거든. 나는 그걸 잘 알지. 너와 난 사촌이야. 우리 어머니가 네 어머니의 언니란다."

그 밖에도 그녀는 그의 출생과 신분에 대해 몇 가지 중요한 사실을 일러주었다. 이제 그는 아버지와 어머니의 왕국에 대해 좀 더 자세히 알게 되었다. 또 지구네는 자신이 하찮은 개 목걸이를 욕심낸 탓에 애인이 저 용감한 오릴루스 공작—파르치팔은 그가 누군지 아직 모르고 있었지만—과 정식으로 결투를 하다가 목숨을 잃었다고 말했다. 이제 애인을 잃고 보니 제 욕심이 너무 어리석고, 죽은 애인의 사랑이 너무 그리워서 그녀는 이렇게 죽은 애인을 부여잡고 슬퍼하고 있었다. 파르치팔은 슬픔에 빠진 사촌누이와 작별하고 다시 제 갈 길을 계속 갔다. 그는 어서 빨리 아서 왕에게로 가려는 마음뿐이었다.

도중에 밤이 되자 배도 고프고 잠잘 곳도 필요했다. 어떤 마을에 이르러 꽤 큼직한 집 문을 두드려 하룻밤 재워달라고 청했다. 집주인은 마음씨 고약한 어부였다. 그는 우스꽝스러운 옷차림을 한 젊은이를 보고 금을 내놓는다면 하룻밤 재워줄 수 있다고 대꾸했다. 파르치팔은 공작부인 예슈테에게서 빼앗은 브로치를 내주고 하룻밤을 묵었다. 이튿날 아침 일찍 어부가 파르치팔에게 아서 왕의 궁이 있는 낭트로 가는 길을 일러주었다. 그는 길을 따라 말을 달려 드디어 낭트 시 앞에 도착했다.

## ✣ 붉은 기사를 만나다

도시의 성문 앞에서 파르치팔은 온통 붉은색으로 장식한 기사를 만났다. 투구도 붉은색, 머리카락도 붉은색, 갑옷과 바지도 붉은색, 타고 있는 말도 붉은빛이 도는 적토마였다. 기사가 들고 있는 방패와 칼도 붉은색 칠이 되어 있었다. 정말로 놀라운 모습의 '붉은 기사'였다. 광대처럼 우스꽝스럽게 차려입은 파르치팔은 기사의 황홀한 모습을 넋을 잃고 바라보면서도 늘 하는 인사만은 빼먹지 않았다.

"하느님이 당신을 보호하시기를! 우리 어머니가 이렇게 인사하라고 알려주셨지요."

기사는 비루먹은 말을 탄 어릿광대 차림의 아름다운 젊은이를 향해 인사를 하고는 자기를 소개했다. 그의 이름은 이테르였고, 아서 왕의 조카뻘이 되는 친척이었다. 그도 어느 나라의 왕이었는데, 자신의 영토에 대한 권리를 요구하려고 아서 왕을 방문했다. 일이 잘 안 풀렸는지 그는 왕의 식탁에서 몰래 황금으로 만든 잔을 하나 집어들고 성 밖으로 나온 참이었다. 하지만 자기는 훔치는 게 목적이 아니라 왕의 기사들에게 도전하려는 것이라고 했다. 붉은 기사는 파르치팔이 아서 왕에게 가는 길이거든 자기 말을 왕에게 전해달라고 정중하게 부탁했다.

"나는 도망친 것이 아니라 성 밖에서 아서 왕이든 그의 기사 중 누구든 내게 결투를 요청하기를 기다리고 있소. 그가 이기면 당연히 이 귀한 잔을 되찾아가겠지. 물건을 잃어버리고도 되찾을 생각을 안 한다면 왕에게도 치욕이 될 것이니, 왕에게 가서 내 말을 전해주시오."

쾌활한 젊은이는 붉은 기사의 말을 그대로 전하겠노라고 약속하고 성문 안으로 들어갔다. 왕의 시동 하나가 파르치팔의 우스운 꼴을 보고 얼른 쫓아와 그를 왕에게로 안내했다. 왕과 주변 사람들은 모두 천방지축 젊은이의 우스꽝스러우면서도 아름다운 모습에 경탄도 하고 또 웃음도 터뜨렸다. 그의 옷차림과 예의라고는 배워본 적도 없는 그 거침없는 태도에도 불구하고 모든 사람의 눈길을 사로잡는 빼어난 아름다움 앞에서 남자든 여자든 가리지 않고 누구나 호감을 느꼈다. 그는 젊은이의 아름다움을 가장 확실하게 보여주는 존재였다.

낭트 성으로 들어가기 전, 파르치팔은 성문 앞에서 '붉은 기사'를 만난다. 아서 왕의 친척인 이 붉은 기사는 파르치팔을 통해 아서 왕에게 결투를 요청한다.

 그는 이 유명한 왕을 향해서도 거침없이 인사말을 던졌다. 그런 다음 붉은 기사 이테르의 말을 전했다. 그러고는 다짜고짜 자기를 기사로 만들어달라고 청했다. 자기 아버지도 왕이었다는 말도 덧붙였다. 이 낯선 젊은이가 고귀한 혈통을 타고났다는 것은 누가 봐도 알 수 있는 사실이었다. 아서 왕은 너그러운 태도로 내일까지 기다리면 적당한 기사 장비를 선물하고 그를 기사로 만들어주겠노라고 대답했다. 하지만 그는 내일까지 참고 기다릴 수가 없었다. 그래서 들칠면조(느시)처럼 발을 동동 구르며 보챘다.

젊은이는 성 밖에서 만난 기사 이테르의 멋진 장비를 갖고 싶으니, 이테르와 싸워서 자기가 이기면 그 갑옷과 기사 장비를 가져도 되겠느냐고 물었다. 왕의 궁내대신 카이는 심술궂고 음흉한 인물이었다. 그가 얼른 왕에게 젊은이의 청을 들어주는 것이 좋겠다고 충고했다. 아서 왕은 졸라대는 젊은이에게 만일 이테르와 싸워 이기면 그의 장비를 가져도 좋다고 허락했다.

어서 기사가 되고픈 마음에 들떠서 파르치팔은 곧바로 말에 올라타고 궁전 밖으로 나갔다. 기사들과 부인들이 이 재미있는 구경거리를 보려고 줄줄이 그 뒤를 따라 나왔다. 심지어 기네비어 왕비도 일행의 뒤를 따라나섰고, 당연히 왕비를 따르는 시녀들도 잔뜩 따라왔다. 일행 중에는 한 귀공녀가 있었는데, 웃지 않는 것으로 유명한 여인 퀴느바르(Cunneware)였다. 그녀는 가장 위대한 명성을 이미 얻었거나 아니면 앞으로 얻을 사람을 보기 전까지는 웃지 않겠노라는 맹세를 일찌감치 해두었다.

웃지 않는 퀴느바르가 젊은 파르치팔을 보더니 갑자기 맑은 목소리로 웃음을 터뜨렸다. 아니, 이건 또 무슨 뜻이란 말인가. 마침 옆에 있던 궁내대신 카이가 그 꼴을 보고 화를 내며 그녀의 머리카락을 붙잡고 거칠게 흔드는 바람에 그녀는 숨이 막혀 죽을 지경이었다. 그는 그녀에게 따귀를 올려붙이며 이렇게 호통을 쳤다.

"위대한 기사들이 그렇게나 많이 이곳을 방문해도 웃지 않더니, 알지도 못하는 멍청한 어린놈을 보고는 웃다니 이게 무슨 짓이오!"

아서 왕의 왕비인 기네비어는 원탁의 기사 중 한 사람인 랜슬롯과 금지된 사랑에 빠지는 인물이다. 우리가 뒤에서 만나게 될 이졸데와 종종 비교되기도 한다. 윌리엄 모리스의 그림.

귀부인을 그렇게 대하는 것은 물론 기사답지 못한 태도였다. 당시 아서 왕의 궁정에는 벙어리처럼 말이 없는 사내 하나가 살고 있었다. 그의 이름은 안타노르(Antanor)였다. 사람들은 말 못하는 그를 바보로 여겼지만 실은 그도 저 웃지 않는 여인이 웃음을 터뜨리면 자기도 말을 하겠다는 맹세를 해둔 터였다. 그녀가 웃음을 터뜨린 데다가 궁내대신이 그녀에게 호통을 치며 따귀까지 때리는 것을 보고는 이 사내가 갑자기 말문을 열었다.

"궁내대신 나리, 귀부인에게 그렇게 몹쓸 짓을 하다니, 저 젊은이가 장차 호되게 그 보복을 해줄 것이오."

이 말에 궁내대신은 안타노르한테도 주먹 몇 방을 날렸다. 그러거나

203

말거나 파르치팔은 서둘러 말을 달려 제 갈 길을 갔다. 그는 성 밖에 이르자 붉은 기사 이테르에게 용감하게 도전했다. 이테르는 기사들이 쓰는 멋진 창 대신 사냥에 쓰는 작은 막창을 손에 든 이 어리석은 젊은이를 정식으로 상대할 마음이 추호도 없었다. 하지만 파르치팔은 상대를 향해 용감하게 소리쳤다.

"왕이 내게 당신의 갑옷을 선물하셨소. 그러니 당장 그 장비를 내놓으시오."

"왕이 네게 내 갑옷을 선물했다면 내 목숨을 네게 맡겼다는 뜻이구나. 그렇다면 와서 빼앗아보아라."

붉은 기사의 장비가 탐나고, 또 어서 기사가 되고픈 마음에 앞뒤 가릴 틈도 없는 파르치팔은 단단히 무장한 상대방을 전혀 두려워하지 않고 기사의 말고삐를 손으로 움켜쥐었다. 그러자 붉은 기사는 이 어리석은 젊은이를 진지한 결투 상대로 여기지 않고서, 창을 거꾸로 잡고 손잡이로 상대를 힘껏 밀쳐냈다. 파르치팔은 말과 함께 풀밭으로 나동그라지고 말았다.

파르치팔은 벌떡 일어서더니 씩씩거리며 사냥용 창을 기사의 얼굴을 향해 힘껏 던졌다. 기사의 투구는 보통 얼굴을 모두 가리지만 오직 두 눈만은 가리지 않는다. 파르치팔의 창은 곧장 이테르의 투구에 열려 있는 눈구멍으로 파고들더니 그대로 눈을 꿰뚫고 머리 뒤쪽으로 튀어나왔다. 이테르는 그 자리에 쓰러져 그대로 죽고 말았다.

이것은 비극적인 일이었다. 기사 이테르는 싸움 한 번 제대로 붙지도 못하고 기본적인 기사 예법도 모르는 철부지 소년의 갑옷 욕심에 그만 아까운 목숨을 잃고 만 것이다. 훌륭한 기사라면 이렇게 비열한 일

아서 왕은 다짜고짜 자신을 기사로 만들어달라는 파르치팔에게 이테르(붉은 기사)와 싸워 이기면 그의 장비를 가져도 좋다고 허락한다. 그러자 파르치팔은 앞뒤 가리지 않고 덤벼든 끝에 이테르의 눈을 찔러 죽이고 만다.

은 절대로 하지 않았을 것이다. 먼저 서로 인사를 나누고, 긴 창을 단단히 부여잡고 서로 상대방을 향해 말을 달려 정정당당하게 부딪쳐서 창시합을 하는 게 기사들의 결투 방식이었다. 하지만 기사 교육을 받은 적이 없는 파르치팔은 그런 사실조차 알지 못했다.

파르치팔은 쓰러진 이테르에게 달려들어 시체를 이리저리 굴리며 투구와 갑옷을 벗기려고 했지만 소용없었다. 그도 그럴 것이 지금까지 한 번도 그런 걸 만져본 적이 없었기에 단단히 묶인 투구와 갑옷을 벗기는 방법을 몰랐던 것이다. 사실 기사의 투구와 갑옷을 입고 벗는 방식은 그리 간단하지 않았다. 처음에 그를 아서 왕에게 안내했던 시동이 그 꼴을 보고 얼른 달려와서 그를 도와 갑옷과 투구를 벗겨내어 새로운 주인에게 입혔다. 원래 중세 기사들이 몸에 두른 값비싼 장비는 자주 약탈의 대상이 되곤 했으니, 전쟁 도중 싸우다 부상당한 기사는 보병이나 말 시중꾼들에게 잔인한 방식으로 목숨을 잃는 일이 흔했다. 여기서도 그와 비슷한 일이 일어난 것이다.

파르치팔을 거들던 시동은 파르치팔에게 입고 있는 옷과 장화도 이참에 마저 벗고 이테르의 것으로 갈아입으라고 했지만 파르치팔은 어머니가 만들어주신 옷이니 간직하겠노라 고집을 부려서 갑옷 안에는 옛날 옷을 입고 옛날 장화도 그대로 신었다. 그리고 사냥용 창 대신 허리에는 이테르의 칼을 매달았다.

그런 다음 파르치팔은 죽은 기사의 붉은 말에 접근하더니 입고 있는 갑옷이 전혀 무겁지 않은 듯 디딤판도 쓰지 않고 날렵하게 몸을 날려 말 등에 올라탔다. 시동이 급한 대로 방패를 사용하는 법과 적에 맞서 규칙대로 싸우는 법을 대강 가르쳐주었다. 창이란 대체 무엇에 쓰는 물건인지, 또 어떻게 쓰는지도 재빨리 설명했다. 파르치팔은 이렇게 속성 코스로 기사의 싸움법을 대충 배웠다.

말에 올라탄 파르치팔의 모습은 정말 인상적이었다. 누구든 그를 한 번 보면 다시는 잊을 수 없었다. 본래 아름다운 몸매에 눈부시게 붉은 빛으로 빛나는 갑옷과 투구와 말을 갖추었다. 창과 칼과 방패도 붉은색으로 빛났다. 이제부터 파르치팔은 '붉은 기사'라는 이름으로 불리게 된다. 그는 저 가엾은 기사 이테르의 시신을 버려둔 채 그대로 말을 타고 앞으로 달려갔다. 제대로 된 말을 타본 적이 없었고, 말고삐를 이용해 달리는 말을 멈추는 법을 몰라 멈출 수가 없었던 것이다.

시동이 얼른 아서 왕에게 달려가 결투의 결과를 보고했다. 사람들은 갑옷 때문에 벌어진 이 무의미한 죽음을 깊이 슬퍼했다. 그들은 이테르에게 어울리는 장례식을 치러주었다. 하지만 튼튼한 말 등에 올라 한 번 달리기 시작한 파르치팔은 계속 내달렸다. 말은 아주 튼튼해서 무거운 장비를 걸친 주인이 이틀 동안 등에 앉아 있어도 지칠 줄 모르고 달리는 명마였다.

이런 명마 덕분에 파르치팔은 그대로 하루 종일 말을 달려서 수많은 탑과 건물들이 있는 이웃 나라에 이르렀다. 군주가 머무는 요새 앞쪽에 커다란 보리수나무 한 그루가 자라고 있는데, 파르치팔이 말을 타고 달리는 길이 이 보리수나무가 있는 곳으로 곧바로 연결되었다. 그는 너무 지쳐서 방패를 똑바로 들지도 못한 채 흔들거리며 그리로 다가갔다. 이것은 기사의 규칙에 어긋난 태도였다. 보리수나무 아래 이곳의 영주가 홀로 앉아 쉬고 있었다. 그의 이름은 구르네만츠(Gurnemanz)였고, 궁정 예법에 통달한 사람이었다.

파르치팔은 다시 그 유명한 인사를 했다. 구르네만츠가 손에 들고 있던 새를 날려 보내자 새가 탑으로 올라가 작은 종을 울렸고, 그러자 시종과 신하들이 달려 나왔다. 그들은 파르치팔을 안으로 안내했다. 사람들은 젊은이에게서 먼저 갑옷과 투구를 벗겼다. 훌륭한 갑옷 아래서 우스꽝스러운 광대 옷이 나타나자 다들 어리둥절했다. 기사 장비와는 너무나 어울리지 않는 차림새였기 때문이다. 사람들은 그의 몸에서 창에 긁힌 상처를 발견하고는 치료해주었다.

푸짐한 저녁식사가 나오자 파르치팔은 게걸스럽게 먹어치웠다. 그러고는 잠자리로 안내되자마자 곯아떨어져 이튿날 대낮까지 계속 잤다. 깨어나자 사람들은 그를 목욕시킨 다음 품위 있는 옷을 내주었다. 덕분에 그는 이제부터 갑옷 안에도 붉은색 바지와 외투를 입고, 값진 가죽 허리띠를 매게 되었다.

성주 구르네만츠는 손님을 이끌고 예배당으로 가서 미사를 올렸다. 그는 미사에 대해 간단히 설명해주었다. 그의 이야기가 끝나자 파르치팔은 어머니와 작별한 이야기, 귀부인에게서 반지와 브로치를 빼앗은 이야기, 그리고 이테르에게서 갑옷과 장비를 빼앗은 이야기를 차례로 했다. 구르네만츠는 이테르를 알고 있었으므로 그가 죽었다는 말을 듣고 깊은 애도와 유감을 표시했다.

식사를 마친 다음 구르네만츠는 파르치팔에게 기본적인 예의를 가르쳤다. 언제나 자기 행동을 돌아보고, 고통을 겪는 사람을 불쌍히 여길 것, 처음 만나는 사람에게 시시콜콜 질문하지 말 것, 갑옷을 벗으면 먼저 몸을 깨끗이 씻을 것, 특히 얼굴과 손에 묻은 녹을 씻어낼 것, 여자를 속이지 말 것 등등. 파르치팔은 경험 많은 사람을 만나면 그의 말을 가슴에 새겨두라는 어머니 말을 기억하고 있었기에 열심히 귀담아 들었다.

기사는 스스로를 잘 절제하고, 군주에게 충성해야 한다. 올바른 기사라면 자기만의 기율로써 이 두 가지 미덕을 지켜나가야 한다. 약자를 보호하고 상대에게 관용을 베푸는 기사의 태도는 기사라는 사회적 신분이 소멸한 뒤에도 서양에서는 오래도록 하나의 이상으로, 또는 사회적 관례로 살아남았다.

어쨌든 구르네만츠는 올바른 기사의 태도를 가르쳤다. 이어서 무기를 드는 법, 승마 기술, 방패 사용법 등도 자세히 설명하고는 파르치팔이 직접 해보게 하면서 그의 자세를 일일이 교정해주었다. 이어서 밖으로 나가 실전 연습을 했다. 그는 이제 긴 창을 들고 기사의 법대로 창시합을 할 수 있게 되었다. 구르네만츠의 부하들 중에서 힘센 기사들이 차례로 연습 상대로 나섰다.

파르치팔은 과연 가호무레트의 아들이었다. 그는 일곱 명이나 되는 강한 기사들을 차례로 물리쳤다. 숲 속을 마음껏 뛰어 돌아다닌 덕분에 신체가 잘 발달했기에 규칙을 익히자 즉시 그 효과가 나타난 것이다. 연습장에는 부러진 창들이 여기저기 흩어져 있었다. 제자가 이렇게 빠른 속도로 배우는 것을 보고 스승 구르네만츠는 진심으로 기뻐했다. 파르치팔은 구르네만츠의 성에 14일 동안 머물며 기사에게 필요한 온갖 예법과 기술을 두루 익혔다.

성주는 세 아들을 다 잃고, 이제 딸 하나만 남아 있었으므로 젊은 파르치팔을 사위로 삼고 싶어했다. 하지만 파르치팔은 이곳에 눌러앉아 편안한 삶을 누리기보다는 우선 세상 구경을 더 많이 하고, 결투도 더

해보고 싶었다. 그래서 떠나겠노라고 말했다.

구르네만츠는 이제 네 번째 아들을 잃는 것 같다며 몹시 서운해했지만, 파르치팔은 고맙다는 인사를 남기고 구르네만츠의 성을 떠나 다시 세상으로 나섰다. 겨우 2주 만에 그는 겉모습으로 보나, 내면의 태도로 보나 누구를 만나도 한 판 붙을 수 있을 만큼 당당한 기사가 되어 있었다.

### ✤ 브로바르츠 왕국의 콘드비라무어스 여왕

막상 길을 나섰지만 파르치팔은 어디로 가야 할지 몰랐다. 그래서 말고삐를 느슨하게 잡고 말이 알아서 가도록 맡겨두었다. 이렇게 느긋하게 말을 달려도 그는 보통 사람보다 두세 배가량 빠른 속도로 이동했다. 길도 없는 산과 골짜기를 통과했는데도 저녁 무렵 벌써 브로바르츠 왕국의 수도에 도착했다. 왕은 죽고 그의 딸인 젊은 여왕이 통치하는 곳이었다.

파르치팔이 낡고 흔들리는 다리에 접근하는데, 다리 건너편에 60명 정도의 기사들이 서서 그에게 돌아가라고 외쳤다. 그들은 멀리서 그를 보고 클라미드(Clamide) 왕이 오는 줄 알고 가까이 다가오지 못하게 하려는 것이었다. 파르치팔이 아랑곳하지 않고 그대로 말을 몰아 다리를 건너자 기사들은 모조리 달아나버렸다. 그는 성문으로 다가갔다. 성문 안쪽 기사들의 결투장 위쪽으로 위풍당당한 궁전이 보였다. 문에 붙은 둥근 쇠를 잡고 두드렸지만 아무도 나타나지 않았다. 창문에서 한 여인이 내다보다가 이렇게 외쳤다.

"당신은 적인가요? 그렇다면 성문을 열어줄 수 없어요."

그가 큰 소리로 대답했다.

"고귀한 이여, 나는 당신들을 도우려고 합니다. 나를 맞아준다면 당신을 위해 봉사하지요."

여인은 재빨리 여왕에게 달려가 이 소식을 알렸고, 머지않아 성문이 열렸다. 파르치팔은 성 안으로 들어갔다. 사람들은 모두 비쩍 마른 모습으로 너나할 것 없이 무장을 하고 있었다. 사람들이 화려하게 치장한 기사를 보려고 몰려들었다. 궁내대신이 나와 사람들을 뚫고 그를 궁으로 안내했다. 파르치팔은 자세한 사정을 몰랐지만 성은 오래전부터 포위를 당한 채로 먹을 것이 바닥 난 상태였다.

파르치팔은 궁전 앞 보리수나무 아래 이르렀다. 사방으로 가지를 넓게 뻗은 보리수나무 아래서 시종들이 그의 무기를 받아들고 갑옷을 벗겨주었다. 나무 옆에 있는 샘에서 먼저 얼굴과 손의 녹을 씻어냈다. 쇠로 만든 갑옷과 투구에서는 이렇게 녹이 묻는 것이 예사였으므로 고귀한 여인을 만나기 전에는 언제나 몸을 깨끗이 해야 한다고 스승인 구르네만츠가 가르쳤다. 당시 예법대로 시종들이 손님에게 갑옷 대신 몸에 걸칠 겉옷을 내주었다. 이제 여왕을 만날 준비가 끝난 것이다.

계단 위로 여왕의 모습이 보였다. 마침 그녀를 방문한 삼촌들도 그녀와 나란히 서 있었다. 여왕은 이름이 콘드비라무어스(Condwiramurs)였고, 그 어떤 여인보다도 아름다웠다. 아름다운 여왕이 손수 계단까지 손님을 마중 나온 참이었다. 파르치팔은 그녀가 스승 구르네만츠의 딸만큼이나 아름답다고 여겼다. 하지만 처음 만난 사람에게 질문을 많이 하지 말라는 스승의 말을 마음에 깊이 새긴 젊은 기사는 여왕에게 함부로 질문하지 않고 가만히 침묵을 지켰다. 마침내 젊은 여왕이 그에게 물었다.

"어디서 오시는 길인가요?"

그제야 파르치팔이 대답했다.

"여왕님, 저는 오늘 아침 깊은 슬픔에 잠긴 사람을 두고 떠나왔습니다. 그라하르츠의 구르네만츠라는 분이지요. 하루 종일 말을 달려 여기 이르렀습니다."

"하루 만에 여기까지 오시다니요. 우리 심부름꾼은 아무리 빨라도 이틀은 걸리던데. 그분은 저의 외삼촌입니다. 그래서 제가 잘 알지요."

삼촌들은 몇 가지 음식 꾸러미를 내려놓고는 도로 길을 떠났다. 여왕은 그것으로 급한 대로 손님을 접대하고 굶주린 성 사람들에게도 나누어주었다. 저녁식사가 끝난 다음 파르치팔은 잠자리로 안내를 받았다. 곧 잠이 들었지만 깊은 근심에서 흘러나오는 뜨거운 눈물이 그의 얼굴에 떨어져 눈을 떴다. 젊은 여왕이 그의 침상 옆에 앉아 울고 있었다. 그녀는 곤경에 빠진 왕국을 돕겠다고 나선 젊은 기사에게 감동한 나머지 잠을 이루지 못하고 젊은 기사의 숙소로 찾아와 그를 바라보며 울고 있었던 것이다.

파르치팔이나 여왕 모두 너무나 순진하여 남녀의 결합에 대해서는 알지도 못했다. 여왕은 다른 뜻이 있어서가 아니라 그저 손님에게 자기 속내를 이야기하고 싶어 아무도 몰래 그를 찾아온 참이었다. 파르치팔이 여왕에게 다른 짓을 하지 않겠다고 약속하자 여왕은 그의 침상 옆자리에 나란히 누웠다. 그렇게 누운 채로 왕국과 자신이 처해 있는 상황을 설명했다. 내용인즉슨 다음과 같았다.

젊고 당당한 클라미드 왕과 그의 신하인 킹그룬(Kingrun)이 수도를

혼자 성을 지키는 젊은 여인. 파르치팔이 도착한 브로바르츠 왕국의 여왕 콘드비라무어스는 자신과 결혼할 것을 요구하는 클라미드 왕에 맞서 위태롭게 성을 지키고 있는 신세였다.

제외한 왕국의 성들과 땅을 이미 다 점령하고 약탈했다. 이번 전쟁으로 이미 병력의 절반 이상이 전사했다. 성이 포위되어 지금은 식량마저 떨어진 상태였다. 클라미드 왕은 젊은 여왕과 결혼하기 위해 그녀를 압박하고 있었다. 외삼촌 구르네만츠의 아들 하나도 그녀를 보호하려다 전사했다.

많은 기사들이 킹그룬과 일대일로 맞붙는 결투에서 죽음을 맞았다. 내일도 그가 나타나 여왕더러 이제 그만 항복하고 클라미드 왕과 혼인하라고 요구할 테지만 그에게 굴복하여 결혼하느니 차라리 성의 꼭대기에서 뛰어내려 죽음을 택할 셈이다.

이렇게 이야기를 나누는 사이 벌써 밤이 지나고 날이 밝기 시작했다. 여왕은 그에게 고맙다는 인사를 남기고 재빨리 자기 방으로 사라졌다. 아무도 그녀가 그의 곁에서 밤을 지새운 것을 알아채지 못했다. 파르치팔은 이런저런 생각으로 잠을 이룰 수 없었다. 아침이 밝자 궁에서는 먼저 미사를 올렸다. 미사가 끝난 다음 그는 다시 갑옷을 입고 무장을 갖추었다. 생전 처음 진짜 기사로서 결투를 하기 위해서였다.

여왕의 말대로 머지않아 킹그룬이 나타났다. 파르치팔은 그와 마주섰다. 두 기사가 창을 들고 힘껏 맞붙었을 때 그 충격으로 안장을 묶은 끈이 끊어지면서 두 사람 모두 말 등에서 아래로 미끄러졌다. 두 사람은 안장에서 몸을 일으키며 칼집에서 칼을 뽑았다. 킹그룬은 전에는 한꺼번에 여섯 명의 기사와도 맞붙을 만큼 강한 기사였건만, 지금은 쉬지 않고 뻗쳐오는 파르치팔의 칼을 갑옷 위로 맞다 보니 정신을 차릴 수 없었다. 마치 여러 명이 투석기로 돌을 연달아 자기에게 쏘아 보내는 것만 같았다. 파르치팔이 그의 몸을 타고 앉아 무릎으로 그의 가슴을 짓눌렀다. 킹그룬은 마침내 항복의 맹세를 하겠노라고 제안했다. 파르치팔은 구르네만츠에게 가서 그 말을 하라고 요구했다.

"아니, 그렇게는 못합니다. 차라리 나를 죽이시오. 내가 그의 아들을 죽였는데, 어떻게 그를 찾아가겠소."

"그렇다면 여왕에게 항복의 맹세를 하시오."

"그럼 난 끝장이다! 내가 바로 그토록 많은 용사들을 죽여 이곳에 근심을 만들어낸 사람인데, 어찌 그리 하겠소!"

그러자 파르치팔은 이렇게 제안했다.

"그렇다면 아서 왕에게 가서 내가 그분께 봉사한다고 말씀드리시오. 그리고 나를 보고 첫 웃음을 터뜨렸다가 큰 곤경을 치른 귀부인 퀴느바르에게도 내가 기사로서 그분을 섬기려 한다는 말을 전해주시오."

이런 제안에는 킹그룬도 마침내 동의하고 곧 아서 왕을 향해 떠났다. 그는 기사답게 약속을 지킬 참이었다.

마침 이날 상인들이 상선 두 척을 타고 이 도시로 들어왔다. 배에는 먹을 것이 가득 실려 있었다. 파르치팔은 여왕에게 돈을 두 배로 내고 물건을 몽땅 사들이라고 조언했다. 덕분에 성 안에 먹을 것이 충분해졌다. 파르치팔은 처음에 사람들에게 음식을 조금씩만 나누어주었다. 오랫동안 배를 주리다가 갑자기 기름진 음식을 많이 먹고 탈이 나는 것을 막기 위해서였다. 그리고 여러 시간이 지난 다음에야 음식을 넉넉하게 나누어주었다.

그날 밤 신하들이 여왕과 그에게, 위험한 적도 물리쳤으니 혼인의 동침을 하겠느냐고 물었다. 두 사람은 그러마고 대답했고, 이로써 두 사람의 혼인이 이루어졌다. 하지만 세 밤이 지나도록 두 사람은 결합하지 못했다. 파르치팔은 잠자리의 일을 잘 알지도 못했거니와, 여왕을 흠모하고 존중했기에 함부로 서두르고 싶지 않았다. 순결한 두 사람은 서로 꼭 끌어안은 채 잠이 들곤 했다. 하지만 마침내 두 남녀는 진짜로 결합했다.

> "그는 가까이에 있는 달콤함을 찾아냈고, 두 사람은 옛날부터 내려오는, 그러나 언제나 새로워지곤 하는 관습을 실천에 옮겼다. 그러자 그들은 진정으로 흐뭇했고, 아픔이란 전혀 없었다."

그런데 이번에는 클라미드 왕이 손수 부하들을 이끌고 나타났다. 양쪽의 전투가 결판이 나지 않자 클라미드 왕은 파르치팔에게 결투를 제안했다. 파르치팔이 이기면 자기가 물러나겠노라고 했다. 두 사람은 결투를 했고, 물론 파르치팔이 이겼다. 그는 패배한 클라미드에게도 아서 왕의 궁전으로 찾아가 킹그룬과 똑같은 맹세를 하고, 퀴느바르에게도 같은 맹세를 하라고 명령했다.

클라미드는 자기편의 전사자들을 수습하고 나서 아서 왕의 궁을 향해 떠났다. 그는 성실하게 굴복의 맹세를 했고, 궁내대신 킹그룬도 다시 만났다. 이렇게 해서 아서 왕과 원탁의 기사들은 파르치팔의 행적에 대해 자세히 알게 되었다. 클라미드는 거기서 저 용감한 기사 가반(Gawan, 거웨인)도 만났다.

한편 파르치팔은 브로바르츠 왕국을 잘 정비하고, 사람들의 생활을 보살폈다. 세상에 더 바랄 나위 없이 훌륭한 낭군을 맞아들인 콘드비라무어스 여왕은 행복한 나날을 보냈다. 하지만 어느 날 아침 많은 기사들이 있는 가운데 파르치팔이 아내에게 이렇게 말했다.

"부인, 나는 이제 어머니가 어떻게 지내시는지 가보아야겠소. 어머니 소식을 전혀 듣지 못했으니, 잠깐이라도 찾아뵙고 싶구려."

그야 당연한 일이었다. 다만 파르치팔은 시종이나 일행도 거느리지 않고 홀로 길을 떠났다. 중세 기사들은 장비와 말을 보살피는 일이며 갑옷과 투구를 입고 벗는 일 따위를 위해 늘 시동과 시종들을 거느리고 다녀야 했건만, 파르치팔은 자주 이렇게 홀로 여행을 하곤 했다.

## ✤ 성배의 성

**어부 왕 안포르타스**

길을 나선 파르치팔은 말이 알아서 길을 가도록 맡겨두었다. 이날도 하루 만에 엄청난 거리를 달렸다. 저녁 무렵 어떤 호숫가에 이르렀는데, 어부들이 호숫가 쪽에 정박한 배에 앉아 있었다. 이 호수는 그들의 소유였다.

파르치팔은 배에 있는 한 사람이 지상의 그 어떤 왕보다도 화려한 옷차림을 한 것을 보았다. 그는 심한 병이 든 것처럼 보였는데 따스한 옷으로 몸을 감싸고, 또 따스한 안감을 댄 두툼한 모자를 쓰고 있었다. 모자에는 공작 깃털 장식이 달려 있었다. 파르치팔은 근방에 하룻밤 묵을 만한 곳이 있는지 물었다. 그러자 화려한 차림의 사내가 대답했다.

"여기서 50킬로미터 이내에는 인가가 없소. 이 근처에 성이 하나 있으니 거기 머무는 수밖에 없을 겁니다. 저 암벽을 돌아 오른쪽으로 가면 성이 나올 게요. 그리로 가서 해자 위에 다리를 걸쳐달라고 부탁해 보시오."

파르치팔은 작별인사를 하고 출발했다. 어부가 뒤에서 그를 불렀다.

"그 성을 잘 찾아오면 오늘 밤 내가 당신을 맞을 거요. 하지만 이 근처엔 갈림길이 많아 길을 헤매기 쉬우니 조심하시오."

파르치팔은 일러준 대로 무사히 성문 앞에 도달했다. 성이 아주 튼튼한 데다 성을 둘러싼 해자도 몹시 깊었고, 다리까지 높이 들어 올려져 있으니 세상의 온갖 군대가 쳐들어와도 성 안으로 들어갈 수 없을 것 같았다. 안에는 수많은 탑들과 건물들이 있었다. 파르치팔은 아무것도 몰랐지만 그곳은 성배(聖杯)의 성인 문잘베셰였고, 그곳의 왕은 안포르타스(Anfortas)였다. 안포르타스는 '어부 왕'이라고도 불리는 사람으로, 곧 성배의 왕이었다.

시종이 문간으로 나와 그에게 어디서 오느냐고 물었다. 그는 어부의 말을 전했다. 그러자 곧 다리가 아래로 내려왔다. 성문 안으로 들어서자 궁전 건물 앞에 너른 광장이 나타났는데, 거기서는 창시합이 벌어진 적이 한 번도 없는 것처럼 보였다. 기사들이 그를 맞아 손님방으로 안내해서 갑옷과 투구를 벗도록 도와주었다. 젊은 파르치팔은 우선 얼굴

홀로 길을 떠난 파르치팔은 성배의 성 문잘베세에 당도한다. 지금까지도 우여곡절이 많았지만, 진정한 영웅의 경지에 이르기 위한 파르치팔의 사연 많은 여정은 이제부터 본격적으로 펼쳐진다.

과 손에서 녹 자국을 씻어냈다. 그런 다음 성 안에서 입도록 여왕이 내린 겉옷이 그에게 전달되었다.

### 성배 궁전에서의 만찬

이제 성의 지배자를 만날 차례였다. 기사들은 슬픔에 짓눌린 모습이었지만 극진한 태도로 그를 영접했다. 어릿광대가 나타나 왕이 돌아왔음을 알렸다. 파르치팔은 기사들의 안내를 받아 저녁식사를 하기 위해 궁전의 커다란 홀로 들어섰다. 세상에 이런 광경이 또 있을까?

불이 켜진 초들이 가득 꽂힌 샹들리에 100개가 홀의 천장에 매달려

실내를 훤하게 밝혔다. 사방 벽에 붙은 촛대들도 환히 불을 밝히고 있었다. 홀의 정면에는 사각형의 대리석 벽난로 세 개가 나란히 불을 피워 올렸다. 벽난로에는 씁쓸한 향내가 나는 귀한 목재가 타고 있어서 방 안에 그 향기가 가득했다. 흔히 '낙원 목재(Paradiesholz)'라고도 불리는 비싸고 귀한 목재였다.

가운데 벽난로에서 멀지 않은 곳에 성주가 침상 비슷한 안락의자에 비스듬히 기대어 누운 듯 앉아 있었다. 파르치팔이 호수에서 본 어부였다. 그는 화려한 옷차림을 하고 있었지만 삶의 온갖 기쁨에서 멀어진 채 고통스럽게 죽어가고 있었다. 그가 질병으로 인해 몹시 추위를 타는 탓에 이렇듯 벽난로마다 불을 지펴놓은 것이었다. 난롯불이 활활 타오르는데도 성주는 값비싼 담비 털로 만든 모자를 쓰고, 무겁고 두툼한 모피를 여러 겹이나 몸에 둘렀다. 모자에는 황금이 빙 둘러 장식되었고, 한가운데에는 커다란 루비가 박혀 있었다. 그렇게 화려한 보물로 치장했음에도 죽을병을 앓는 사람의 끔찍한 모습이었다.

화려하게 차려입은 기사들이 성주를 중심으로 자리를 잡고 앉았다. 100개나 되는 테이블이 마련되어 있고, 테이블마다 기사들이 네 명씩 자리 잡았다. 테이블이 놓이지 않은 바닥에는 둥근 양탄자가 깔렸다. 성배의 성에 초대받은 파르치팔은 성주 옆에 자리를 잡았다.

그 순간 시종 하나가 앞쪽의 문으로 입장했다. 그는 손에 창을 하나 들고 있었는데, 뾰족한 창끝에서 피가 흘러 손잡이를 거쳐 그의 소매와 손을 적시고 있었다. 그 모습을 보는 순간 홀 안에서는 흐느낌과 탄식이 물결치듯 터져 나왔다. 기사들이 일제히 탄식하며 눈물을 흘리고 흐느끼는 가운데 창을 든 시종은 홀의 벽을 따라 서둘러 한 바퀴 돌고는 들어온 문으로 도로 나갔다. 그러자 탄식이 멎으며 깊은 정적이 흘렀다.

이번에는 고운 옷을 입은 아름다운 여자 둘이 촛불을 하나씩 들고 등장했다. 그 뒤를 이어 상아로 만든 짧은 상다리를 든 여자 둘이 들어오더니 우아한 자태로 성주의 앞쪽에 그것을 내려놓고 몸을 살짝 굽혀 인사한 다음 양옆으로 물러났다. 이어서 촛불을 든 여자 넷이 등장하고, 또 다른 여자 넷이 석류석을 다듬어 만든 네모난 얇은 상판(床板)을 들고 와서 상다리 위에 가볍게 올려놓고 양옆으로 물러났다. 뒤로 갈수록 여자들의 지위가 높아졌다. 이제 두 여자가 부드러운 냅킨 위에 날카롭고 아름다운 은 나이프를 하나씩 담아서 들고 들어왔다. 그들의 앞뒤로 네 명의 여자가 촛불이 타오르는 촛대를 들고 와서 두 개의 촛대와 은 나이프를 차례로 내려놓은 다음 여섯 명이 함께 양옆으로 물러났다. 아름다운 여자 열여덟 명은 두 줄로 나뉘어 양쪽으로 늘어섰다.

이어서 여섯 명의 귀부인이 값진 향로를 들고 등장하고, 맨 마지막으로 아름다운 여왕이 등장했다. 화려한 아라비아산 비단옷을 입은 여왕은 초록색 비단 위에 천상의 완벽함의 정수요, 모든 인간의 열망의 시작과 끝인 돌 하나를 담아 들고 들어왔다. 그것은 '성배'라 불리는 돌로, 지상의 행복에 대한 우리의 온갖 상상을 초월하는 보물이었다. 여왕의 이름은 레팡스 드 쇼이라 했다.

유리로 된 커다란 향로에는 각종 향이 타고 있었다. 시녀들은 향로를, 여왕은 성배를 성주 바로 앞에 내려놓았다. 이제 여섯 명이 양옆으로 물러나 먼저 자리를 잡은 열여덟 명에 합류하고, 여왕이 그들의 맨 앞, 성주의 맞은편에 자리를 잡았다.

성배는 원래 예수가 최후의 만찬에서 사용한 신성한 잔을 의미했으나, 〈파르치팔〉에서는 신성한 돌로 모습을 바꾸었다. 주기적으로 성령의 축복을 받는 성배는 맛있는 음식을 넉넉하게 제공하거나 신의 계시를 전달하는 놀라운 보물이다. 아서 래컴의 그림.

시종들이 물이 담긴 큼직한 그릇을 들고 나타나 네 명 단위로 앉은 기사들에게 내밀자 모두들 가볍게 손을 씻었다. 테이블마다 시종과 시동 한 명씩이 시중을 들었다. 시동이 기사들에게 하얀 수건을 내주어 물기를 닦게 했다. 이어서 테이블마다 눈처럼 하얀 식탁보가 덮였다. 성주와 파르치팔도 손을 씻었다. 귀족 소년 하나가 그들에게도 수건을 내밀었다. 이제 식탁마다 음식과 음료가 제공될 차례, 시종들이 황금 그릇이 가득 담긴 수레 네 개를 끌고 나타나 벽을 따라 움직이면서 모든 기사에게 그릇을 나누어주었다. 그렇다면 이 빈 그릇에 담길 음식은 모두 어디서 오는가? 그것이 바로 성배 성의 기적이었다.

시종 100명이 경외심에 가득 찬 태도로 성배 앞에서 빵을 들어올려 하얀 리넨 천에 올려놓고는 기품 있게 걸어서 각각의 테이블에 내려놓았다. 아아, 믿음이 적은 자들아, 여기서 무슨 일이 일어나는지 내 말을 들어보라.

"성배는 진정 행복의 원천이요, 지상의 온갖 맛난 음식을 내는 풍요의 뿔이니, 천국의 화려함에 비할 만도 하다. 화려한 황금 주발에는 각각의 음식에 꼭 어울리는 양념과 향료도 함께 나오는 것이니, 육즙소스, 후추, 과일소스가 넉넉하구나. 소식가나 대식가나 여기서는 누구나 특별한 대우를 받는다. 게다가 잔만 앞으로 내밀면 성배의 마력 덕에 원하는 술이나 음료가 무엇이든 가득 채워진다. 여기 모인 사람은 누구나 성배의 손님이니라."

각종 음식은 모두 성배가 제공하고, 시종과 시동들은 기사들에게 그릇을 나누어주는 일과 그들이 사용한 다음 그릇을 관습에 따라 다시 잘 보존하는 일만을 맡았다.

파르치팔은 여기서 일어나는 온갖 기적을 직접 보고 경험했다. 놀랍고 궁금하기 짝이 없었으나 쓸데없는 질문을 하지 말라는 스승의 가르침이 있었기에 그는 성주 옆에 앉아 말없이 이 기적을 바라보고만 있었다. 이상한 수수께끼가 참으로 많았다.

이토록 화려한 성을 다스리는 왕이 어찌하여 저토록 극심한 고통을 겪고 있을까? 그는 대체 어디가 아픈 것일까? 무어라 위로의 말을 하면 좋을까? 만찬이 시작되기 전에 홀을 한 바퀴 돌아 도로 나간 시종이 들고 있던 피가 뚝뚝 떨어지는 그 창은 무엇이며, 사람들은 그것을 보고 어째서 그토록 통곡을 했던가? 눈앞에서 벌어지는 믿기 어려운 이 음식의 기적은 또 어찌 된 셈인가? 이 화려한 의식은 모두 무엇을 위한 일인가? 이 모든 일은 대체 무얼까? 자기는 어떻게 이 특별한 곳의 손님이 될 수 있었을까?

의문은 꼬리에 꼬리를 물고 이어졌고, 밤새 들어도 모자랄 만큼 많은 이야기가 나올 것 같았다. 하지만 파르치팔은 아무것도 묻지 않았다. 경솔하게 묻는 대신 몸이 불편한 주인이 말을 걸어주기만을 기다렸다. 하지만 왕은 별다른 말이 없었다. 파르치팔이 이런저런 생각에 잠겨 식사를 끝내자 시종 하나가 아름다운 칼을 가져와 그에게 바쳤다. 왕이 내리는 선물이었다. 심한 상처를 입기 전에 왕이 쓰던 칼이었다.

지상에 다시 없이 화려한 만찬은 깊고도 무거운 슬픔 속에서 끝이 났다. 시종들이 식기를 거두어갔다. 여자들도 성주와 파르치팔에게 인사를 하고는 들어온 문으로 나갔다. 그들이 나갈 때 문틈으로 옆방이 힐끗 보였는데, 그곳에는 머리가 눈처럼 하얗게 센 고귀한 노인이 침상

성에 도착한 파르치팔은 어부 왕 안포르타스의 칼을 얻고, 홀에서 촛불과 성배의 행렬을 목격한다.

에 누워 있었다. 마침내 성주가 손님에게 말했다.

"잠자리가 이미 마련되었을 것이오. 피곤하실 테니 이만 가서 오늘 밤 편히 주무시길 바랍니다."

젊은 파르치팔은 이곳에서 수많은 기적과 이상한 일들을 보고 겪었지만 구르네만츠의 가르침에 따르느라 위로는커녕 인사조차 제대로 못하고 그렇게 성주와 작별을 고했다. 내일 날이 밝으면 다시 만나겠지, 하고 생각했으나 아니었다. 그날 밤 그는 어둡고 불길한 꿈에 시달려 제대로 잠을 이루지 못하고 이리저리 뒤척였다. 새벽녘에 겨우 잠이 들었다가 늦게야 자리에서 일어났다.

어제 저녁만 해도 그토록 친절하게 시중을 들던 시종과 시동들이 오늘은 코빼기도 보이지 않았다. 침상 앞에는 갑옷과 칼 두 개가 단정하게 놓여 있었다. 하나는 붉은 기사 이테르에게서 빼앗은 것이고, 다른 하나는 전날 성배의 왕에게서 선물로 받은 것이었다. 아무리 기다려도 시중 드는 사람이 오지 않자 그는 한숨을 쉬며 힘들게 갑옷을 차려입고 칼을 들었다. 밖으로 나와 이 방 저 방 기웃거렸지만 어디에도 사람 기척이 없었다. 성 밖에서는 그의 적토마가 홀로 기다리고 있었다. 아아, 친절하게 접대를 받았건만 주인에게 인사 한마디도 못하고 이대로 떠나야 하나.

성문도 활짝 열려 있었다. 그가 다가가자 갑자기 다리가 내려오는 바람에 하마터면 말이 다칠 뻔했다. 파르치팔이 돌아보니 시종 하나가 있었다. 그가 무슨 일이냐고 물으려는데 시종이 외쳤다.

"당신은 햇빛을 받을 가치도 없는 사람이오. 그 주둥이를 열어 성주님께 질문을 했어야지. 이젠 명성도 명예도 다 놓치고 말았소."

파르치팔이 그제야 무엇을 물어도 시종은 더는 입을 열지 않았다. 젊은 기사는 하릴없이 그곳을 떠나야 했다. 그는 앞서 떠난 기사들이 남긴 흔적을 따라 말을 달렸다. 하지만 얼마 지나지 않아 그 흔적들도 뿔뿔이 흩어지고 아무것도 남지 않았다.

**지구네의 비난**

머지않아 어떤 여인의 탄식 소리가 들렸다. 죽은 애인의 미라를 끌어안은 채 울고 있는 여인은 파르치팔의 이종사촌인 지구네였다. 고통과 슬픔으로 망가진 그녀의 얼굴을 파르치팔은 알아보지 못했고, 여인도 투구로 얼굴을 가린 기사를 알아보지 못했다. 그녀가 울음을 그치고 나그네 기사에게 물었다.

"어디서 오시는 길이오?"

"여기서 2킬로미터쯤 떨어졌을까. 아주 화려하고 훌륭한 성에서 하룻밤 묵었어요. 방금 거기서 떠나오는 길입니다."

그러자 지구네가 이상하다는 듯이 이렇게 말했다.

"그런 거짓말을 누가 믿겠어요? 당신의 방패를 보면 분명 이곳 사람이 아닌걸요. 이곳 50킬로미터 이내에는 문잘베셰 말고는 다른 성이 없어요. 그리고 문잘베셰에는 선택받은 사람만이 들어갈 수 있지요. 선택받지 않고는 아무도 그곳으로 가는 길을 찾지 못해요.

늙은 티투렐이 아들 프리무텔에게 성을 물려주었고, 프리무텔은 수많은 싸움에서 이겨 기사의 명성을 얻었으나 어떤 여인을 사랑한 탓으로 죽었다오. 자식 넷을 남겼는데, 그중 셋은 부자이고, 하나만이 가난하게 살고 있답니다. 트레브리첸트라는 기사지요. 그의 형 안포르타스가 성을 물려받았으나, 평생 안락의자에 기대 살고 있어요. 말을 타지도 걷지도 못하고, 서지도 눕지도 못해요. 문잘베셰의 성주라고는 하나 하느님의 진노를 받아 형벌을 받고 있거든요. 기사님, 당신이 진짜로 그 성에서 묵었다면 지금쯤 성주님은 그 오랜 고통에서 해방되었을 텐데요."

파르치팔이 웅얼거리며 설명했다.

"거기서 아주 이상한 일들을 겪었소. 아름다운 여인들도 보았고요."

그제야 지구네는 기사가 된 파르치팔의 목소리를 알아들었다.

"당신은 파르치팔이군요. 그럼 어서 말해봐요. 불행한 성주를 보았나요?"

파르치팔은 대답 대신 엉뚱한 질문을 했다.

"어떻게 나를 아시나요?"

"우린 전에 한 번 만난 적이 있지요. 당신 어머니가 나의 이모니까,

우린 사촌이죠. 게다가 당신은 죽은 내 애인에게 깊은 동정심을 보여주었지요."

"아, 당신이 정말 그 지구네 누이라면 그 곱던 모습은 어디로 갔소?"

그러자 그녀의 눈에서 눈물이 철철 흘러내려 옷을 적셨다. 그녀는 잠깐 제 팔자를 탄식하고는 다시 안포르타스의 안부를 물었다.

"고통에 가득 찬 안포르타스 왕은 이제 구원을 받았나요? 당신이 그곳을 떠나기 전에 그분을 구원했다면 분명 엄청난 명예를 얻었을 텐데. 이제 보니 그분의 칼도 얻었군요. 그건 아주 귀한 보물이에요. 어쨌든 그걸 물어보았겠지요?"

파르치팔이 깜짝 놀라 대답했다.

"아니, 나는 아무것도 묻지 않았는데!"

"그러고도 내 눈앞에 나타나다니, 정말 끔찍하네. 아니 거기서 그 이상한 일들을 겪고도 가만히 있었단 말인가요? 그분이 그토록 끔찍한 고통을 겪는 이유가 뭔지 묻지 않았단 말인가요? 아아, 맙소사, 당신은 살았으나 행운은 이제 끝났어요. 이제부터 나는 당신에게 단 한마디도 하지 않을 테야."

지구네는 그렇게 말하고는 입을 꾹 다물어버렸다. 파르치팔은 고통에 시달리는 성주 옆에 앉아 저녁을 먹고 훌륭한 선물까지 받았으면서, 그가 당하는 고통에 대해 위로의 말은커녕 한마디 질문조차 하지 않았다는 게 몹시 마음에 걸렸다. 사람이 어찌 그럴 수가 있더란 말인가. 구르네만츠의 가르침은 '쓸데없는 질문'을 하지 말라는 것이었지, 꼭 필요한 질문조차 하지 말라는 것이 아니었건만. 그러나 때는 늦어버렸다. 파르치팔은 가장 끔찍한 고통을 받는 사람의 집에서 음식을 대접받고 하룻밤을 묵었으면서도, 인간이라면 누구나 가져야 할 가장 기본적인 동정심조차 보이지 않은 것이다.

**공작부인 예슈테**

파르치팔은 낙담한 채 다시 말을 달렸다. 너무 덥기도 하고 신선한 공기도 쐴 겸 투구를 벗어 손에 들었다. 흉갑의 앞자락도 약간 느슨하게 풀어 헤치니 그의 아름다운 얼굴이 드러났다.

어느새 그는 두 필의 말이 남긴 발자국을 따라가고 있었다. 한 필은 발굽에 징을 박은 좋은 말이고, 다른 한 필은 징을 박지 않은 허약한 말이었다. 머지않아 바싹 야윈 백마 한 마리가 너덜너덜한 누더기를 걸친 여인을 태우고 비실거리며 가는 모습이 보였다. 야윈 말은 짐까지 싣고 용케도 쓰러지지 않고 걷고 있었다. 여인의 옷차림은 허름하기 이루 말할 수 없는 지경으로, 몸을 반만 겨우 가리고 반은 그대로 살이 드러났는데, 자세히 살펴보니 얼굴과 몸매가 놀랍도록 아름다웠다.

파르치팔이 다가가자 여인이 금방 그를 알아보았다. 그야 세계에서 가장 아름다운 젊은이였으니 그를 한 번 본 사람은 누구라도 잊기 어려웠던 것이다. 그녀는 그에게 이렇게 말했다.

"당신을 전에 본 적이 있어요. 내가 이렇게 비참한 꼴이 된 것도 당신 탓이지요."

파르치팔은 어리둥절해서 그녀를 바라보았다. 그가 처음 모험을 떠날 때 잠든 모습을 보고 브로치와 반지를 빼앗았던 여인, 예슈테였다. 그토록 화려하고 아름다운 모습은 어디로 가고 어찌 이리 비참한 꼴인가. 그녀는 드러난 몸매를 손으로 가리려고 애를 썼다. 그것을 보고 파르치팔이 자기 겉옷을 걸치라고 내밀었으나 그녀는 질겁하면서 그랬다간 남편 손에 죽게 될 것이라고 말했다.

"그 사람은 싸움을 좋아하고 또 잘해요. 한 번에 여섯 명도 상대한 적이 있는걸요."

파르치팔은 흉갑을 단단히 여미고 투구를 썼다. 전투 준비를 갖추는 편이 낫겠다 싶었기 때문이다. 앞서 달리던 남편 오릴루스 공작은 파르치팔의 말 울음소리만 듣고도 힘센 사내가 오고 있음을 알아채고 말을 돌려세웠다. 그는 훌륭한 장비를 갖춘 기사였다. 투구 위에는 용 장식이 달려 있고, 방패에도 용이 새겨져 있었다. 거기 말고도 여기저기에 용의 모습이 보였다. 붉은 기사와 오릴루스 공작이 맞붙었다.

두 사람은 말 위에서 한참이나 칼싸움을 계속했다. 파르치팔이 오릴루스를 힘껏 밀치자 그는 안장에서 밀려 말 아래로 떨어졌다. 파르치팔도 말에서 뛰어내렸다. 오릴루스는 남편이 아내에 대한 절대적 권한을 가졌다고 믿고 자기가 아내를 함부로 대해도 그 누구도 참견할 수 없다고 확신하는 사람이었다. 그런데 어떤 기사가 감히 덤벼드는 게 아닌가. 그들은 땅에서도 한참을 더 싸웠다. 마침내 파르치팔이 오릴루스를 커다란 나무 쪽으로 바싹 밀어붙였다. 오릴루스는 한동안 더 버티더니 더 이상 참지 못하고 물었다.

"내가 무슨 잘못을 했다고 네 손에 죽어야 한단 말이냐?"

그러자 기사가 대답했다.

"너를 살려주고 싶은 마음이야 굴뚝같다만, 대신 이 여자에게 따뜻한 정을 주어야 한다."

오릴루스는 어처구니가 없었다. 대체 어떤 놈이 자기더러 마누라를 사랑하라 말라 간섭한단 말인가.

"그럴 순 없다. 저 여자가 나를 심하게 욕보였다. 내가 잘 대해주었는데도 좋은 평판을 스스로 짓밟았다. 다른 건 다 할 수 있지만 저 여자를 사랑하라니 그건 안 된다. 차라리 내 형님에겐 왕국이 두 개 있으니 그중 하나를 네게 주라고 부탁하마."

그러자 파르치팔이 다시 제안했다.

"그런 건 필요 없다. 저기 브르타뉴에 있는 아서 왕의 궁에서 여왕의 시녀로 일하는 퀴느바르에게 가서 굴복의 맹세를 해라. 그리고 아서 왕 내외께도 내가 그분들에게 봉사한다고 전해라."

오릴루스는 그 말에는 얼른 동의했다. 그러고는 아내에게 이렇게 외쳤다.

"이리로 오시오, 부인. 당신 때문에 결투를 했으니 화해의 표시로 당신에게 키스를 하겠소."

두 사람의 싸움에 놀라 얼굴이 창백해져 있던 여인은 아무도 다치지 않고 결투가 끝난 데다가 남편이 부르는 소리가 너무 반가워 얼른 그의 품으로 달려가 피 묻은 남편의 입술에 열렬히 키스를 퍼부었다.

세 사람은 지체하지 않고 다시 말을 달려 어느 은둔자의 암자에 이르렀다. 안포르타스의 동생인 트레브리첸트가 사는 암자였다. 주인은 마침 집에 없었다. 그곳에는 성(聖)유물을 담은 작은 유물함이 있었고, 그 옆에 창이 하나 놓여 있었다. 이번에는 파르치팔이 명예를 아는 기사임을 입증해 보였다. 그는 자발적으로 유물함에 손을 얹고 이렇게 맹세를 하는 것이었다.

"기사의 명예를 걸고 맹세하는 바요. 내가 거짓을 말한다면 지상에서 영원히 치욕을 겪고 명예를 잃을 것이오. 나는 옛날에 이 귀부인에게서 브로치와 금반지를 빼앗은 적이 있으나 여인에게는 아무 잘못도 없습니다. 그때 나는 기사가 아니라 어리석은 바보였기에 아무것도 모르고 그런 일을 저질렀소. 여인은 절망해서 뜨거운 눈물을 흘렸소. 나는 그때 이 여인이 아무런 잘못도 저지르지 않았음을 당신에게 맹세하오. 여기 이 반지를 돌려주겠소."

파르치팔은 예전에 예슈테에게서 빼앗은 반지를 오릴루스 공작에게 돌려주었다. 공작은 기쁘게 그것을 받아들고, 사랑하는 아내에게 기쁨의 키스를 했다. 정절을 저버린 적이 없는 예슈테는 비로소 오랜 고난에서 구원을 받았다. 파르치팔이 어리석은 지난날에 저지른 잘못 하나를 바로잡은 것이다. 그는 암자를 떠날 때 다른 기사가 놓고 간 창을 집어들었다.

오릴루스 공작 내외는 파르치팔과 작별을 고한 다음 서둘러 자신들의 집으로 돌아갔다. 예슈테는 정갈하게 목욕하고 깨끗한 옷으로 갈아입은 다음 튼튼한 말을 타고 남편과 함께 길을 나섰다. 하지만 브르타뉴에 도착해보니 고귀한 아서 왕은 기사들을 거느리고 여행을 떠나고 없었다. 아서 왕은 성배의 성 근처에 머물고 있었다. 오릴루스 공작 내외는 다시 길을 떠나 아서 왕과 그의 기사들을 뒤따라가 그들을 만났다. 그리고 기쁜 마음으로 퀴느바르를 향해 파르치팔이 명령한 굴복의 맹세를 했다. 웃지 않는 여인 퀴느바르는 바로 오릴루스의 여동생이었으니, 얼마나 즐거운 재회였겠는가.

퀴느바르는 이미 두 번이나 파르치팔이 보낸 기사들의 맹세를 받아 유명해져 있었다. 이번에 세 번째로 오빠가 올케와 함께 굴복의 맹세를

아서 왕과 원탁의 기사들. 이들의 가장 큰 목표는 성배를 찾는 것이다. 아서 왕이 '붉은 기사'를 찾고자 한 것도 그를 원탁의 기사로 받아들이기 위한 것이다. 이 붉은 기사가 다름아닌 파르치팔이다. 에드워드 번 존스의 그림.

하러 찾아온 것이다. 가장 위대한 기사를 보아야 웃겠다는 맹세를 했던 그녀는 아직 어린 파르치팔을 보고 처음으로 밝은 웃음을 터뜨렸었다. 이제 그녀가 옳았음을 온 세상이 알게 되었다. 퀴느바르는 아서 왕의 명령에 따라 오빠 내외를 자신의 천막으로 모시고 정성껏 대접했다. 아서 왕도 기쁜 마음으로 퀴느바르의 천막을 찾았다.

다만 아서의 궁내대신 카이는 안절부절못했다. 퀴느바르가 처음으로 웃었을 때 그녀의 머리카락을 잡아 흔들고 뺨을 때린 것이 마음에 걸렸기 때문이다. 이제 그녀에게 충성을 맹세한 기사가 셋이나 아서의 휘하에 머물고 있으니, 그들 중 누가 언제 그에게 죄를 물어 벌을 내릴 지 모르는 일이었다. 궁내대신 카이는 새로 찾아온 손님을 접대할 의무가 있었음에도 몰래 뒤로 숨었다. 그리고 그새 친해진 킹그룬에게 자기 대신 퀴느바르의 천막으로 음식 나르는 일을 맡겼다. 모두 카이의 곤란한 처지를 알고 있었기에 슬그머니 미소를 지었지만 아무도 그를 해치려 하지는 않았다.

## ♣ 원탁의 기사가 되다

### 하얀 눈 위에 붉은 핏방울 셋

아서 왕이 낭트의 카리돌 성을 떠난 것은 다름 아닌 '붉은 기사'를 찾기 위해서였다. 이 기사는 킹그룬과 클라미드 왕을 연달아 아서 왕에게 보내 퀴느바르에게 굴복의 맹세를 하게 했고, 동시에 아서 왕 내외를 향해서 충성과 봉사를 맹세하게 했다. 오릴루스가 도착하기 얼마 전에 아서 왕은 손수 붉은 기사를 찾으러 원탁의 기사들을 거느리고 길을 떠났다. 그를 원탁의 기사로 받아들일 셈이었다. 왕은 아직 그에 대해서 잘 알지 못했다. 물론 오래전 어떤 소년이 '붉은 기사' 이테르를 죽이고 그의 장비를 가져갔다는 사실은 알고 있었으나, 그 천방지축 젊은이가 어떤 사람인지에 대해서는 제대로 알아볼 기회도 없었다.

이테르를 죽인 뒤로 파르치팔은 기사 수업도 받았고 이미 브로바르츠 왕국의 왕이 되었다. 이어서 성배의 성을 방문하기도 했다. 그곳에서 저지른 실수가 그의 마음을 짓누르는 가운데 그는 말을 달렸다. 때는 바야흐로 아름다운 5월, 봄이었다. 꽃이 활짝 피는 계절인데도 지난

밤에는 갑작스럽게 눈이 내렸다. 파르치팔은 아서 왕과 기사들이 야영하는 들판에서 별로 멀지 않은 숲에 있었다.

아서 왕의 매사냥꾼들이 저녁 무렵 숲에서 일을 마치고, 왕이 머물고 있는 들판으로 돌아가던 중 가장 훌륭한 사냥매를 잃어버리고 말았다. 심각한 손실이었다. 그때 파르치팔은 우연히도 아서 왕의 매와 같은 방향으로 말을 달리고 있었다. 그는 숲 속의 빈터에 쓰러진 나무 등걸 사이로 들어섰다. 기러기들이 내려 앉아 시끄럽게 조잘대고 있었다. 사냥매가 쏜살같이 내려와 기러기 한 마리를 발톱으로 움켜쥐었다. 기러기는 날개를 퍼덕거리며 간신히 매의 발톱에서 빠져나와 나무 등걸 밑에 숨었다. 상처에서 붉은 피 세 방울이 하얀 눈 위로 떨어졌다.

하얀 눈 위에 떨어진 붉은 피 세 방울, 삼각형을 이룬 그 선홍색 핏방울을 보는 순간 파르치팔은 두고 온 아내가 떠올랐다. 그 핏방울이 흰 피부에 발그레한 뺨과 턱의 모습과 똑같아 보였다. 그리움이 만들어낸 상상의 모습이었다. 아내를 향한 그리움에 사로잡힌 그는 그 자리에 얼어붙은 것처럼 멈춰 서서 핏방울을 바라보느라 주변에서 무슨 일이 일어나는지도 몰랐다.

퀴느바르의 시종이 이곳을 지나다가 완전무장한 기사가 말 위에 앉아 한 손에는 방패를, 다른 손에는 창을 든 채로 마치 공격하려는 것처럼 멈추어 선 것을 보았다. 투구가 얼굴을 가렸으니, 그의 눈길이 어디를 향하는지는 알아볼 수 없었다. 시종은 서둘러 아서 왕에게 달려가서 적이 숲에서 공격 태세를 갖추고 있더라고 알렸다. 그러자 싸움을 좋아하는 성미 급한 기사 한 명이 자기가 그 적과 싸우겠노라고 나섰다. 왕이 허락하자 그는 서둘러 달려 나갔다. 파르치팔은 아직도 넋이 나간

눈이 내린 꽃밭에서 파르치팔은 잠시 아내를 향한 그리움에 사로잡힌다. 꽃의 요정들에 둘러싸인 파르치팔의 모습이 그의 마음 상태를 잘 드러내준다. 프랑스 화가 조르주 로슈그로스의 그림.

채 꼼짝도 않고 그 자리에 있었다. 왕의 기사가 외쳤다.

"여기가 어딘 줄 알고 우리를 공격하려는 게요. 목숨만은 살려줄 테니 어서 항복하시오."

파르치팔은 대답도 하지 않고 그대로 핏방울만 바라보았다. 왕의 기사는 말을 몰아 공격을 개시했다. 그 순간 파르치팔도 핏자국에서 몸을 돌려 결투 자세를 갖추었다. 핏자국이 눈에서 사라지자마자 그는 이성을 되찾았다. 두 사람은 서로 창을 맞들고 덤볐다. 왕의 기사가 창으로 그의 방패를 뚫었지만 그의 창은 상대방을 말에서 떨어뜨리고도 부서지지 않았다. 그런 다음 그는 눈 위에 떨어진 핏방울로 돌아가 넋을 잃고 아내의 모습을 바라보았다.

아서의 기사들 몇이 근처에서 그 광경을 보았다. 이번에는 궁내대신 카이가 왕의 허락을 받고 파르치팔을 향해 달려 나왔다. 하지만 사랑의 힘에 붙잡힌 파르치팔은 여전히 넋을 잃고 핏방울만 바라보며 그리운 아내 생각에 잠겼다. 카이가 그를 향해 외쳤다.

"이제 그만 깨어나시지! 내 그대를 그냥 두지 않을 테니."

카이가 덤벼들며 파르치팔의 말을 옆으로 밀쳤다. 말이 발자국을 옮기자 핏방울이 파르치팔의 눈앞에서 사라졌다. 파르치팔은 퍼뜩 정신을 차리고 창을 눕혀 싸울 준비를 갖췄다. 카이가 힘껏 달려들면서 두 사람의 창이 동시에 상대방의 방패에 부딪쳐 부러졌다. 하지만 그 충격으로 카이는 말과 함께 나동그라졌다. 말은 죽고 카이는 안장과 돌 사이에 오른팔과 왼발이 끼어 팔과 다리가 부러지고 말았다. 파르치팔은 도로 핏방울이 있는 곳으로 돌아가 아내를 향한 그리움에 잠겼다.

들것에 실려 들어오던 카이는 아서의 조카이며 원탁의 기사인 고귀한 가반에게 마구 비난을 퍼부었다. 이 유명한 기사가 적이 왔는데도 계집아이처럼 몸을 사리며 싸움에 나서지 않는다고 비난한 것이다. 가반은 카이의 말에는 별반 대꾸도 하지 않고 싸울 준비도 없이 숲으로 향했다. 그는 숲에서 넋을 놓고 서 있는 파르치팔의 모습을 보았다. 가반이 인사를 건네도 상대방은 대꾸가 없었다.

가반은 혹시 저 기사가 사랑에 붙잡힌 상태인지도 모른다고 생각했다. 자신도 그런 경험이 있었기 때문이다. 가까이 다가가서 보니 파르치팔은 눈 위에 떨어진 핏방울을 뚫어져라 바라보고 있었다. 가반은 재빨리 자신의 겉옷을 던져 그 핏방울을 덮었다. 핏방울이 눈앞에서 사라지자 파르치팔이 제정신을 차렸다. 가반은 정신을 차린 파르치팔에게

풀밭에서의 결투. 아서 왕의 기사 카이와 싸운 파르치팔은 가뱅(거웨인)의 인도로 원탁의 기사 대열에 합류하게 된다. N. C. 와이어스의 그림.

인사를 하고 그를 아서 왕의 풀밭으로 데려왔다. 가반의 말을 듣고 파르치팔은 상대가 유명한 기사 가반이며, 아서 왕과 기사들이 이곳에 있다는 사실을 알았다. 가반과 파르치팔은 금방 마음이 통하는 좋은 친구가 되었다.

파르치팔은 우선 퀴느바르의 영접을 받았다. 그녀는 이미 이 젊은 기사에게서 충분한 봉사를 받았다. 게다가 그녀의 뺨을 때린 궁내대신 카이도 오른팔과 왼쪽 다리가 부러졌으니 대가를 치른 셈이었다. 파르치팔은 갑옷을 벗고 녹 자국을 씻어낸 뒤 자신이 봉사와 충성을 바친 숙녀 퀴느바르에게서 환영의 키스를 받았다.

**풀밭 위의 원탁**

이어서 파르치팔은 고귀한 아서 왕과 기사들의 영접을 받았다. 왕은 그 자리에서 이 유명한 붉은 기사를 원탁의 기사로 받아들였다. 그런 다음 그들은 성대한 잔칫상을 준비했다. 아서 왕의 원탁은 낭트에 남아 있었으므로, 그들은 풀밭 위에 거대한 원탁을 마련했다. 먼 이방의 나라에서 온 아크라톤 비단이 원탁을 대신했다. 원탁의 기사들에게 이것은 익숙한 일이었다.

원탁의 정신은 다음과 같다. 둥근 원탁에선 그 어떤 자리도 특별히 명예로운 상석이라 할 수 없으니, 모든 자리가 동등하다. 즉 아서 왕의 원탁에 둘러앉은 사람은 모두 대등한 자격을 가진다고 할 수 있다. 게다가 아서 왕은 기사들뿐만 아니라 고귀한 여인들도 모두 원탁에 앉으라고 청했다. 여기서는 처녀나 부인이나 남자나 누구든 명성과 존경을 얻은 사람은 모두 한 테이블에 둘러앉아 식사를 했다.

많은 여인들이 애인이나 남편 곁에 자리를 잡고 앉았다. 파르치팔은 가반과 클라미드 왕 사이에 자리를 잡았다. 파르치팔의 뛰어난 아름다움이 남자와 여자를 가리지 않고 모든 사람의 눈길과 마음을 잡아끌었다. 그러나 그는 이 즐거운 식사를 오래 즐길 수가 없었다. 갑자기 한 여인이 등장했기 때문이다.

그녀는 정절과 충성을 지키는 사람이긴 했으나 그 분노에 한계가 없었고, 이루 말할 수 없이 못생긴 여자였다. 세상의 온갖 언어에 능통하고 온갖 지식을 갖춘 이 여인의 이름은 쿤드리(Cundry)였는데, 사람들은 아는 것이 많은 똑똑한 쿤드리를 '여자 마법사'라는 별명으로 부르곤 했다. 그녀는 다리가 긴 야윈 노새 위에 앉은 채로 풀밭 위의 원탁으로 다가왔다. 그러고는 노새에서 내리지도 않은 채 아서 왕 앞에 멈추어 서서 이렇게 말했다.

"우테판드라군(우서 팬드래건)의 아들이여! 파르치팔을 기사로 받아들였으니, 원탁의 명성은 이제 땅에 떨어졌소."

그런 다음 그녀는 파르치팔이 있는 곳으로 와서는 이렇게 말했다.

"아름다움과 남자의 힘을 지녔으나 그대는 형편없는 사람이오. 그대 때문에 나도 아서 왕과 그 기사들에게 친절한 인사도 못하는 판이오. 파르치팔, 어찌자고 저 가련한 어부를 그 끔찍한 고통에서 구하지 않았습니까? 그토록 고통을 받으며 그대 앞에 앉아 있었는데. 그대는 성배를 보았고, 은 나이프와 피 흐르는 창도 보았소. 문잘베셰에서 동정의 질문 한마디만 던졌더라면 세상에서 가장 귀한 것을 얻었을 것을.

당신의 아버지 앙주의 가호무레트가 생각나네요. 아버지한테서 분명 다른 특성들을 물려받았을 것인데. 당신이 그토록 용감한 아버지와

아서 왕과 그의 기사들이 둘러앉은 원탁에 성배가 나타났다. 자리의 차등이 없이, 모두가 대등한 자격을 지니게 되는 것이 원탁의 정신이다.

그토록 정결한 어머니의 아들이 아니었다면 차라리 이해라도 하지. 당신의 형님 파이레피츠는 비록 모습은 이상해도 용감하게 싸워서 저 멀리 이방의 도시 타브로니트를 얻고 그곳의 여왕을 아내로 얻었건만. 헤르첼로이데의 아들이 명성의 길에서 이토록 벗어났다는 말을 해야 하다니, 정말로 슬픈 일이오."

쿤드리는 몹시 우울한 얼굴로 이렇게 말하면서 눈물을 철철 흘렸다. 그런 다음 인사도 하지 않고 그대로 자리를 떠났다. 아서 왕과 원탁의 기사들은 이제 파르치팔의 혈통에 대해 정확하게 알게 되었다. 많은 기사들이 그 옛날 용감하던 가흐무레트의 무공을 기억하고 있었다. 그가 저 아름다운 헤르첼로이데 여왕을 얻을 때의 결투를 기억하는 이도 많았다. 그럴수록 파르치팔은 놀라고 당황했다. 그는 어찌할 바를 몰랐다. 그 순간 또 다른 기사가 등장했다.

새로운 기사는 가반에게 도전장을 내밀었다. 가반이 거짓 주장을 펼치고 있으니, 40일 뒤에 아스칼룬(Ascalun)의 왕이 보는 앞에서 그 말의 진실을 가리기 위해 결투를 하자는 것이었다. 가반은 영문도 모른 채 어리둥절한 상태로 그의 도전을 받아들여야 했다.

파르치팔은 이제 더는 이곳에 머물 수 없다고 생각했다. 그는 아서 왕과 그곳에 모인 사람들 앞에서 떠나겠다는 의사를 밝혔다. 쿤드리의 말이 구구절절 옳았고, 그는 아서 왕과 원탁 기사단의 명성에 흠집을 내면서까지 더 머물 생각이 없었다. 그의 갑작스러운 작별 인사에 모두들 마음이 아팠으나 가는 길이 서로 다르니 어찌하겠는가. 도전을 받은 가반도 결투를 위해 곧 출발해야 했다. 가반이 파르치팔에게 작별의 입맞춤을 하고는 이렇게 말했다.

"자네는 어디서든 결투를 하면 늘 이길걸세. 하느님이 자네에게 행운을 주시길 바라네. 우리가 빨리 다시 만나게 해달라고도 빌겠네."

하지만 파르치팔이 격한 속마음을 털어놓았다.

"하느님이 누구란 말인가? 하느님이 정말로 전능하다면 어째서 우리 둘에게 이런 치욕을 안겨준단 말인가? 나는 언제나 있는 힘껏 자신을 바쳤네만, 이제 더는 하느님에게 봉사하지 않겠어. 자네에게 하느님의 사랑과 보호가 함께하기를 빌겠네. 하지만 자네를 언제 다시 만날지는 모르겠네. 어쨌든 행운을 빌겠네."

파르치팔이 떠나기 전에 클라미드 왕이 찾아왔다. 그는 파르치팔과 결투하여 사랑하는 여인 콘드비라무어스를 빼앗긴 아픔을 지니고 있었다. 그는 파르치팔이 귀부인으로 받들고 있는 퀴느바르를 아내로 삼고 싶다는 속마음을 털어놓았다. 파르치팔은 기꺼이 클라미드 왕을 도왔고, 두 사람은 부부의 인연을 맺었다. 퀴느바르는 훌륭하고 당당한 왕을 신랑으로 얻었고, 클라미드도 훌륭하고 아름다운 숙녀를 아내로 얻게 된 것이다.

## ✤ 은자의 동굴에서

**다시 지구네를 만나다**

원탁의 기사들과 헤어진 뒤 파르치팔은 온 세상 여러 곳을 한없이 떠돌았다. 그는 뭍이나 바다로 수많은 곳을 다니며 수많은 결투를 벌여 그 누구를 만나든 상대를 안장에서 밀어 아래로 떨어뜨리곤 했다. 특히 성배의 성에서 안포르타스가 준 칼의 위력은 대단했다. 딱 한 번 칼이 부러진 적이 있었는데, 지구네가 일러준 대로 부러진 조각들을 모아 라크 샘으로 가져가 물속에 담그자 조각들이 서로 달라붙으며 처음처럼 온전한 칼이 되었다.

파르치팔은 세상에 당할 사람이 없는 용사였지만 아내에게 돌아가지도 못하고 한없이 세상을 떠돌았다. 성배의 성에서 간단한 인간적인 질문 하나를 제대로 못한 탓에 끔찍하게 고통받는 성주를 구원하지 못했고, 또 그런 탓에 만나는 사람들에게 자주 봉변과 수치를 겪었다. 이 문제를 해결하지 못한 채 아내에게 돌아가 편안한 삶을 살 수는 없었다. 비슷한 마음에서였을까. 이상하게도 그는 어머니에게로 가려는 마음마저 버린 것 같았다. 하지만 아무리 애를 써도 성배의 성으로 들어가는 길만은 찾을 수가 없었다.

그렇게 떠돌아다니며 모험을 한 지 얼마나 많은 세월이 흘렀던가? 그는 한 해가 시작되는 것도 끝나는 것도, 날짜가 가는 것도 알지 못했다. 날씨와 풍경의 변화를 보고 계절이나 대강 짐작하는 정도였다. 길도 없는 곳을 헤매기 일쑤였고, 숙소를 구하지 못해 한데서 잠을 자는 일도 흔했다.

그렇게 길도 없는 곳을 말을 타고 가다가 한 번은 산속 깊은 곳에서 은둔자의 오두막을 보았다. 그는 이곳이 어디쯤이며, 길이 어디로 나 있는지를 물어볼 셈으로 오두막으로 다가가 창문을 통해 소리쳤다.

"안에 누구 계시오?"

"예."

여자 목소리였다. 그는 깜짝 놀라 얼른 말을 타고 암자에서 조금 떨어진 곳으로 되돌아가 그곳에 말을 묶어놓고, 구멍 난 방패와 칼도 옆에 내려놓고는 암자가 있는 곳으로 걸어서 돌아갔다. 여자 은둔자가 밖으로 나왔다. 그녀는 사촌 지구네였다. 하지만 두 사람은 서로를 알아보지 못했다. 파르치팔이 물었다.

"이렇게 외진 곳에서 어떻게 혼자 사시나요?"

16세기 잉글랜드의 왕 헨리 7세가 입던 갑옷이다. 얼굴을 저렇게 덮고 있으니, 상대방은 기사가 누구인지 결코 알아볼 수 없었으리라. 겉보기에는 으리으리하고 멋있어 보이지만, 저 쇳덩이가 얼마나 무겁고 갑갑할지는 상상만 해도 숨이 막힐 지경이다.

"먹을 것은 성배에서 얻지요. 마법사 쿤드리가 토요일마다 갖다 주곤 해요."

파르치팔은 저도 모르는 새 다시 성배의 성 근처로 돌아와 있었던 것이다. 그는 그녀의 손가락에서 반지가 빛나는 것을 보고 그녀의 말을 온전히 믿지 못한 채 이렇게 물었다.

"그렇다면 대체 누구를 위해 반지를 끼고 있는 겁니까? 은둔자는 애인을 두지 않는다고 하던데."

"마치 비난처럼 들리는군요. 약혼자를 기념해서 끼고 있는 거예요. 오릴루스가 결투에서 그를 죽였지요. 나는 처녀지만 하느님 앞에서는 그의 아내니까요."

이렇게 말하면서 그녀는 죽은 약혼자의 이름을 언급했다. 그제야 파르치팔은 그녀가 사촌누이 지구네라는 것을 깨달았다. 그가 서둘러 투구와 속에 쓴 쇠그물 두건을 벗어버리자 그녀도 낯선 기사가 파르치팔임을 알았다. 오랜 세월이 흐른 뒤라 지구네는 파르치팔에게 어떤 비난의 말도 하지 않았다. 그녀는 죽은 약혼자를 이곳 오두막 아래 묻고 슬픔에 잠긴 채 경건한 생활을 하고 있었다. 고단한 생활 탓에 예전의 곱던 모습은 흔적도 없이 사라졌다. 그녀는 파르치팔이 성배의 성으로 가려는 이유를 이해하고 있었다.

"방금 전에 쿤드리가 다녀갔는데, 얼른 가면 따라잡을지도 모르겠지요."

파르치팔은 서둘러 작별을 고하고 쿤드리의 노새가 남긴 발굽의 흔적을 쫓았다. 하지만 그것은 곧 길이 아닌 곳으로 향하더니 사라지고 말았다. 성배의 성으로 들어갈 마지막 기회를 다시 잃어버린 것이다.

낙담한 채 천천히 말을 몰아걸어가는데, 저편에서 어떤 기사가 그를 향해 다가왔다. 기사는 투구와 쇠그물 두건을 벗어서 손에 들고 있었지만 나머지 부분은 완전무장한 상태였다. 그는 파르치팔을 보더니 재빨리 두건과 투구를 쓰면서 이렇게 외쳤다.

"보시오, 누구든 이 숲을 지나가는 걸 허용할 수 없소. 문잘베셰에는 아무도 이렇게 가까이 오면 안 되지. 위험한 싸움을 하든지 아니면 세상에서 죽음이라 부르는 걸 맛보게 될 거요."

이렇게 말하는 기사는 성배의 기사였다. 그는 다짜고짜 파르치팔을 향해 덤벼들었다. 이런 싸움에 익숙한 파르치팔도 방어에 나섰다. 두 사람은 서로에게 일격을 가했다. 성배의 기사가 말안장에서 밀려나면서 옆에 있던 깊은 낭떠러지 아래로 떨어졌다. 내달리던 파르치팔도 속도를 조절하지 못하고 말과 함께 낭떠러지로 떨어졌다. 말은 아래로 떨어졌지만 그는 다행히도 낭떠러지 옆으로 뻗은 커다란 삼나무 가지를 붙잡았다. 내려다보니 말은 벌써 죽었고, 성배 기사는 살아남아 낭떠러지 저편으로 기어오르려고 애쓰고 있었다. 파르치팔도 서둘러 위로 기어 올라갔다.

위로 올라가자 성배 기사의 말이 버려진 고삐에 발굽이 얽히는 바람에 꼼짝도 못하고 그 자리에 서 있었다. 어차피 말을 잃어버린 파르치팔은 재빨리 상대의 말을 집어 타고 그곳을 떠났다. 성배의 성으로 들어가는 길이 막힌 것은 분명했다. 그는 또다시 목적지도 모르는 방랑을 계속했다.

### 은둔자 트레브리첸트

어느 날 깊은 숲에 눈이 내려 사방이 꽤 추웠다. 거기서 파르치팔은 우연히 순례자 일행을 만났다. 허름한 삼베옷을 걸친 사람들이 추운 날씨에 맨발로 눈길을 걷고 있었다. 노부부가 앞장을 섰는데, 머리가 허옇게 센 것에 비해 얼굴에는 주름살도 없고 혈색도 아주 좋았다. 젊은 두 딸에 이어 기사들과 시종들이 그 뒤를 따르고 있었다. 파르치팔은 얼른 길옆으로 물러서서 무슨 연유로 이런 여행을 하는지 물었다. 그러자 앞장선 순례자가 이렇게 거룩한 날에 무기를 내려놓고 맨발로 걷지 않으니 유감이라고 말했다. 파르치팔이 이렇게 대답했다.

"한 해가 언제 시작해서 언제 끝나는지도 모르는 사람입니다. 지금이 무슨 주간이고, 무슨 요일인지도 모르고요. 한때는 하느님을 섬겼지요. 도움을 주실 거라 믿었지만 아무런 도움도 받지 못해 그마저 그만두었습니다."

순례자는 오늘이 그리스도가 십자가에 못 박힌 수난의 금요일이라고 일러주었다. 지금부터 사흘째 되는 날이 부활절이었다. 순례자들은 그에게 음식과 함께 몸을 녹이도록 해줄 터이니 같이 가자고 초대했다. 하지만 그는 정중하게 거절하고 순례자 일행과 헤어졌다. 그는 혼자 말을 타고 가면서 실로 오랜만에 창조주와 그 전능함을 생각하고, 또 이런 생각도 했다.

'하느님이 나를 도와주실까? 그럴 수 있다면 오늘 도와주십시오. 이 말을 가장 지혜롭고 좋은 길로 이끌어 하느님의 호의를 내게 보여주십시오.'

그러고는 고삐를 말 등에 걸쳐놓은 채 말에게 갈 길을 맡겼다. 그러

순례자의 행렬. 기독교도에게 순례 여행은 신앙을 완성하는 성대한 관례였다. 영국 작가 제프리 초서의 《캔터베리 이야기》는 다양한 계층의 순례자들이 모여 나누는 이야기로 구성되어 있다.

자 말은 터벅터벅 걸어서 저 경건한 은둔자 트레브리첸트가 사는 암자로 그를 데려갔다. 그 옛날 오릴루스 내외와 함께 이곳에 와서 성 유물함에 손을 얹고 맹세를 했던 일이 떠올랐다. 그래, 바로 저 암벽이었지. 암벽을 지나쳐 작은 샘물에 이르자 그곳에 은둔자가 있었다. 옛날에는 집주인을 만나지 못했었다. 은둔자가 그를 보고 이렇게 말했다.

"이런 거룩한 날에 어쩌자고 그리 심한 일을 하시오? 꼭 싸움을 해야 하는 처지라 그렇게 중무장을 하셨소? 그렇더라도 오늘은 다른 옷을 좀 입으시지."

그러면서 은둔자는 나그네에게 어서 말에서 내려 불을 쪼이라고 권했다. 파르치팔은 재빨리 말에서 내려 은자를 향해 예의 바르게 인사했다. 그런 다음 얼른 이렇게 청했다.

"제게 좋은 충고를 해주십시오. 무거운 죄를 짊어진 사람입니다."

"기꺼이 충고를 해주겠소만, 그보다 누가 당신을 이리로 보냈는지부터 말해보시오."

"숲에서 나이 든 기사와 가족을 보았지요. 그분이 이리로 가는 길을 가르쳐준 것 같군요. 어쨌든 그분의 흔적을 쫓다가 여기 이르렀으니까요."

"아, 카헤니스 말이군. 아주 고귀한 영주요. 왕가 출신인데 해마다 이맘때면 순례 여행을 떠나 여기도 들르곤 하지요."

파르치팔은 집주인에게 자기가 이렇게 느닷없이 나타났는데 두렵지 않으냐고 물었다. 집주인은 자기도 세상만사를 두루 겪은 터라 인간은 조금도 두렵지 않다고 대답했다. 은둔자는 나그네에게 말고삐를 달라고 말하고는 말을 한편에 묶어두고 파르치팔을 동굴로 안내했다. 동굴 속은 바람을 피할 수 있는 데다 불이 피워져 있어서 따뜻했다. 주인이 촛불을 켜는 동안 나그네는 갑옷을 벗어 짚더미에 내려놓았다.

여러 날 길도 없는 곳을 헤매며 숲에서 밤을 보낸 터라 그는 모든 게 엉망이었다. 주인은 그에게 겉옷을 내주고는 옆방으로 데려갔다. 그곳에는 옛날에 보았던 성 유물함이 있었다.

"이 유물함은 전에도 보았어요. 옛날에 이곳에 온 적이 있지요. 칠을 한 창을 보고 그걸 가져갔습니다. 내가 창을 가져간 뒤로 시간이 얼마나 흘렀는지 혹시 아십니까?"

"친구가 잊어버리고 두고 간 것인데, 나중에 그 친구가 그걸 잃어버렸다고 나를 원망하더군요. 그때부터 4년 반하고 사흘이 더 지났소이다."

수도사처럼 경건한 생활을 하는 은둔자는 가톨릭 성일과 기념일들 덕분에 정확하게 계산할 수가 있었다. 물론 뛰어난 기억력 덕분이기도 했다.

"그렇다면 내가 얼마나 오랜 세월을 목적도 즐거움도 없이 방랑했는지 알겠군요. 기쁨과 행복은 내게는 닿을 수 없는 꿈이나 마찬가지죠. 무거운 고통의 짐을 지고 있으니까요. 이곳을 다녀간 뒤로 예배를 드리는 곳에 간 적이 없어요. 하느님이 나를 도와주셨더라면 그토록 우울한 골짜기에 빠지지는 않았겠지요."

은둔자는 그의 말에 한숨을 내쉬고 나그네를 주의 깊게 살펴보았다. 그런 다음 한참 동안 신의 은총과 신앙의 중요성에 대해 설명했다. 파르치팔은 귀를 기울여 그 말을 들었다. 우리는 이 부분은 건너뛰어도 될 듯하다. 어쨌든 그는 성배의 성을 떠난 뒤로 4년 반 동안이나 온 세상을 유랑하고 있었다.


**성배의 권능**

파르치팔이 은둔자에게 말했다.

"저의 가장 큰 소망은 성배를 쟁취하는 것입니다. 물론 아내도 무척 그리워요."

집주인이 대답했다.

"아내를 사랑하는 것은 좋은 일입니다. 하지만 사람의 힘으로 성배를 차지하려 한다면 그건 바보 짓이오. 하늘로부터 성배의 기사로 선택되고 부름을 받아야만 성배를 차지할 수 있소. 나도 그것을 체험한 사람이오."

파르치팔은 자기도 그곳에 간 적이 있다는 말은 꺼내지 않았다. 하지만 은둔자는 스스럼 없이 파르치팔에게 성배의 비밀을 자세히 설명해주었다.

성배의 성에 사는 기사들은 성배에서 음식을 얻는다. 성배란 흠결 없이 순수한 돌이다. 불사조는 이 돌이 가진 기적의 힘을 받아 죽음에서 새로운 생명을 얻는다. 죽을병에 걸린 사람이라도 이 돌을 보면 다음 한 주간은 죽음을 면하게 된다. 젊어서 이 돌을 본 사람은 머리카락이 허옇게 변해도 얼굴은 젊은 날의 모습을 그대로 간직한다.

오늘 수난의 금요일에는 해마다 하늘에서 눈처럼 하얀 비둘기 한 마리가 작은 전병을 입에 물고 내려와 돌 위에 그것을 내려놓는다. 그런 다음 비둘기는 도로 하늘로 돌아간다. 기독교에서 비둘기는 성령(聖靈)을 나타낸다. 그러니까 성배의 힘은 하느님으로부터 직접 내려오는 것이고, 덕분에 성배가 그런 기적의 힘을 가지는 것이다. 성배의 기사를 선택하는 일도 성배가 맡는다. 돌 위쪽에 비밀스러운 글자가 나타나는데, 바로 성배가 선택한 소녀와 소년의 성별과 이름이다. 사람들이 글자를 완전히 이해하면 그 글자는 저절로 사라진다.

이런 설명 끝에 은둔자는 성배의 왕에 대한 이야기를 들려주었다.

"거기엔 안포르타스라는 왕이 살고 있소. 한때 오만했던 탓에 끔찍

중세 문학작품에서, 성배를 받드는 이는 대체로 아름답고 품위 있는 처녀로 묘사된다. 성령을 상징하는 비둘기가 여인의 머리 위에 앉아 있다. 영국 화가 단테이 게이브리얼 로세티의 그림.

한 병을 앓고 있지. 누구라도 그를 보면 저절로 동정심을 가지지 않을 수 없소. 성배의 성에는 선별된 기사단이 있소만, 그들은 모두 겸손이 오만보다 더 강력한 힘을 갖고 있음을 안다오.

딱 한 번 부름받지 않은 사람이 문잘베셰에 들어간 적이 있소. 하지만 그는 어리석은 바보라 무거운 죄만 짊어지고 그곳을 떠났다오. 성주에게 그 고통의 원인이 무엇인지, 어찌 그리도 편찮으신지 물어보지를 않았지요. 그가 고통받는 꼴을 똑똑히 보았으면서도 말이오. 그런 모습을 보고도 묻지 않는 것은 무거운 죄입니다. 안포르타스는 이 세상 누구보다도 끔찍한 고통을 겪고 있는데, 한마디 동정의 질문도 하지 않다니. 그렇게 마음이 닫혀서야."

그런 다음 주인이 갑작스럽게 물었다.

"그건 그렇고 당신이 타고 온 말의 안장에는 성배 기사단의 문장이 박혀 있던데, 그 말은 대체 어디서 난 것이오? 그 문장은 평범한 것이 아니라오. 티투렐이 아들 프리무텔 왕에게 그 문장을 물려주었소. 프리무텔은 용감한 기사였는데, 아내를 사랑하는 마음에 결투를 하다가 죽었지요. 그를 모범으로 삼도록 하시오. 게다가 당신은 어딘지 프리무텔 왕과 닮았군요."

두 사람은 한참이나 서로를 바라보았다. 이윽고 파르치팔이 자신의 비밀을 털어놓았다.

"저의 아버지도 기사의 결투를 하다가 죽었습니다. 그분의 이름은 앙주의 가흐무레트라 하지요. 물론 나도 죽은 사람의 물건을 훔친 적이 있습니다. 참으로 어리석은 생각으로 일어난 일이었지요. 저 이테르를 죽이고 그의 물건을 차지했으니까요."

"이런 기가 막힐 데가! 그게 너의 길이구나! 넌 내 조카다. 넌 아무래도 다른 사람에게 기쁨보다는 아픔과 슬픔을 더 많이 주는 운명인 모양이다. 이테르를 죽이다니, 그는 너와 가까운 친척인데. 게다가 너는 어머니에게도 크나큰 고통을 주었지. 네 어머니 헤르첼로이데는 내 누님이다. 네가 떠난 후 네 어머니는 너를 그리는 마음이 너무 커서 그만 죽고 말았다."

"외삼촌이라고요! 그렇다면 정직하게 말해주세요. 이게 모두 사실입니까?"

"나는 거짓말을 모른다."

그러면서 그는 자신의 형제자매들에 대한 설명을 덧붙였다.

"너의 어머니 말고도 누이가 두 명 더 있다. 한 명은 아이를 낳다가 죽었는데, 너의 어머니가 그 딸 지구네를 맡아 길렀지. 또 한 명은 성배를 운반하는 레팡스 드 쇼이다. 성배는 아주 무거워서 죄가 있는 인간들이 죄다 달려들어도 들어올릴 수 없지. 안포르타스 왕은 나의 형님이다."

그의 말대로라면 은둔자 트레브리첸트와 안포르타스 왕은 모두 파르치팔의 외삼촌이었다. 그러니까 어머니 헤르첼로이데는 성배의 왕 프리무텔의 딸들 중 하나였던 것이다. 파르치팔이 태어나기도 전에 아버지는 죽었고, 어머니는 아들에게 아무것도 가르쳐주지 않았다. 게다가 그가 갑작스럽게 어머니 곁을 떠난 탓에 아는 친척도 없었다. 우연히 만난 지구네에게서 그저 몇 마디 주워들은 것이 전부였다.

은둔자 트레브리첸트는 아직도 들려줄 이야기가 많았다. 성배를 수호하는 성배 왕 안포르타스의 집안에는 온갖 사연들이 아주 많았기 때문이다. 파르치팔은 삼촌의 이야기를 더 들어야 했다.

**안포르타스의 기구한 운명**

프리무텔이 죽자 장남인 안포르타스가 성배의 왕이 되었다. 이제 겨우 수염이 가뭇하게 나는 소년이던 그는 사랑의 힘에 굴복하기 쉬운 나이였다. 성배의 지배자는 성배가 정해준 사람 이외에 다른 여인을 사랑하면 큰 고통을 받는다. 안포르타스는 성배에 이름이 나타나지 않은 고귀한 가문 출신의 어떤 여인을 사랑했다. 그는 기사들의 관습에 따라 자신이 사랑하는 여인을 위해, 그리고 모험심의 부추김으로 수많은 결투에 나섰다. 안포르타스는 아주 용감한 사람이었다.

어느 날 안포르타스는 어떤 이슬람교도 용사와 결투를 벌이게 되었다. 이 이교도는 멀리 동방에서 성배에 대한 소문을 듣고 성배를 차지할 속셈으로 이곳까지 온 것이었다. 그는 자신의 창끝에 독을 발라두었다. 안포르타스는 결투에서 승리를 거두기는 했으나 자신도 상대방의 창끝에 음부를 찔리고 말았다. 그것은 어쩌면 운명이었다. 안포르타스는 상대의 시신을 거둘 틈도 없이 비틀거리며 성으로 돌아왔다. 죽은 사람처럼 얼굴이 창백했다. 의술을 아는 사람이 상처를 살펴보니 창대의 나뭇조각과 함께 독 묻은 창끝이 그의 몸에 박혀 있었다. 의사가 재빨리 그것을 제거하고 여러 가지 방법으로 치료했지만 상처는 낫지 않고 점점 악화되기만 했다.

그때 트레브리첸트는 무릎을 꿇고 왕을 위해 기도를 올리면서 앞으로는 고기와 포도주와 빵과 그 밖에 피가 흐르는 것은 일절 먹지 않겠노라 맹세했다. 그는 그 맹세를 지켰다. 그래서 동굴에 살면서 생선과 고기를 피하고 약초와 나무 열매, 풀뿌리 등을 먹고 물만 마셨다.

안포르타스의 상태가 전혀 나아지지 않자 성배의 기사들은 그를 성배 앞으로 데려갔다. 이제 그의 고통은 심각해졌다. 치명적인 상처를 입었으나 성배를 본 탓에 죽을 수도 없었기 때문이다. 상처는 끔찍하게 곪았다. 성배의 지시 없이는 왕의 자리를 비워둘 수 없는 성배의 기사들은 안포르타스가 원치 않아도 그를 성배 앞으로 데려가 억지로 성배를 보게 했다. 안포르타스는 죽게 해달라고, 제발 성배를 보지 않게 해달라고 애원했다. 살아 있는 고통이 훨씬 더 끔찍했기 때문이다. 그러나 기사들은 그의 말을 듣지 않았다. 이것이 하느님의 뜻이라고 여겼던 것이다.

달이 바뀔 때 또는 토성의 힘이 하늘에서 가장 강해질 때 그의 통증은 극에 달했다. 달이 바뀔 때 기사들은 왕을 성배의 성 근처에 있는 호수로 데려간다. 호수 위로 불어오는 향긋한 바람에 실어서 상처에서 풍기는 고약한 냄새를 없애려는 것이다. 그는 이것을 '사냥 날'이라 불렀다. 그 때문에 그가 '어부'라는 소문이 생겨났다.

그는 상처로 인해 통증 말고도 몸이 얼어붙는 듯한 냉기를 느낀다. 몸 안의 서리가 그의 몸을 눈보다도 더 차게 만든다. 냉기가 심해지면 사람들은 독 묻은 창을 가져다가 그의 상처에 올려놓는다. 옛날 그에게 상처를 입힌 창끝에 새로운 대를 연결해서 온전한 창으로 만들었다. 창끝에 남은 독이 그의 상처를 벌겋게 달구고 그렇게 해서 억지로라도 몸 안의 냉기를 없애려는 것이다.

토성의 힘이 강해질수록 왕은 살을 에는 추위를 느낀다. 그러면 창끝을 상처에 올려놓는 것만으로는 부족해서 아예 독 묻은 창으로 그의 상처를 쑤신다. 그러면 상처가 더욱 깊어지면서 피가 흐르지만 그래도 이런 가혹한 고통으로 몸 안의 냉기를 내보내는 것이다. 그러고 나면 한여름이라도 이튿날에는 보통 눈이 내린다.

단 한 번 성배에 이런 예언이 나타난 적이 있었다.

"한 기사가 올 것이다."

그 내용은 다음과 같았다. 그가 왕이 당하는 고통을 함께 느끼고 그런 공감에서 왕의 운명에 대해 물으면 안포르타스의 모든 고난은 끝난다. 기사가 도착한 그날 밤 안으로 그 질문이 나와야 한다. 또한 아무도 그에게 이 중요한 질문을 암시하거나 유도해서는 안 되고, 온전히 그의 마음에서 우러나와야 한다. 만일 누구든 아주 작은 암시라도 한다면, 그가 질문을 한다 해도 효력이 없다. 그가 질문을 하면 안포르타스의 상처는 낫지만 성배의 왕 노릇은 끝난다. 대신 새로 온 기사가 성배의 왕이 될 것이다. 그것이 성배의 예언이었다.

뒷날 그 기사가 나타나기는 했지만 그는 아주 어리석은 사람이라 끝내 질문을 하지 않았다. 차라리 오지 않은 편이 더 나았을 것을.

두 사람은 이야기를 잠시 중단하고 먹을 것을 찾으러 숲으로 나갔다. 트레브리첸트는 조카에게 대접할 음식이 전혀 없었기 때문에 자기가 먹는 것을 그에게도 주는 수밖에 없었다. 두 사람은 숲에서 약초와 풀뿌리를 캐서 맑은 샘물에 씻어 동굴로 돌아와 함께 먹었다. 그런데 이상하게도 이 보잘것없는 음식은 이 세상의 그 무엇보다도 맛이 있었고, 파르치팔에게 깊은 만족감을 주었다.

동굴에 돌아오기 전 삼촌이 말에게 먹이를 주고 있을 때 파르치팔은 조용한 목소리로 자기가 바로 그 어리석은 기사였다고 고백했다.

"제 미숙함을 탄식하고 제게 좋은 충고를 해주십시오."

선량한 트레브리첸트는 그 말에 깊은 탄식을 내뱉었다. 침묵 끝에 그는 조카에게 이렇게 타일렀다.

"절대로 절망에 완전히 몸을 맡기지는 마라."

이어서 트레브리첸트는 기묘한 운명을 타고난 가엾은 조카에게 성배의 성에 얽힌 나머지 비밀을 알려주었다. 어차피 그는 성배의 왕의 가까운 친척이니 가족사에 얽힌 모든 것을 알 권리가 있었다.

성배는 고귀한 태생에 육체적인 아름다움까지 겸비한 아이들을 골라 성배 기사단으로 불러들인다. 순결하고 절제심 있는 기사들만이 성배에 봉사하는 일을 할 수가 있다. 성배에 봉사하는 것은 기사들에게는 아주 명예로운 일이다. 성배는 이렇듯 뛰어난 소년소녀를 이 세상에서 받아들이지만, 그렇다고 인재를 받기만 하는 것은 아니고 파견하기도 한다. 이 세상 어디선가 통치자 가문이 대가 끊겼을 때 그 백성이 하느님에 대한 경외심을 품고 하느님께 통치자를 요청하면 성배의 성은 통치자를 파견하는 것이다. 그들은 그 통치자에게 복종해야 한다. 신의 축복이 그와 함께하기 때문이다. 다만 이 통치자는 비밀리에 파견된다.

그에 비해 성배의 성에 속한 여자들은 공개적으로 성배 기사단을 떠날 수 있다. 예를 들어 오래전에 카스티스 왕이 헤르첼로이데에게 구혼을 했고, 두 사람은 형식을 다 갖추어 결혼식을 올렸다. 그는 헤르첼로이데에게 자신의 두 왕국 칸볼레이스와 노르갈스를 선물했는데, 아내와 행복한 생활을 시작하기도 전에 성배의 성에서 고향으로 돌아가던 중 죽고 말았다. 처녀 과부인 헤르첼로이데는 두 왕국의 여왕이 되었다. 뒷날 그녀는 가흐무레트를 남편으로 선택한다.

파르치팔은 성배의 성에서 의식을 행할 때 커다란 홀 옆에 붙어 있는 성배의 방에 있던 머리가 하얗게 센 노인이 누군지 물었다. 그는 성배를 보호하는 일을 처음으로 맡은 성배 왕 티투렐이었다. 헤르첼로이데의 할아버지였고, 파르치팔에게는 증조할아버지였다. 그는 오래전부터 몸이 마비된 상태였지만 성배 옆에서 살기에 머리는 하얗게 세어도 얼굴은 젊은 모습 그대로이고 죽지도 못하고 있었다. 트레브리첸트는 자신의 삶에 대해서도 자세한 이야기를 들려주었다.

파르치팔은 경건한 은둔자 트레브리첸트의 암자에서 보름을 묵었다. 그 기간 동안 그는 신앙을 향해 새로 마음을 열고, 지난날 자신이 잘 몰라서 범한 잘못들에 대해서도 깊이 생각해보았다. 그는 평생 순수한 사람이었으나 참으로 어리석은 바보이기도 했다. 하지만 트레브리첸트는 세상에 감추어진 수많은 비밀과 지식을 그에게 전해주었다. 오만함보다 겸손함의 힘이 더 강하다는 소중한 사실도 일러주었다.

마침내 작별의 날이 찾아왔다. 파르치팔이 떠날 때 트레브리첸트가 이렇게 말했다.

"너의 죄를 다 내게로 넘겨다오. 내가 하느님 앞에서 너의 참회를 보증하는 사람이 되어주마. 내가 말한 것을 잘 간직하고 늘 지켜라."

### ✤ 원탁의 기사 가반의 모험

파르치팔이 아서 왕과 원탁의 기사들을 떠날 때 기사 가반도 원탁을 떠나 모험을 시작했다. 《파르치팔》의 작가 볼프람 폰 에셴바흐는 가반의 모험을 파르치팔의 모험과 거의 비슷한 수준으로 상세히 다룬다.

트레브리첸트를 만난 파르치팔은 삼촌의 이야기를 듣고 자신이 얼마나 어리석었는가를 깨닫는다. 트레브리첸트는 파르치팔에게 위로와 지혜를 불어넣어준다.

파르치팔이 궁극적으로 성배의 기사라면 가반은 원탁의 기사다. 두 영웅의 길은 종교적 기사와 세속적 기사의 길로 나뉜다. 그렇기 때문에 두 사람은 방랑의 길도 운명도 매우 다르다. 그렇게 다른 두 사람의 운명을 작가는 평행하게 다루면서 이따금 여기저기서 둘을 서로 만나게 한다.

앞에서 보았듯이 파르치팔은 성배의 왕인 안포르타스의 조카다. 그는 방랑의 세월 동안 잃었던 신앙을 다시 찾는 긴 과정을 거치면서도 언제나 아내를 향한 사랑을 가슴에 깊이 간직했다. 그는 단 한 번도 다른 여인에게 눈길을 돌린 적이 없으며, 자신의 잘못을 속죄하기 위해 늘 성배의 성으로 돌아가기를 원했다.

한편 가반은 원탁 기사단을 이끄는 아서 왕의 조카다. 그는 순수한 바보인 파르치팔과는 달리 세련된 매너를 지닌 뛰어난 세속 기사였다. 방랑의 세월 동안 그는 여러 여인을 만나 온갖 종류의 사랑을 경험하고 마지막에 진짜 사랑을 찾는다. 가반의 길도 파르치팔의 길에 못지않게 흥미롭다. 하지만 양이 너무 많고, 이야기도 번잡하므로 자세한 내용은 뒷날로 미루기로 하고 여기서는 간략한 내용만 간추려 싣기로 한다.

**마법의 성**

가반은 아스칼룬 성으로 가는 도중에도 그렇고 아스칼룬에서도 온갖 모험과 결투를 거듭했다. 또한 어린 소녀부터 성숙한 여인에 이르기까지 여러 여인들을 만나 이런저런 사랑을 경험했다. 아스칼룬 왕의 신하 한 사람이 그에게 결투를 신청했지만 그의 무죄가 밝혀지면서 결투를 피하고, 가반은 왕을 대신하여 성배를 찾는 임무를 맡게 되었다.

그 뒤로 가반은 성배를 찾아 4년 넘게 헤맸다. 그러다가 아름다운 여공작 오르젤뤼즈(Orgeluse)를 만났다. 그녀는 눈부시게 아름답고 매혹적인 여인이었지만 그의 칭찬을 달가워하지도 않을뿐더러 매우 오만하고 쌀쌀맞게 굴었다. 그녀의 뛰어난 아름다움에 반한 가반은 사랑의 노예가 되고 말았다. 어디 그런 사람이 가반 하나뿐이던가. 그녀의 뒤를 따라 그는 자신도 모르는 새 마법사 클린쇼르의 세계(terre marveile, 마법의 영역)로 들어가게 되었다.

가반은 그 옛날 아서 왕의 곁을 떠나기 전에 마법의 성(Schastel marveile)에 대한 이야기를 들은 적이 있었다. 아서 왕의 기사들은 모두 그곳에서의 모험을 열망했다. 그곳에는 귀족 여성 400명과 여왕 네 명이 붙잡혀 있다고 하니, 용사들이 그곳의 모험을 열망하는 것도 어찌 보면 당연한 일이었다. 성에 붙잡혀 있는 여왕들 중 두 명은 나이가 많고, 둘은 젊다고 했다. 하지만 모험은 목숨을 걸어야 하는 위험한 일이었다. 운명이 가반을 그곳으로 이끌었다.

클린쇼르의 세계는 숲과 강과 들판과 커다란 성으로 이루어져 있었다. 성에는 400명이 넘는 여인들 말고도, 수많은 기사들이 클린쇼르의 마법의 손아귀에 들어 있었지만 그 사실은 세상에 별로 알려지지 않았다. 마법사는 성에 사는 남자들과 여자들이 절대 서로 만날 수 없게 해 놓았다. 가반은 이런 사정도 모른 채 마법의 성에 갇힌 여인들을 구할 일념으로 성에 들어가기로 결심했다. 그를 만나는 사람마다 이미 수많은 기사들이 목숨을 잃었다며 말렸지만, 그럴수록 그의 열망은 오히려 더욱 커졌다.

가반(거웨인)의 모험 중 가장 유명한 것이 '녹색 기사와의 결투'다. 목이 잘려 나간 녹색 기사가 가반에게 일 년 뒤 복수의 결투를 할 것을 제안하면서 가반의 기묘한 이야기가 시작된다.

　가반은 뱃사공에게서 튼튼한 방패를 얻고, 또 귀중한 충고도 듣고 마법의 성으로 향했다. 먼저 성문 앞에서 만난 상인에게 말을 맡기고 허리띠를 얻었다. 사공과 상인은 가반에게 중요한 사실을 몇 가지 일러주었다.

　"하느님의 도움으로 무사히 죽음을 피하고, 성에서의 온갖 시련을 통과한다면 당신은 이 나라의 통치자가 될 겁니다."

　가반이 성안으로 들어가 보니 사람이 하나도 보이지 않았다. 밖에서는 그토록 많은 여인들의 모습이 보였는데 이상한 일이었다.

가반은 먼저 바닥이 미끈거리는 방에 이르렀다. 방에는 마법 침대가 놓여 있었다. 그가 다가가면 침대가 잽싸게 미끄러져 돌아다녔기 때문에 아예 그 위로 올라갈 수도 없었다. 그는 이리저리 궁리한 끝에 침대가 자기 앞으로 다가올 때 단숨에 껑충 뛰어 올라가, 사공이 일러준 대로 칼과 방패를 손에서 내려놓지 않은 채 침대 한가운데 자리를 잡고 누웠다. 그러자 침대가 이리저리 돌아다니며 사납게 벽에 부딪치는 바람에 침대 위에 몸을 붙이고 누워 있기도 어려웠다. 하지만 가반은 방패로 몸을 가린 채 꼼짝도 하지 않았다.

그 순간 500개의 투석기에서 작은 조약돌이 날아왔다. 그는 방패로 몸을 가려 돌을 막았다. 돌이 떨어지자 이번에는 500개의 석궁에서 화살이 날아왔다. 튼튼한 방패로 몸을 잘 가렸기 때문에 큰 상처를 입지는 않았으나, 갑옷과 방패에 화살이 가득 꽂혔다. 하지만 화살도 마침내 바닥이 났다.

그러자 문이 활짝 열리더니 거대한 사내가 뭉툭한 몽둥이를 들고 들어왔다. 가반은 침대에서 몸을 일으켜 칼로 방패에 꽂힌 화살을 털어내고 싸울 태세를 갖추었다. 그러자 사내는 도로 나가며 그가 곧 목숨을 잃게 될 것이라고 외쳤다. 가반은 침대에서 내려와 그 사내가 나간 문으로 다가갔다. 그 순간 말만 한 크기의 굶주린 사자가 갑자기 그에게 덤벼들었다. 사자는 우선 그의 손에서 방패를 떨어뜨리려고 했다. 가반은 사자의 발톱을 하나씩 칼로 쳤다. 사자의 피가 강물처럼 흘렀다. 그런데도 사자가 힘을 잃지 않고 발톱 하나를 방패에 박아 넣는 순간 가반은 사자의 목덜미에 칼을 깊숙이 꽂았다. 사자는 쓰러져 죽었다. 가반도 심한 상처를 입고 사자의 시체 위에 쓰러지고 말았다.

가반은 성에 사는 나이 든 여왕 아르니브(Arnive)의 정성 어린 간호를 받으며 다시 깨어났다. 가반은 마법의 성에서 거쳐야 할 온갖 시련을 이미 극복했다. 그곳에 붙잡힌 여인들은 마침내 용감한 기사가 나타나 클린쇼르의 시험에 통과한 것을 무척 기뻐했다. 이제 클린쇼르가 미리 약속한 대로 가반은 마법 성의 새로운 주인이 될 것이고, 여인들에게도 자유의 길이 열릴 것이다. 가반이 마법사 클린쇼르처럼 고약한 인물이 아니라면 말이다.

가반은 몸이 채 낫기도 전에 성 안을 돌아다니다가 마법의 기둥을 보았다. 사방 12킬로미터 안에서 일어나는 모든 일을 보여주는 기둥이었다. 거기서 그는 저 아름다운 오르젤뤼즈 여공작이 어떤 기사와 함께 강가로 다가오는 모습을 보았다. 그는 질투심에 불타서 성치 않은 몸으로 갑옷을 챙겨 입고 무기를 든 채 말을 타고 그곳으로 달려갔다.

**오르젤뤼즈의 사랑을 얻다**

가반은 먼저 오르젤뤼즈와 함께 다가오던 기사와 다짜고짜 맞붙어 상대를 물리치고 승리를 거두었다. 아름다운 여공작은 여전히 쌀쌀맞았다. 하지만 가반이 아직도 그녀에게 열렬한 사랑을 품고 애원하자 가반에게 기회를 주기로 했다. 오르젤뤼즈는 어떤 나무의 가지로 화환을 만들어 오라고 말했다. 그는 그녀의 뒤를 따라 2킬로미터쯤 말을 달려 '클린쇼르의 숲'에 이르렀다. 그녀는 숲 속으로 그를 안내하더니 골짜기 저편에 있는 나무를 손가락으로 가리키며 말했다.

"내 행복을 망친 남자가 저 나무를 지키고 있어요. 저 나무의 가지로 화환을 만들어 가져오세요."

나무는 사나운 폭포가 만들어낸 깊은 골짜기 저편, 접근하기 힘든 자리에 서 있었다. 오르젤뤼즈를 뒤로 한 채 가반은 혼자 말을 타고 골짜기로 다가갔다. 용감한 가반이 힘차게 박차를 가하자 말은 엄청난 도약을 했다. 그런데도 말의 앞발만 건너편 골짜기 가장자리에 닿았다. 가반은 물 위로 늘어진 나뭇가지를 붙잡고 매달렸지만 말은 균형을 잃고 물에 빠져버렸다. 아직 상처가 남아 있었지만 가반은 힘이 워낙 장사였다. 그는 나뭇가지를 잡고 무사히 언덕 저편으로 기어올랐다. 그런 다음 떠내려가는 말을 붙잡아 물에서 구해냈다. 창과 방패도 찾았다.

가반은 오르젤뤼즈가 일러준 나무의 가지를 꺾었다. 그러자 나무를 지키는 기사가 나타났다. 그는 그라모플란츠(Gramoflanz)라는 왕이었다. 오만한 젊은 기사인 그는 한 명뿐인 기사를 상대로 싸울 마음이 없었다. 가반도 무장하지 않은 사람과 싸울 수 없다고 생각했기에, 두 사람은 서로 통성명도 하지 않은 채 싸움 대신 이야기를 시작했다.

나무를 수호하는 기사는 자기가 오르젤뤼즈의 남편을 죽였기 때문에 그녀가 자기를 그토록 미워한다는 이야기를 했다. 또한 그는 오르젤뤼즈를 납치해 일 년 동안이나 구애했지만 그녀의 사랑을 얻지 못했다. 이제 그라모플란츠는 마법의 성에 사는 다른 여인에게 마음을 주고 있었다.

이렇게 이야기를 하는 도중에 두 사람은 서로 싸울 이유를 찾아냈다. 가반의 아버지 로트 왕이 옛날에 그라모플란츠의 아버지를 죽였던 것이다. 그렇기 때문에 그라모플란츠는 오래전부터 가반이라는 기사를 찾아내 싸우기로 굳게 작정한 터였다. 마침내 결투의 이유를 찾아낸 두 사람은 앞으로 16일 뒤에 아서 왕의 성에서 멀지 않은 곳에서 결투를

영국 화가 에드워드 번 존스가 그린 가반의 초상 스케치. 이 정도 미남이라면 보자마자 넘어갈 법도 한데, 오르젤 뤼즈의 미모가 얼마나 대단했는지 짐작할 만하다.

벌이기로 기사의 약속을 하고 헤어졌다.

가반이 나뭇가지로 만든 화환을 가지고 돌아오자 아름다운 오르젤뤼즈는 그제야 눈물을 흘리며 그의 앞에 무릎을 꿇었다. 그녀는 그동안 오만하게 행동한 것에 대해 용서를 빌고 가반의 사랑을 받아들였다. 그리고 자신의 사연을 이야기했다.

그라모플란츠에게 남편을 잃은 뒤로 그녀는 복수의 일념에 사로잡혔다. 그러다가 안포르타스라는 왕이 그녀의 기사가 되었다. 그러니까 그녀가 바로 성배의 왕 안포르타스가 사랑한 여인이었던 것이다. 하지만 안포르타스는 그녀에게 봉사하던 도중에 다른 기사를 만나 치명상을 입고 말았다.

그 뒤로 그녀는 안포르타스가 선물한 온갖 귀한 보물들을 내주고 마법사 클린쇼르와 평화협정을 맺었다. 그녀가 이 근처에서 평화롭게 사는 대신에, 마법의 성의 시험에 통과한 기사에게만 그녀의 사랑을 주기로 한 것이다. 덕분에 그녀의 미모에 반한 수많은 기사들이 찾아와 마법의 성에서 소중한 목숨을 잃었다. 클린쇼르가 원한 것이 바로 그것이었다. 그녀는 스스로 원하지는 않았어도 자신의 미모로 용사들을 마법의 성으로 꾀어 들이는 미끼 노릇을 했던 것이다.

**클린쇼르의 비밀**

오르젤뤼즈와 함께 마법의 성으로 돌아온 가반은 그곳의 귀부인과 기사들을 위해 성대한 잔치를 베풀었다. 이제 기사들과 여인들이 서로 자유롭게 만날 수 있게 되었다. 그라모플란츠가 사랑한 여인은 이토니예(Itonje) 여왕으로, 실은 가반의 누이동생이었다. 가반은 사람들에게 아직 자신의 이름과 출신을 밝히지 않았다. 그런 상태로 그는 이토니예를 찾아내서 그라모플란츠의 마음을 전하고 또 그가 부탁한 반지를 전했다. 이토니예는 기꺼이 반지를 받았다. 그날 밤 가반은 마침내 사랑하는 여인 오르젤뤼즈와 깊은 인연을 맺었다. 사랑의 힘이 그의 상처까지 낫게 했다.

가반은 아서 왕에게 심부름꾼을 보내고 자신도 그라모플란츠와 싸울 준비를 했다. 이런, 매제 될 사람과 목숨을 걸고 결투를 해야 하는 처지가 아닌가. 하지만 기사의 약속을 했으니 당연한 일이었다. 그전에 그는 마법의 성에 사는 나이 많은 여왕 아르니브에게서 클린쇼르의 운명과 비밀에 대한 이야기를 들었다.

클린쇼르는 본래 위대한 마법사인 나폴리의 비르길리우스 집안 출신으로 카푸아 태생이었다. 그는 기사로서 시칠리아 왕의 아내인 이블리스를 오랜 세월 자신의 귀부인으로 섬겼다. 그러다 두 사람은 허락되지 않은 사랑의 관계에 빠지게 되었다. 그가 왕비의 품에 잠든 모습을 왕이 보았고, 왕은 손수 클린쇼르의 남근을 잘라버렸다. 클린쇼르는 이제 어떤 여자와도 관계를 맺을 수 없는 몸이 된 것이다.

그러자 클린쇼르는 마법이 창안된 곳인 페르시다(페르시아가 아니다)로 가서 마법을 익혔다. 그런 다음 자신이 받는 고통에 대한 보복으로 고귀한 태생의 남자들과 여자들을 찾아내 그들의 행복을 방해했다. 그러다가 평화를 약속하고 그 대가로 이 나라의 왕에게서 이곳 땅을 얻어 마법의 성을 지었다. 클린쇼르는 하늘과 땅 사이의 온갖 유령들을 부릴 수 있다고 한다. 또 이곳 말고도 다른 여러 곳에 마법의 성을 소유했다.

클린쇼르는 처음부터 마법의 성에 들어와 모험에 성공한 사람이 이곳의 주인이 될 것이고, 새로운 주인에게 자신은 아무런 해도 입히지 않겠노라고 공표했었다. 용감한 영웅들을 유인하기 위한 것이었지만, 어쨌든 그는 그 약속을 지켜 벌써 이 땅을 포기했다. 클린쇼르가 납치해 온 온갖 기독교도 남녀들은 이제 가반의 신하가 되었다.

그사이 아서 왕 일행이 마법의 성 근처 약속된 장소에 이르렀다. 아서는 아르니브 여왕의 아들이었다. 이곳에는 아르니브 여왕의 딸 상지브(Sangive)와 손녀인 이토니예와 쿤드리(Cundrie)까지 잡혀와 있었다. 그러니까 상지브는 아서의 누이동생이고, 가반과 이토니예는 또 다른 누이의 자식들이니, 아르니브 여왕은 바로 가반의 외할머니였던 것이다.

가반은 아서 왕을 만나러 가던 중에 투구 쓴 파르치팔을 보고 그라모플란츠인 줄로 오해하고 결투를 벌이다가, 뒤늦게 알아보고는 얼른 싸움을 중단했다. 오랜만에 두 친구가 다시 만났다. 파르치팔은 잠시 원탁 기사단에 합류했다. 가반과 그라모플란츠의 결투가 아직 남아 있었다. 하지만 그라모플란츠와 가반의 누이 이토니예가 서로 사랑하는 사이인지라 아서 왕과 다른 사람들이 개입하여 두 사람의 결투를 막고 화해시키기 위해 노력했다.

그동안 그라모플란츠를 죽이겠노라고 굳게 결심하고 있던 오르젤뤼즈도 새로운 남편을 맞이했으니, 그것으로 위안을 얻고 화해에 동의했다. 그 밖에도 서로 복잡하게 얽힌 수많은 기사와 숙녀들이 제각기 배필을 맞이했다. 가반의 모험은 수많은 연인들의 합동 결혼식으로 끝난다. 파르치팔은 그 광경을 보며 사랑하는 아내 콘드비라무어스를 생각했다.

이튿날 아침 일찍 그는 행복한 사람들과 작별하고 다시 길을 나섰다. 가반은 온갖 힘든 방랑과 모험을 거쳐 마법의 성의 주인이 됨으로써 자신의 세계를 찾았으나, 파르치팔은 아직도 자신의 세계를 찾지 못했기 때문이다.

## ✣ 성배의 왕 파르치팔

**형 파이레피츠**

파르치팔은 가반과 헤어져 길을 나서자마자 용감한 이교도 기사를 만났다. 이교도는 아주 부유한 사람이었다. 그도 다른 기사들처럼 사랑과 명성을 얻기 위해 세상을 돌아다니며 이미 많은 나라를 정복한 터였다. 그리고 이슬람교도와 사라센 사람들로 이루어진 부대를 25개 군단이나 거느리고 있었다. 그의 투구에는 코카서스에 사는 아내 세쿤딜레 여왕이 준, 뱀을 죽이는 짐승 에치데몬이 달려 있었다. 투구를 쓴 두 기사는 서로의 신분을 모른 채 싸움을 시작했다.

둘의 힘이 서로 팽팽했다. 파르치팔은 아내를 생각하며 있는 힘을 다해 싸웠다. 이교도의 방패가 부서지고 파르치팔의 칼이 상대방의 투구를 힘껏 내리치자 상대방은 그 충격에 쓰러졌다가 비틀거리며 다시 일어섰다. 하지만 그 바람에 파르치팔의 칼이 부러졌다. 이교도가 아랍어 억양이 섞인 유창한 프랑스어로 말을 걸어왔다.

"이제 넌 칼도 없이 싸워야겠네. 대체 너는 누구냐? 칼만 안 부러졌다면 나를 이겼을지도 모르겠다만, 우리 잠깐 쉬기로 하자."

그렇게 해서 두 사람은 풀밭에 주저앉았다. 아직 싸움의 결말이 나지 않았지만 둘 다 특출한 용사라는 것만은 분명했다. 이교도가 다시 그의 이름을 물었지만 파르치팔이 두려워서 이름을 말하지 않겠다고 버티자 상대방이 먼저 이름을 밝혔다.

"나는 앙주의 파이레피츠라고 한다. 수많은 나라들을 차지한 지배자다."

파르치팔이 깜짝 놀라 소리쳤다.

"앙주라니, 대체 무슨 소리냐? 내가 앙주인데? 먼 나라에 형이 있다는 말을 들은 적은 있다만. 그렇다면 이보시오, 나를 믿고 투구를 벗어 얼굴을 좀 보여주시오."

대담한 이교도는 어차피 칼도 없는 상대와 칼을 들고 싸우는 것은 공평하지 않다고 생각하고 자기 칼을 멀리 던져버리고는 이렇게 물었다.

"그래, 형이 있다면 대체 어떤 모습이라고 하던가?"

"양피지에 글씨를 써놓은 것처럼 흰색과 검은색이 얼룩덜룩 섞여 있다고 하던걸."

그러자 이교도가 기쁨의 소리를 질렀다.

"그럼 그게 나다!"

두 사람은 동시에 투구를 벗어던지고 서로를 바라보았다. 정말로 이교도의 얼굴은 까치의 깃털처럼 검은색과 흰색이 얼룩덜룩 섞여 있었다. 파이레피츠는 자기 어머니 벨라카네 이야기와 아버지 가흐무레트가 바그다드에서 창시합을 하다가 죽은 이야기를 들려주었다. 형제는 아버지의 얼굴을 한 번도 본 적이 없었다. 파이레피츠는 자신이 섬기는 신을 소리 높여 찬양했다.

파르치팔은 형 파이레피츠와 함께 아서 왕에게 돌아갔다. 아서 왕과

용감한 이교도 기사와 결투를 벌이던 파르치팔은 그가 이복 형 파이레피츠인 것을 알고는 깜짝 놀란다.

가반은 두 사람을 따뜻하게 맞이해주었다. 성대한 잔치가 열리고 파이레피츠는 아서 왕과 여러 가지 이야기를 나누었다.

**성배의 왕으로 선택되다**

이튿날은 날씨가 화창했다. 아서 왕은 다시 그 옛날처럼 풀밭 위에 원탁을 준비했다. 여러 나라에서 온 사람들이 잔뜩 모여 있었다. 이번 원탁에는 애인이나 남편이 없는 여인에게는 앉을 자격을 주지 않았다. 그러나 자신의 기사에게 봉사의 대가를 주겠노라고 약속한 여인은 원탁에 앉을 자격을 얻었다. 이렇게 행복한 사람들이 모두 자리를 잡고 앉았다. 유명한 여인들이 거의 모였으니 세상에 이보다 더 즐거운 구경거리가 없었다.

그렇게 모두 둘러앉았는데 성배 성의 심부름꾼인 쿤드리가 다시 등장했다. 흔히 여자 마법사라 불리는 여인이었다. 그녀의 외투에는 비둘기들이 수놓아져 있었다. 비둘기는 성배 성의 문장이다. 성배의 문장을 보고 사람들이 긴장했다. 그녀는 하얀 두건을 쓰고 얼굴을 베일로 가린 모습이었다. 그녀는 먼저 아서 왕에게 인사를 하고는 거기 모인 사람들을 위해 프랑스어로 자신의 말에 귀 기울여달라고 부탁했다. 그러고는 파르치팔 앞으로 다가와 말에서 내리더니 공손한 자세로 그의 앞에 무릎을 꿇고 자신의 불손한 행동에 대해 용서를 빌고 이렇게 고했다.

"고귀한 분이여, 성배에 글자가 나타났습니다. 당신이 성배의 왕으로 선택을 받았어요. 아내 콘드비라무어스와 두 아들도 함께 성배 성으로 오라는 부름을 받았습니다. 당신이 브로바르츠 왕국을 떠난 뒤 그분은 쌍둥이 아들을 얻었지요. 첫째인 로헤란그린은 성배의 성으로 오고,

예전에 파르치팔의 어리석음을 비난하던 쿤드리는 이제 다시 아서 왕과 파르치팔의 일행 앞에 나타나 그가 성배의 왕으로 선택되었음을 고한다.

둘째인 카르다이츠가 브로바르츠 왕국을 물려받게 됩니다. 그 밖에 남자 한 명을 더 동반할 수 있으니 한 분을 고르십시오. 그러면 제가 두 분을 안내하겠습니다."

쿤드리는 잠깐 아르니브 여왕을 보러 갔다. 파르치팔은 자기와 함께 갈 기사로 형 파이레피츠를 선택했고, 파이레피츠는 기꺼이 문잘베셰로 따라가겠노라고 대답했다. 다만 그는 아서 왕에게 자기가 돌아오기까지 기다려달라고 부탁했다. 아서 왕은 4일 동안 더 들판에 머물며 기다리기로 약속했다. 떠나기 전에 파르치팔이 기사들에게 프랑스어로 간단한 연설을 했다.

그것은 트레브리첸트에게서 배운 내용이었다. 그 누구도 힘으로는 성배를 차지할 수 없으며, 오로지 신의 부름을 받은 사람만이 성배의 성으로 갈 수 있다는 얘기였다. 이렇게 널리 공표함으로써 기사들이 헛되이 성배를 찾으러 다니는 일을 막으려는 것이었다. 연설을 끝낸 다음 파르치팔과 파이레피츠는 쿤드리의 뒤를 따라 성배의 성으로 출발했다.

**고귀한 결말**

은둔자 트레브리첸트에게서 들은 것처럼, 성배 왕 안포르타스의 고통은 끝이 없었지만 그를 모시는 기사들은 안포르타스가 죽기를 원하는데도 그 소원을 들어주지 않고 억지로 그가 성배를 다시 보게 만들곤 했다. 그 옛날의 기사가 언젠가 다시 돌아와 안포르타스를 구해줄 것이라는 성배의 예언이 있었기에 그들은 희망을 버릴 수가 없었다. 그래서 안포르타스는 죽음의 고통 속에서 죽지도 못한 채로 더욱 심해지는 고통을 겪고 있었다. 상처에서 풍기는 고약한 냄새를 줄이기 위해 온갖 약초가 동원되었다.

그렇게 온갖 고통을 견디고 난 지금 다시 희망이 생겼다. 성배의 지시에 따라 쿤드리가 파르치팔과 그의 형 파이레피츠를 성배의 성으로 안내했기 때문이다. 문잘베셰의 기사들이 두 사람을 맞아들였다. 기사들은 기쁨의 눈물을 흘리며 그들과 함께 성으로 향했다.

파르치팔과 형은 먼저 갑옷을 벗고 새로운 옷으로 갈아입었다. 그들은 안포르타스에게 안내되었다. 파르치팔은 먼저 성배 앞에 무릎을 꿇고 삼위일체 신에게 도움을 요청하는 기도를 드렸다. 그는 지난 방황의 세월 동안 늘 안포르타스의 고통을 함께 느끼고 있었다. 이제 마침내 그는 긴 세월 지녀온 깊은 공감에서 우러나온 그 유명한 질문을 했다.

빛나는 성배. 성배 왼쪽으로 어부 왕 안포르타스가 고통을 참으며 앉아 있고, 비둘기 장식이 있는 투구를 쓴 파르치팔의 모습이 보인다. 파르치팔은 안포르타스에게 인간의 예의를 갖춘 질문을 하고, 마침내 안포르타스는 고통에서 해방된다.

"삼촌, 어디가 불편하신가요?"

그러자 안포르타스는 병이 말끔히 나으면서 건강을 되찾았다. 먼저 그의 안색이 밝아졌다. 그와 동시에 파르치팔이 성배의 성 문잘베셰의 새로운 왕이 되었다. 안포르타스는 성배의 왕이라는 무거운 직분에서 해방되었다.

곧이어 파르치팔은 몇몇 기사들과 함께 트레브리첸트를 찾아가 소식을 전했다. 은둔자는 형이 고통에서 해방되었다는 소식에 진정으로 기뻐했다. 이어서 고귀한 기사들의 안내와 보호를 받으며 콘드비라무어스와 두 아들이 성배의 성에 도착했다. 파르치팔과 아내는 5년 만에 재회했다. 긴 세월 정절을 지킨 부부의 만남은 이루 말할 수 없는 기쁨이었다. 아버지는 어느새 부쩍 자란 아들들을 처음으로 만났다.

파르치팔은 지구네의 소식도 궁금했다. 그녀가 살고 있는 암자로 찾아가보니 그녀는 기도하는 자세로 죽어 있었다. 성배의 기사들은 그녀의 시신을 사랑하는 애인이 잠들어 있는 관에 함께 넣어 장례를 치렀다.

파르치팔의 어린 아들 로헤란그린은 삼촌 파이레피츠의 모습을 보고 무서워하며 키스를 피하려고 했다. 파이레피츠는 어린 소년의 태도를 웃어넘겼다. 그는 멀리 두고 온 아내를 잊고 아름다운 레팡스에게 홀딱 반했다. 레팡스는 파르치팔의 막내 이모였지만 어머니가 다른 파이레피츠와는 직접 피가 섞이지 않았다.

새로운 왕이 처음으로 성배의 의식을 치르게 되었다. 지난번에 파르치팔이 본 것과 똑같은 순서로 의식이 진행되었다. 다만 이번에는 성배가 안포르타스가 아닌 새로운 왕 파르치팔 앞에 놓였다. 이교도의 눈에는 이 모든 일이 신비롭기 그지없었다. 특히 황금 그릇에 음식이 저절로 채워지는 것이 매우 놀라웠다. 그는 옆에 앉아 있던 안포르타스에게 영문을 물었다. 안포르타스가 대답했다.

"저 앞에 놓인 성배가 보이지 않소?"

"그냥 초록색 천만 보이는데요."

그렇지 않아도 그는 성배를 운반해온 아름다운 레팡스의 모습에 반해서 사랑의 고통을 경험하는 중이었다. 얼굴이 창백해진 파이레피츠는 음식에 손도 대지 못하고 가슴만 졸이고 있었다. 그런데 다른 사람의 눈에는 보이는 성배가 자기 눈에만 보이지 않다니. 이교도는 심지어 자기가 섬기는 신을 원망하는 말까지 했다. 아무도 이 기묘한 현상을 설명하지 못했다. 그러자 몸이 마비된 채 침대에 누워 있던 티투렐이 이렇게 일러주었다.

"세례를 받지 않은 이교도의 눈에는 성배가 보이지 않을 것이다."

그 말을 듣고 파이레피츠가 동생 파르치팔에게 물었다.

"내가 세례를 받는다면 내 사랑을 이루는 데도 도움이 되겠소?"

파르치팔이 놀라서 물었다.

"대체 누구를 사랑하는데?"

"저기 저 아름다운 여인이오. 여기 내 곁에 앉아 있는 안포르타스의 누이라는데. 내 사랑을 이루게 도와주시오."

"세례를 받는다면 그 사랑을 이룰 수가 있지요."

만찬이 끝나고 파이레피츠는 사랑의 고통에 잠 못 이루는 밤을 보냈다. 이튿날 성배를 앞에 두고, 기사들이 지켜보는 가운데 사제가 파이레피츠에게 세례를 베풀었다. 파이레피츠는 오로지 사랑을 이루고픈 마음에 뭐가 뭔지도 모른 채 기독교도로 개종하고 세례를 받았다. 세례를 받고 나자 신기하게도 그의 눈에도 성배가 보였다.

파이레피츠의 세례가 끝난 다음 성배에는 다음과 같은 글귀가 나타났다.

"성배의 기사들 중 다른 나라의 왕으로 파견되는 사람은 그 이름이나 집안에 대한 질문을 받으면 안 된다."

어쨌든 파이레피츠는 레팡스를 아내로 맞아들였다. 그는 열하루 동안 성배의 성에 머물고 나서 열이틀째 되는 날 아내와 함께 길을 떠났다. 안포르타스가 그를 배웅하러 따라나섰다. 안포르타스는 앞으로 오직 하느님을 위해 기사로서 봉사하고, 더는 여인의 사랑을 구하지 않기로 굳게 결심한 터였다. 병이 낫기는 했으나 그는 어차피 여인을 사랑할 수 없는 불구의 몸이었으니 당연한 결심이기도 했다.

파르치팔과 파이레피츠가 떠나고 나서 4일이 훨씬 더 지났기에 아서 왕은 이미 카멜롯을 향해 출발한 뒤였다. 이어서 파이레피츠는 멀리 있는 아내 세쿤딜레가 죽었다는 소식을 들었다. 파이레피츠는 새 아내 레팡스와 함께 인도로 돌아갔다. 그는 자기 나라에서 기독교 신앙을 전파하는 데 힘썼다.

그와 함께 이 긴 이야기는 행복한 결말을 맺는다. 우리는 여기서 파르치팔의 아들 로헤란그린의 운명에 대한 이야기를 잠깐 듣게 된다. 하지만 그 이야기는 뒤에서 다시 하기로 하자.

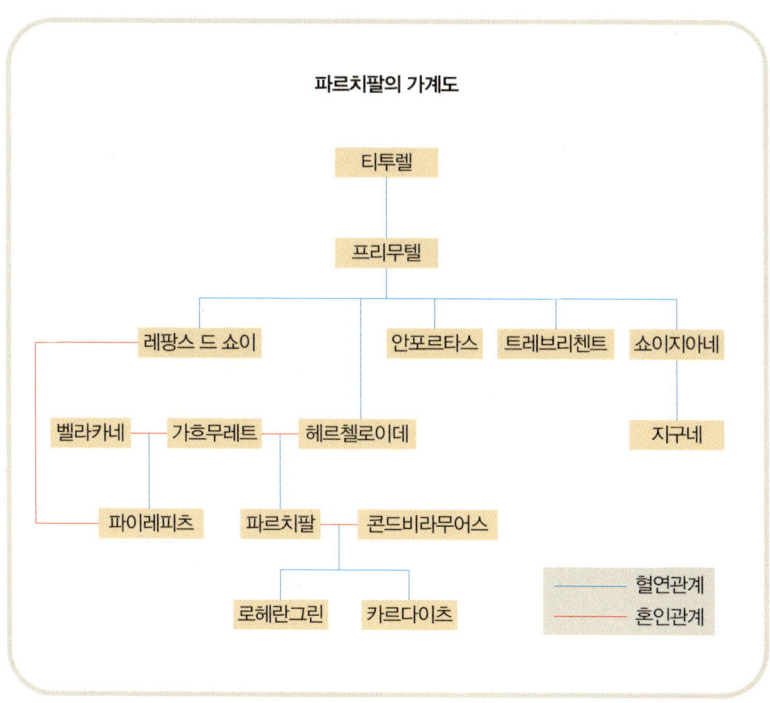

## 흥미롭고 통속적인 결말, 성장소설

**부족한 출발**

이것은 바보소년 파르치팔이 무지함에서 출발하여 위대한 기사로 성장하는 과정을 보여주는 이야기다. 그는 귀한 혈통을 타고났으나 앞에서 살펴본 다른 여러 영웅들처럼 아버지가 죽은 다음 태어난 아들이다. 여왕인 어머니는 아들의 장래를 걱정하여 아들에게서 모든 교육의 기회를 빼앗았다. 그는 아름다운 용모와 빼어난 자질을 타고났으나 교육을 전혀 받지 못해 제 이름도 출신도 제대로 모르는 소년으로 자랐다. 열다섯 살이 되도록 이름도 없고 말도 없던 히요르바르트의 아들 헬기와 비슷하다.

파르치팔은 어머니 곁을 떠나 세상으로 나가면서 그럴 의도가 전혀 없이도 주변 사람들에게 심각한 상처를 준다. 어머니, 귀부인 예슈테, 붉은 기사 이테르가 당한 고통을 기억해보라. 이 모든 것이 그야말로 무지에서 나온 행동이었다.

이런 온갖 무지와 잘못에도 불구하고 파르치팔은 중대한 미덕 몇 가지를 처음부터 마지막까지 지닌다. 그는 어머니의 말씀을 가슴에 잘 담아두고 그 모든 것을 실천하려고 노력했다. 방랑 도중 만나는 경험 많은 사람들의 충고도 또한 소중하게 여겼다. 덕분에 언제나 아주 빠른 속도로 모든 것을 배우고 익혔다. 다만 이렇게 속성 코스로 익힌 지식이 그다지 완벽하지 않아서 거듭 또 다른 실수를 저지른다는 것이 문제이기는 하지만. 그에게는 경험이 부족했던 것이다.

파르치팔은 매우 빼어난 용기와 힘을 지닌 인물이다. 구르네만츠에게서 겨우 보름간 기사 수업을 받은 다음 곧바로 실전에 들어간 파르치팔은 산전수전 다 겪은 뛰어난 기사들을 물리친다. 그가 타고난 체력과 함께 용기를 지닌 인물임을 보여주는 부분이다.

또한 그는 순결한 영웅으로서 긴 세월 홀로 방랑하면서 수많은 아름다운 여인들을 만났으나 오로지 아내만을 향한 정절을 계속 지켰다. 정절은 방랑의 운명을 지닌 기사들의 시대에는 남자나 여자 모두에게 중대한 미덕이었다. 그의 아내 콘드비라무어스도 파르치팔의 아내로서 손색이 없는 정결한 여인이다.

### 잘못과 방황

파르치팔은 뛰어난 스승 구르네만츠에게서 기사로서의 온갖 미덕과 기술을 2주 만에 배웠다. 덕분에 포위된 도시를 적에게서 구해내고 아름다운 아내를 얻었다. 하지만 그것만으로는 부족했다.

그의 결정적인 잘못은 성배 성에서 일어났다. 구르네만츠의 가르침에 지나치게 매달린 나머지 끔찍한 고통에 시달리는 인간을 보고도 평범하고 인간적인 질문 하나를 제대로 던지지 못했다. 아무런 감정도 느끼지 않아서가 아니라 자기가 배운 것을 문자 그대로 지키려는 일념으로 속에서 올라오는 질문을 억눌렀던 것이다.

성배 성을 떠나면서 파르치팔은 자신의 잘못을 깨달았다. 그 뒤로 만나는 수많은 사람들도 모두 그의 중대한 잘못을 지적했다. 순수하고도 어리석은 파르치팔은 큰 혼란에 빠졌다. 무엇이든 열심히 배우고 그것을 충실하게 지키려고 노력했지만 그 과정에서 뜻하지 않게 또다시 엄청난 잘못을 저질렀기 때문이다. 어려서 제대로 교육받지 못한 결과 아무리 노력해도 거듭 잘못을 저지르게 된다.

아서 왕과 원탁의 기사들과 함께 있을 때 쿤드리가 나타나 공개적으로 심한 비난을 퍼붓자 파르치팔은 완전히 좌절한다. 가반과 헤어질 때 그는 신앙심을 잃어버린 모습을 보인다.

이로써 기독교 기사인 그는 중대한 위기에 봉착하게 된다. 그는 이제 모든 것을 잃었다. 아내에게 돌아가지도 못하고 온 세상을 헤매면서 한 번 더 성배 성에 가고자 하지만 성배 성으로 통하는 길은 그에게 열리지 않는다. 신앙심을 잃고 흐르는 시간도 잊고 세상과의 인연도 끊은 상태로 4년 반의 세월을 그는 홀로 방황했다. 이런 고통 속에서 차츰 새로운 인식을 얻기 위한 내면의 자세가 만들어지고 있었다.

### 변화와 성숙

변화는 은자 트레브리첸트의 동굴에서 이루어진다. 좌절과 고난의 세월 동안에도 파르치팔은 겸손한 마음을 잃지 않았고, 경험이 많은 사람의 충고를 귀담아듣는 자세를 버리지 않았다. 트레브리첸트는 먼저 파르치팔에게 신앙심을 되찾아준다. 어떤 일이 있어도 완전히 절망해서는 안 된다는 충고도 해준다.

이곳에서 비로소 파르치팔은 자신의 출신과 부모와 집안의 역사를 알게 된다. 그동안 아무도 가르쳐주지 않았고, 또 가르쳐줄 수도 없는 일이었다. 성배의 왕인 안포르타스의 조카로서 파르치팔은 어차피 신의 선택을 받은 인물임이 드러난다. 하지만 모든 영웅이 그랬듯이, 신이 선택한 아들인 파르치팔도 남다른 고난의 세월을 견디며 자신의 내면을 연단해야 했다. 이제 그는 성배와 성배 성 그리고 성배의 왕에 대한 온갖 비밀을 다 알게 되었다.

파르치팔은 트레브리첸트의 동굴에도 2주 동안 머문다. 이번에 그는 기사 교육을 받은 것이 아니라 성배의 왕이 되기 위한 내면의 변화와 준비를 마친다. 이제 파르치팔은 기사의 미덕과 아울러 신앙심과 지혜까지 갖춘 성숙한 모습을 드러낸다.

그리고 이것이야말로 파르치팔이 외삼촌 안포르타스와 다른 점이다. 안포르타스는 성배의 성에서 자라면서 충분한 교육을 받고 성배의 왕으로 선택받았지만 성배의 왕으로 자질이 부족했다. 성배의 선택을 받지 않은 여성을 사랑했으니 겸손함이 부족했다. 그는 충분한 내적 수련을 건너뛴 채 왕이 되었던 것이다. 그에 비해 파르치팔은 어린 시절의 교육은 놓쳤으나, 이 세상을 떠돌며 고난 속에서 내면을 단련하고, 이렇게 방황하는 중에 성배의 선택을 받아 왕이 되었다.

운문 기사 소설 《파르치팔》은 무지하고 어리석은 소년이 계속 잘못과 오류를 저지르면서도 정직하게 노력하여 새로운 것들을 익히고, 방황과 고난을 통해 내적으로 성숙해지는 과정을 그려냈다. 용감한 파르치팔이 마지막에 신앙심을 되찾아 조용하고 겸손해진 모습은 기독교 기사의 이상을 잘 보여준다. 그는 진짜 하느님의 아들에 어울리는 인물로 성장한 것이다.

### 비현실적이고 밝은 결말

볼프람은 성배의 왕이 되는 파르치팔의 삶뿐만 아니라 원탁 기사단의 한 명인 가반의 행적도 서술하고 있다. 덕분에 우리는 종교적 기사단과 세속적 기사단의 모험을 함께 경험할 수 있다. 아서 왕의 조카인 가반은 파르치팔과 달리 깊은 절망 속에서 신앙심을 잃거나 하지는 않는다. 그는 늘 신앙심을 지킨다. 대신 그에게는 신앙의 문제에 대한 심오한 고뇌가 없다. 신을 섬기는 것이 자명한 일이기 때문이다. 이것은 볼프람의 깊은 통찰력을 보여주는 부분이다. 신앙심을 중히 여겨야 할 인물이 오히려 중간에 신앙심을 잃고 방황한다. 이런 단련을 통해 그의 신앙심이 더욱 단단해진다.

대신 세속적 기사인 가반의 모험은 마법의 세계에서 이루어진다. 그도 또한 세속에서 마법의 미망을 이겨내고, 기묘한 방식으로 마법사 클린쇼르에게 얽매인 오르젤뤼즈를 구원해야 한다. 이 또한 쉬운 과제는 아니다. 가반 역시 세속적인 맥락에서 구원자-영웅의 역할을 수행하고 있으며, 사랑하는 여인의 사랑을 자신의 노력으로 쟁취해내고 있다.

뛰어난 영웅인 가반은 클린쇼르가 세운 마법의 성을 차지하고 마지막에 많은 사람들을 화해시킨다. 세속의 모험은 가반을 비롯한 수많은 남녀의 합동 결혼식으로 마무리된다. 언제나 되풀이되는 흥미롭고도 통속적인 결말, 곧 결혼이다.


파르치팔의 내적인 성장 과정을 다룬 《파르치팔》은 명랑하고 밝은 결말부를 보여준다. "알록달록 아들"인 파이레피츠와 레팡스 드 쇼이의 결혼은 특히 이런 명랑함을 거의 비현실적인 경지로까지 이끌어간다. 파이레피츠가 결혼할 속셈으로 세례를 받자마자 성배가 그의 눈에도 보이게 된다거나, 그의 결혼에 딱 맞추어 아내가 죽었다는 소식이 전해지는 것도 그렇다. 이런 줄거리가 전체 이야기에 꼭 필요한 것도 아니기에 이것이 어느 정도 의도된 비현실성임을 짐작할 수 있다. 파이레피츠의 피부색깔 자체도 매우 비현실적인 설정이다. 유쾌한 결말을 만들어낸 볼프람은 능청스럽게 한쪽 눈을 찡긋하면서 우리에게 이렇게 말하는 것만 같다.

"자 여러분, 이제 이야기는 끝났습니다. 잘 아시다시피 이것은 현실의 이야기가 아니라 즐거운 상상의 이야기였을 뿐이죠. 상상의 공간에서 우리 한바탕 잘 놀았으니 이제 그만 돌아가서 각자의 현실에 충실합시다!"

# 백조의 기사 로엔그린

볼프람 폰 에셴바흐의 운문소설 《파르치팔》에 나오는 성배의 기사 파르치팔의 운명에 대해 상세한 이야기를 이미 들었다. 덕분에 우리는 로헤란그린 또는 로엔그린(Lohengrin)에 대해 이미 어느 정도는 알고 있다. 그는 파르치팔과 콘드비라무어스 사이에 태어난 쌍둥이 중 맏이로 성배의 성 문잘베셰에서 자랐다. 그리고 장차 파르치팔의 뒤를 이어 성배의 왕이 될 인물이다.

또한 우리는 성배의 왕과 기사들에게 주어진 특권과 임무 등에 대해서도 들었다. 은둔자 트레브리첸트가 성배와 성배의 기사들이 지닌 온갖 비밀에 대해 상세한 이야기를 들려주었기 때문이다. 하지만 성배 성의 비밀스러운 이야기는 여기서 끝나지 않는다. 바로 유명한 '백조의 기사' 로엔그린의 전설이 남아 있기 때문이다.

낭만주의 시대인 1812년 괴레스(Joseph von Görres)는 중세에 쓰인 《로엔그린》이라는 운문소설의 필사본을 원본대로 정리해 출판하면서 성배를 다룬 문학작품 및 연대기들에 대한 상세한 해설을 앞에 붙였다.

그에 따르면 백조가 끄는 배에 관한 이야기는 다양한 변형을 거쳐 이미 유럽의 여러 연대기에 거듭 등장했다고 한다. 주로 오늘날의 네덜란드 지역과 안트베르펜 일대에 널리 퍼진 전설이다. 중세의 운문소설 《로엔그린》은 이름이 알려지지 않은 두 명의 작가가 쓴 것이다(1280~1290년). 두 작가는 볼프람의 《파르치팔》과 여러 전설을 토대로 각자 운문소설을 썼다.

이 작품은 시기적으로 전성기 중세(1190~1220년 무렵)의 도이치 문학작품에 속하지 않고 그보다 한참 뒤에 쓰였거니와, 다른 작품에 비하면 줄거리가 풍성하지 않다. 그런 탓인지 아무리 뒤져도 현대 도이치어 번역본을 찾지 못하고, 중세 도이치어 원본만 구할 수 있었다. 유감스럽게도 중세 도이치어를 직접 읽을 능력이 부족한 탓에 난감하지 않을 수 없었다.

하지만 중세에 쓰인 이 방대한 운문소설을 다 읽지 않아도 우리는 그 이야기를 들을 수 있다. 로엔그린 전설의 핵심은 그림 형제가 펴낸 《도이치 전설집》(1816~1818년)에 들어 있기 때문이다. 그림 형제는 유럽 여러 도시의 옛날 연대기들을 샅샅이 탐색하여 게르만 전설들을 수집하고 번역해서 《도이치 전설집》을 펴냈다.

다음의 이야기는 우리말로 번역된 《도이치 전설집》에 들어 있는 이야기를 풀이하고, 그것을 볼프람의 《파르치팔》에 등장하는 이야기와 합친 것이다. 환하게 빛나는 백조의 기사 이야기를 들어보자. 바그너는 이 이야기를 약간 개조해서 오페라 〈로엔그린〉에 담았다.

### ✤ 프리드리히 폰 텔라문트의 구혼

브라반트와 림부르크(오늘날의 네덜란드 및 벨기에 지역)를 다스리던 공작이 딸 하나만 남기고 죽었다. 중세의 신성로마제국에서 영토를 지닌 공작은 왕에 버금가는 권력을 지녔다. 아버지의 뒤를 이어 여공작이 된 딸의 이름은 엘잠(Elsam)이라 했다. 아직 어린 처녀인 엘잠과 결혼하는 사내가 장차 이 나라를 다스리게 되겠지만 아버지는 세상을 떠날 때 딸의 신랑감도 구해놓지 못한 상태였다. 그는 아무것도 모르는 어린 딸을 홀로 남겨두고 떠나는 것이 걱정되어 가장 용감한 신하에게 젊은 여공작을 잘 보살피고 가르치라고 당부했다. 프리드리히 폰 텔라문트(Friedrich von Telramund)는 죽어가는 군주에게 딸을 잘 보살피겠노라고 단단히 약속했다.

프리드리히는 옛날에 스웨덴 땅에서 용을 죽인 적이 있는 용감한 기사였다. 앞에서 우리는 용을 죽인 영웅들을 여러 명 만나보았다. 지구르트와 베오울프 등 유명한 영웅들의 행적을 이미 보았기에 용을 죽인 영웅이라 하면 당대 가장 용감한 사람을 일컫는다는 것을 알고 있다.

하지만 뛰어난 용사인 프리드리히는 상당히 오만한 사람이라 엘잠의 뒤를 보살펴주겠다고 약속한 것을 핑계로 어린 여공작에게 자신이 구혼을 했다. 그녀와 혼인하여 공작에게서 물려받은 땅을 자신이 통치할 생각이었다. 엘잠은 멋대로 구는 나이 많은 프리드리히가 마음에 들지 않았다. 하지만 프리드리히는 여공작이 장차 자신과 결혼하기로 약속했다는 거짓말을 퍼뜨려 나라를 차지하려고 들었다.

프리드리히가 방자하게 굴수록 엘잠은 그와 혼인하고 싶은 마음이 더욱 달아났다. 어린아이로만 알았던 그녀가 뜻밖에도 단호하게 저항하자 프리드리히는 내심 깜짝 놀랐다. 그는 이야기를 꾸며서 황제에게 이 일을 고발했다. 당시 황제는 '새잡이(der Vogler)'라는 별명으로도 불리던 동프랑크의 하인리히 1세(876~936년)였다. 그가 황제로 선출된 사실을 알리려고 영주들이 사신을 보냈는데(919년), 그는 새총으로 새를 잡다가 그들을 맞이했다고 한다. 그래서 사람들은 그를 흠모하거나 욕할 때면 "새잡이 주제에……." 하고 비웃었다.*

새를 잡고 있는 하인리히 1세(그림에서는 새총이 아니라 그물로 잡고 있다)에게 사신들이 왕관을 전달하고 있다. 헤르만 포겔의 그림.

텔라문트의 고발을 받은 황제는, 재판을 대신해 결투로 진위를 판결하겠다는 결정을 내렸다. 당시 하인리히 황제가 마인츠에 있었으므로, 결투는 마인츠에서 벌어지게 되었다. 양쪽 모두 준비 기간이 필요하기에 넉넉한 시간을 두고 결투 날짜가 정해졌다.

---

*Görres, *Einleitung über den Dichtungskreis des heiligen Grales*, S. LXXIX.

하인리히 황제는 여러 요새와 도시들을 세웠고, 도이치 사람들의 땅에 처음으로 시민계층이 자리를 잡도록 해준 황제였다. 덕분에 그는 '요새 건설자 하인리히(Heinrich der Burgenbauer)'라는 별명으로도 불린다. 그는 기사들의 결투를 처음으로 고안한 사람은 아니지만 기사들의 결투에 품위와 규칙과 광채를 부여했고, 재판을 대신하는 결투를 만들어냈다.

오늘날 우리의 눈에는 이런 재판 결투 또는 신의 판결(Gottesgericht)이 이상하게 보이지만 중세 사람들은 간계나 영리함, 또는 말을 잘하는 기술 대신에 용기와 힘으로 결판을 내는 것이 더 정확하다고 여겼다. 게다가 결투의 승패를 통해 신의 뜻이 드러날 것이라는 믿음도 한몫을 했다.

황제의 판결은 텔라문트에게 유리해 보였다. 텔라문트는 당대 제일의 기사들 중 한 사람이었으니 말이다. 엘잠을 위해 용감한 기사가 대신 나서서 결투를 치러야 했지만 누구도 선뜻 나서기가 어려웠다. 텔라문트가 워낙 유명한 용사였기 때문이다. 결투에서 이기면 여공작과 결혼할 수도 있겠지만 잘못하면 목숨을 잃을 수도 있었다. 신앙심이 깊은 여공작은 온 마음을 다해 신께 자신을 구원할 기사를 보내달라고 기도했다. 다른 한편으로는 자신의 공작령에 속한 모든 영주들과 기사들에게 안트베르펜에서 열리는 회의에 참석하라는 전갈을 보냈다. 시간이 흐를수록 엘잠의 기도는 더욱 간절해졌다.

### ⚜ 백조의 기사

그러자 멀리 떨어진 문잘베셰에 있는 성배에 글자가 나타났다. 브라반트에 통치자가 죽고 그 딸만 남았는데, 그곳에 새로운 통치자를 보내 달라는 기도가 계속되고 있으니 로엔그린을 파견하라는 내용이었다. 성배의 왕 파르치팔의 아들인 로엔그린이 어머니와 함께 문잘베셰로 들어온 뒤로도 꽤 오랜 세월이 흘러서 그는 어느새 강하고 씩씩한 젊은이가 되어 있었다. 그는 벌써 기사가 되어 성배를 위해 봉사하는 중이었다. 성배의 기사들이 성배의 명령에 복종하는 것은 당연한 일이었다.

로엔그린은 멀리 북쪽에 있는 브라반트를 향해 말을 타고 길을 나섰다. 그런데 성배의 성 근처에 있는 호수를 지날 때 백조 한 마리가 뒤에 작은 배 한 척을 끌고 다가오는 것이 보였다. 그것을 보자마자 로엔그린은 뒤따르던 기사에게 이렇게 말했다.

"말을 도로 마구간으로 데려가시오. 나는 이 새가 안내하는 대로 갈 것이니."

그러고는 식량도 준비하지 않은 채 무작정 배에 올라탔다. 그는 백조가 헤엄쳐 가는 대로 갈 길을 맡겨두었다. 옛날 그의 아버지가 말에게 갈 길을 맡겼듯이 아들도 백조에게 갈 길을 맡긴 것이다. 닷새 동안 항해한 다음에야 새는 부리를 물속에 넣고 작은 물고기 한 마리를 잡더니 제가 절반을 먹고 나머지 절반은 기사에게 주었다. 젊은이는 백조가 주는 물고기 반 마리를 받아먹었다. 그런 다음 다시 뱃바닥에 몸을 눕히고는 잠이 들었다.

그사이에 브라반트와 림부르크의 영주들과 기사들이 모두 안트베르펜으로 모였다. 회의가 소집된 바로 그날 궁전의 창문 밖으로 백조 한 마리가 작은 배를 이끌고 스헬더 강을 따라 올라오는 것이 보였다. 그 이상한 광경에 이끌려 사람들이 그리로 달려갔다. 배 안에는 기사 하나

'백조성'이라고도 하는 독일 노이슈반슈타인 성의 내부에는 바그너 오페라의 장면을 묘사한 그림들이 곳곳에 걸려 있다. 백조 모형 뒤로, 배를 타고 브라반트에 도착하는 로엔그린의 모습이 보인다.

가 방패 위로 몸을 길게 뻗고 잠들어 있었다. 백조가 드디어 물가에 도착하자 모여든 사람들이 한목소리로 신비로운 기사를 환영했다. 그가 갖춘 기사 장비들로 보아 부유한 나라의 왕자임이 분명했으니 그는 두 말할 필요도 없이 궁전으로 안내되었다.

그는 갑옷을 벗고 손과 얼굴에 묻은 녹을 씻어내고 궁에서 내준 겉옷을 걸친 다음 여공작에게로 안내되었다. 궁정 사람들은 언제나 그렇듯이 먼 길을 오느라 지치고 굶주린 나그네에게 가벼운 인사만을 건넨 다음 우선 푸짐한 식사를 대접했다. 이튿날 목욕을 마치고 나서야 정식으로 여공작과 대면했다. 관습대로 그녀는 먼저 낯선 기사에게 출신과 이름을 물었다. 신비로운 기사는 이렇게만 대답했다.

"그건 차차 말씀드리기로 하지요."

그러자 이번에는 엘잠이 낯선 기사에게 자신이 처한 상황을 설명했다. 기사는 즉시 신의 심판에 여공작을 위한 기사로 나서서 아름다운 그녀를 위해 결투를 하겠노라고 자청했다. 그런 다음 이렇게 말했다.

"아름다운 공작 아가씨. 미리 한 가지를 부탁드려야겠습니다. 내가 누군지 절대로 이름과 출신을 물어서는 안 됩니다. 그 질문을 하지 않는 동안에는 나는 당신 곁에 머물 수 있지만, 만일 그 질문을 하는 날이면 우리의 인연은 끝나게 됩니다. 이 경고를 어기는 날이면 나는 하느님의 뜻에 따라 당신 곁을 떠나야 합니다."

그녀는 그 경고를 단단히 마음에 새겨두고, 그가 원하는 대로 하겠노라고 약속했다. 그래서 기사는 이름 대신 '백조의 기사'라 불리게 되었다. 이제 엘잠을 위해 싸울 기사가 나타났기에 결투 분위기가 무르익었다. 엘잠은 멀리 떨어진 곳에 사는 친척들과 신하들에게도 마인츠로 오라는 전갈을 보냈다. 안트베르펜에 모인 신하들과 여공작과 백조의 기사도 마인츠로 출발할 준비를 했다. 클라브룬의 수도원장 군데마르의 부름을 받고 잉글랜드에서 고트하르트 왕도 마인츠로 향했다. 그래서 여러 나라에서 수많은 기사들과 귀족들이 재판을 참관하러 마인츠로 모여들었다.

### ✤ 결투의 날

재판, 곧 결투의 날이 다가왔다. 많은 손님들이 마인츠 궁정에 모였다. 하인리히 황제는 궁정 앞쪽 너른 결투장에 재판을 위한 장소를 마련했다. 손님들을 위한 자리가 마련되었고, 재판의 진행은 황제가 맡았다. 재판이라고는 해도 결투를 통해 승패가 결정될 참이었다. 결투를 시작하기 전에 황제는 먼저 프리드리히에게 질문을 던졌다.

"프리드리히 폰 텔라문트, 브라반트의 여공작이 그대와 혼인하기로 약속을 했소?"

프리드리히는 단호한 목소리로 대답했다.

"그렇습니다."

황제는 이번에는 엘잠에게 물었다.

"브라반트 여공작, 그대는 프리드리히와 혼인하겠다는 약속을 한 적이 있나요?"

"그런 약속을 한 적도 없고, 그와 혼인할 생각도 없습니다."

황제가 말했다.

"두 사람의 말이 서로 이렇게 다르니, 이제 결투를 통해 누가 진실을 말하는지 판가름할 것이오. 하느님이 참말을 하는 사람의 편을 들어 그에게 승리를 내려주실 것이오. 그대를 위해 대신 결투를 할 기사가 있나요?"

여공작의 뒤에 서 있던 백조의 기사가 앞으로 나서며 말했다.

"여기 있습니다."

황제의 지시에 따라 두 기사의 결투가 시작되었다. 모든 사람이 지켜보는 가운데 그들은 칼을 들고 싸웠다. 용과 싸워서 승리를 거둔 프

여공작 엘잠을 만난 로엔그린은 자신의 신분을 숨긴 채 그녀를 위해 결투를 할 것을 다짐한다. 로엔그린은 이름 대신 '백조의 기사'로 불리게 된다.

리드리히는 이미 수많은 결투에서 승리를 거둔 용감한 사람이었지만 이번 결투에서는 젊은 백조의 기사가 승리를 거두었다. 프리드리히는 칼을 떨어뜨리고 백조의 기사 앞에 무릎을 꿇었다. 황제가 패배한 프리드리히에게 다시 물었다. 그러자 프리드리히는 모두 거짓말이었노라고 솔직하게 시인했다. 이로써 엘잠에게 죄가 없다는 사실이 온 세상에 드러났다. 거짓말을 통해 이토록 심각한 문제를 일으킨 프리드리히는 사형을 선고받고, 곧이어 쇠몽둥이와 손도끼로 처형을 당했다.

백조의 기사는 브라반트의 여공작과 결혼식을 올렸다. 그리고 그는 브라반트와 림부르크의 공작으로서 지혜롭게 나라를 다스렸다. 하인리히 황제가 멀리 헝가리의 훈족과 싸울 때나 그 밖에 다른 이교도와 맞서 싸울 때면 백조의 기사는 황제의 뒤를 따라 나가 열렬히 싸워 많은 공을 세웠다.

### ✦ 금지된 질문

그사이 세월이 흐르면서 그와 아내 사이에 두 아들이 태어났다. 브라반트 공작은 많은 사람들에게 칭송을 듣는 뛰어난 기사이자 훌륭한 통치자였지만 세월이 흘러도 변하지 않는 것이 한 가지 있었다. 그가 어디 출신이며 그의 진짜 이름이 무엇인지 아무도 모른다는 사실이었다. 어쩌면 그것은 전혀 중요하지 않은 일인지도 모른다. 그는 오래전부터 브라반트의 통치자로서 뛰어난 능력과 탁월한 인품을 보여주었기 때문이다.

공작은 기사들의 마상 창시합에도 자주 나가 다른 기사들과 실력을 겨루곤 했다. 마상 창시합은 기사들의 신사적인 게임에 해당하는 것이었으니, 그야 당연한 일이었다. 한 번은 창시합에서 클레브(Cleve) 공작과 겨루게 되었다. 양쪽이 창을 겨누고 말을 달려 서로 상대의 방패를 힘껏 찔렀는데, 클레브 공작이 말에서 떨어지면서 한쪽 팔이 부러졌다. 엘잠과 나란히 앉아 경기를 구경하던 클레브 공작부인이 벌떡 일어나 자리를 떠나면서 큰 소리로 이렇게 말했다.

"공작님은 용감한 영웅인 데다 기독교도인 것 같긴 해요. 하지만 대체 어떤 혈통인지 도무지 짐작이 안 가니 그 점에선 아무래도 좀 밀리는 것 같죠?"

브라반트 여공작은 남편의 출신을 비아냥대는 말에 화가 나서 얼굴이 빨갛게 되었다가 다시 하얗게 질렸다. 전부터 사람들이 이러쿵저러쿵 속삭이는 소리를 듣고도 모르는 척 무시하곤 했지만 오늘 클레브 공작부인은 모든 사람이 듣도록 큰 소리로 지껄여댔다. 그녀는 남편이 이겨서 기쁜 것보다 클레브 공작부인의 비아냥이 더 마음에 걸렸다. 실은 엘잠 자신도 속으로 같은 질문을 자주 했기 때문에 더욱 마음에 걸렸던 것인지도 모른다. 싸움 없이 평화로운 시절에는 여자들의 질투심이 싸움을 만들어내는 것이 예부터 정해진 일인지도 모른다. 어쨌든 브라반트 여공작은 금지된 질문을 참기가 무척 어려웠다.

그날 밤 남편이 다정하게 엘잠을 끌어안자 그녀는 남편 품에서 눈물을 흘렸다. 남편이 물었다.

"여보, 대체 무엇 때문에 그래요?"

"클레브 공작부인이 고약한 말을 해서 그래요."

남편은 사정을 짐작하고 더는 묻지 않았다. 이튿날 밤에 다시 아내가 울었다. 남편이 아내를 다독거렸다. 하지만 세 번째 밤에 엘잠은

클레브 공작부인의 비아냥에 마음이 상한 엘잠은 결국 로엔그린에게 하지 말아야 할 질문을 하고 만다. 그 때문에 얼마나 큰 것을 잃게 될지는 상상도 하지 못한 채.

더는 궁금증을 억누르지 못했다.

"여보, 당신이 어디서 태어났는지, 어떤 사람인지 알고 싶어요. 누구보다 뛰어난 귀족일 것 같은데."

날이 밝자 백조의 기사는 신하들을 모조리 불러모았다. 사람들이 다 모이자 아내가 보는 앞에서 그는 어두운 얼굴로 자신의 신분을 밝혔다. 그의 얼굴은 깊은 슬픔에 젖어 있었다.

"여러분 사이에 내가 어디서 왔는지, 어쩌면 천한 출신일지도 모른다고 속삭이는 목소리가 있음을 잘 알고 있습니다. 지난밤 아내도 그것을 물었어요. 그러니 나는 그 질문에 대답해야 합니다. 지금부터 모든 사람 앞에서 내 이름과 출신을 밝히기로 하지요.

나는 저 멀리 성배의 성 몬잘베셰에서 왔습니다. 성배의 왕 파르치팔의 아들이고, 이름은 로엔그린입니다. 엘잠이 곤경에 빠져 하느님께 간절히 기도를 드린 덕에 성배의 성에서 나를 이리로 파견한 것입니다. 하지만 성배의 기사는 이름과 출신을 밝혀서는 안 되고, 만일 그에 대해 질문을 받는다면 다시 성배의 성으로 돌아가도록 정해져 있습니다."

그날 오전에 벌써 백조가 배를 이끌고 나타난 것을 사람들도 알고 있었다. 로엔그린이 말을 하는 동안 엘잠은 슬픔에 못 이겨 거의 기절할 지경이었다. 로엔그린은 두 아들을 불러 그들에게 키스를 하고, 처음 이곳에 올 때 가져온 뿔나팔과 칼을 주었다. 아내에게는 옛날 어머니에게서 받은 반지를 남겼다.*

그는 서둘러 백조가 이끄는 배를 타고 안트베르펜을 떠났다. 엘잠은 자기 잘못으로 그가 떠나는 것을 말리지도 못하고 아무 말도 못한 채 그대로 기절해버렸다. 철석같이 한 약속을 스스로 깨뜨렸으니 할 말이 없었던 것이다. 사람들은 나무 쐐기를 이용해 억지로 그녀의 입을 벌리고 물을 흘려 넣었다. 그 뒤로 그녀는 남은 생을 탄식과 슬픔 속에서 보냈다고 한다.

### ⚜ 용을 죽인 기사와 성배의 기사

로엔그린 이야기에서 우리는 한 가지 재미있는 대립을 보게 된다. 용을 죽인 영웅 프리드리히 폰 텔라문트와 성배의 기사 로엔그린의 대결이 그것이다.

프리드리히는 "옛날 스웨덴의 스톡홀름에서 용을 죽인 적이 있는" 영웅이다. 그렇게 용감한 기사가 죽어가는 군주와의 약속을 어기고 어린 처녀에게 억지로 결혼을 강요하다가 뜻대로 안 되자 거짓말을 해서 아가씨를 곤경으로 몰아넣는다. 그야말로 용감한 기사가 해서는 안 될 일을 골라서 하는 인물이 바로 프리드리히다. 말하자면 용감하기는 하

---

* 뿔나팔과 칼과 반지는 이교의 영웅 지구르트의 상징이기도 하다.

지만 기사로서의 미덕을 전혀 갖추지 못한 악덕 기사다.

그렇기 때문에 "프리드리히는 어떤 인물이며, 그가 죽인 용이란 대체 무엇인가?" 하고 한 번쯤 물어보게 된다.

중세 기사들의 이야기에는 용을 죽인 영웅들이 자주 등장한다. 용이나 뱀은 탐욕과 혼란과 사악함을 상징한다. 또한 용은 신비로운 지혜를 지닌 존재이기도 하다. 하지만 영웅들이 물리치는 용은 흔히 탐욕과 혼란 등 반사회적인 특성을 나타낸다.

지구르트가 죽인 용 파프니르를 보면 그것을 잘 알 수 있다. 파프니르는 제 아비를 죽이고 보물을 독차지한 다음, 용으로 변신한 존재다. 그러므로 지구르트가 파프니르를 죽인 것은 사회 질서를 회복하는 과정으로 볼 수 있다. 다만 그 과정에서 그는 용의 심장을 먹음으로써 스스로도 용의 중요한 특성들을 받아들였다. 덕분에 새의 말을 알아듣는 지혜를 얻지만 동시에 그는 심각한 운명의 혼란에 휘말리게 된다. 그의 개인적인 혼란이 얼마나 거대한 사회적 혼란으로 연결되는지 상기해보라. 지구르트 이야기에서 우리는 용과 영웅이 서로 밀접한 상관관계를 갖는 것을 볼 수 있다.

이런 맥락에서 보면 우리가 앞에서 만난 베오울프는 용을 죽임으로써 사회 질서를 회복하는 인물이다. 그는 용의 탐욕이나 혼란에 말려들지 않는다. 프리드리히 폰 텔라문트의 정체도 이것으로 거의 밝혀낼 수 있다. 그는 용을 죽인 영웅이지만 그 자신도 용의 특성을 드러낸다. 탐욕과 거짓말로 반사회적인 물의를 일으키는 것이다. 그가 정결한 기사 로엔그린에 맞설 수 없음은 당연한 일이다.

성 게오르기우스는 창으로 용을 무찌르는 이미지로 가장 널리 알려졌지만, 사실 용을 죽인 기사의 이미지는 후대에 채색된 것이다.

우리 이야기와는 별개로, 기독교 성인들 중에는 용을 죽인 것으로 알려진 성인(聖人)이 있다. 바로 성 게오르기우스다. 그의 생애에 대해 알려진 것이라고는 로마제국의 병사로 있다가, 4세기에 디오클레티아누스 황제가 기독교를 극심하게 박해하던 시기(302~305년)에 순교했다는 정도다. 그가 죽고 약 10년쯤 뒤에 콘스탄티누스 대제가 권력을 잡으면서 성 게오르기우스는 동로마제국에서 가장 인기 있는 성인의 한 사람이 되었다. 그러다가 중세의 십자군 전쟁 시절에 성 게오르기우스가 십자군 병사들을 보호하는 성인으로 여겨지면서 다시금 인기를 끌었다.

그러니까 원래 게오르기우스는 용과는 아무런 상관도 없는 인물이었다. 그러다 십자군 전쟁 시대인 11세기에 그가 용을 죽였다는 전설이 덧붙여졌다. 이탈리아 사람인 야코부스 데 보라지네(Jacobus de

Voragine, 1229~1281년)가 쓴 《성인(聖人) 열전》('황금 전설'이라는 제목으로 더 유명하다)에 성 게오르기우스가 용을 죽인 이야기가 등장한다. 이 책은 15세기 유럽에서 최고의 베스트셀러였다고 한다. 그러면서 병사들을 보살피는 성 게오르기우스가 용을 죽인 성인으로 완전히 자리를 잡게 되었다. 여기서도 기독교 영웅인 성 게오르기우스가 평범한 병사에서 전설의 영웅으로 변하는 과정을 볼 수 있다.

야코부스의 이야기에 따르면 아프리카 리비아에 있는 실레네 마을에 용이 출몰하여 사람들이 공포에 떨었다. 마을 사람들은 매일 제비뽑기를 해서 처녀를 한 명씩 용에게 제물로 바쳐야 했다. 게오르기우스가 이 마을에 찾아왔을 때는 마침 왕의 딸이 제물로 바쳐질 차례였다. 게오르기우스가 용과 맞서 싸워 상처를 입힌 다음, 용을 실레네로 끌고 왔다. 게오르기우스는 마을 사람들에게 기독교로 개종한다면 용을 죽이겠노라고 말했다. 마을 사람들이 개종을 약속하자 게오르기우스는 용을 죽여 마을에 평화를 되찾아주었다.

성 게오르기우스가 용을 죽인 성인이 되는 과정을 보면 중세에 용을 죽인 영웅들이 어떤 존재인지 대강 알 수가 있다. 게다가 야코부스 데 보라지네는 《에다》의 영웅 전설을 쓴 북유럽의 시인들과 거의 같은 시기인 13세기 후반에 《성인 열전》을 썼다. 혹시 유럽의 도시들을 여행하다가 성당에서 용을 죽이는 성인 기사의 그림이나 조각상을 보게 된다면 그 주인공은 물어볼 것도 없이 성 게오르기우스다(도이치어로는 성 게오르크, 영어로는 성 조지).

다음에 이어지는 영웅 전설의 주인공 트리스탄도 기독교 기사로서 용을 죽인 영웅이다. 그의 이야기를 들어보자.

# 트리스탄과 이졸데

13세기 초에 활동한 중세 도이치 7대 거장의 한 사람인 고트프리트 폰 슈트라스부르크(Gottfried von Strassburg)는 《트리스탄과 이졸데》(이하 《트리스탄》)라는 제목의 대규모 서사시(운문소설)를 남겼다. 1만 9548행에 이르는 방대한 작품이지만 이야기를 다 끝내지 못한 채 그가 갑자기 죽었다. 그래서 나중에 다른 사람이 종결부를 썼다. 앞서 살펴본 볼프람의 《파르치팔》은 2만 4812행을 헤아리고 나서야 그 어마어마한 대장정을 끝냈다. 그러니까 고트프리트의 《트리스탄》도 그 정도 길이에 이르렀다면 아마 끝이 났을 거라고 생각해도 좋을 것 같다. 이들 중세 거장들의 작품을 만나면 일단 그 엄청난 양에 압도당한다. 《니벨룽겐의 노래》도 예외가 아니다.

고트프리트는 귀족 계층 청중에게 즐거움과 교훈을 주려는 의도로 이 작품에서 정열적인 사랑의 이야기를 들려준다. 중세 도이치 서사시가 대상으로 삼은 청중과 목적이 매우 간명하게 드러난다. 중세 도이치 문학이 귀족 청중을 상대로 하는 만큼 등장인물이 주로 왕자와 공주라는 점도 쉽게 이해가 될 것이다.

고트프리트의 언어 기교는 매우 놀랍다. 운율이나 소리를 이용하는 방식도 그렇거니와, '사랑', '죽음' 따위의 추상명사를 일반명사처럼 자유롭게 다룰 때는 그가 사유 및 언어 놀이의 대가임을 느끼지 않을 수 없다. 너무 긴 작품이 흔히 그렇듯이 그런 게 너무 많아서 이따금 짜증이 날 정도라는 게 오히려 흠이다. 처음 도입 부분에 나오는 다음의 구절을 보면 우리말로도 그것을 느낄 수 있을 것이다.

> 그들은 이미 오래전에 죽었으나
> 그들의 달콤한 이름은 살아남았다.
> 세상을 위하여 그들의 죽음이여
> 오래오래, 영원히 사소서.
> 사랑을 갈망하는 모든 이에게
> 사랑과 명예를 선물하소서.
> 그들의 죽음이 살아 있는 우리에게
> 앞으로 언제까지나 새로운 삶이 되소서.
> ― 222~229행

그들의 삶, 그들의 죽음이 우리에게는 빵이니.

14세기에 만들어진 이 화려한 태피스트리에는 트리스탄 이야기의 주요 장면과 함께 다양한 기사 휘장이 새겨져 있다.

> 그들의 삶이 살아 있고, 그들의 죽음이 살아 있고.
> 그들은 그렇게 계속 살고, 그러나 실은 죽었나니,
> 그들의 죽음은 살아 있는 자들의 빵이라.
> ― 237~240행

그 죽음을 "살아 있는 자들의 빵"이라고 부를 수 있는 경우는 그리스도의 죽음뿐이고, 기독교 성찬식이 바로 그것을 상징한다. 수도사였을 것으로 짐작되는 고트프리트가 여기서 두 주인공의 죽음을 묘사하는 것을 보면 기묘한 느낌이 들지 않을 수 없다. 《트리스탄》의 사랑이 간통이기 때문이다. 이런 사랑을 기독교 윤리와 결합시키기란 쉬운 일이 아니다. 어쨌든 그런 사유의 곡예를 알기 위해서라도 먼저 간추린 이야기를 들어보기로 하자.

### ✤ 틴타젤 성에서의 사랑

중세의 기사들은 크거나 작거나 자신의 영토를 지닌 통치자인 경우가 많았다. 이들 뛰어난 통치자-기사들은 영토를 통치하는 일을 믿음직한 신하에게 맡겨둔 채 멀리 모험 여행을 떠나곤 했다. 적어도 이야기 속에서는 그렇다.

모두 그런 것은 아니지만 출신이 훌륭한 이런 기사들은 중세의 귀족 지식인으로서 한곳에 머물기보다는 한동안 세상을 돌아다니며 새로운 경험을 쌓기를 원하는 떠돌이 여행자들이었다. 그들은 유럽 대륙을 넘어 서아시아 및 북부 아프리카 지역까지 누비고 다녔다. 그런 여행은 고생도 많지만 그만큼 명성을 얻을 기회도 많이 제공했다. 어쨌든 이런 사나이다운 사나이들이 많았던 덕분에 중세의 이야기에는 떠돌이(노마드) 기사들이 넘쳐났던 것 같다. 이따금 못된 용을 만나 죽이기도 했으니, 어쩌면 용감한 기사들만큼이나 못된 용들도 많았던 것일까.

영불해협 근처에 있는 파르메니아라는 나라의 젊은 통치자 리왈롱(Riwalon)은 조상 때부터 내려오는 원수인 아일랜드의 모건(Morgan)과 전쟁을 해서 승리를 거두고 평화조약을 맺었다. 얼마 지나지 않아 그는 새로운 여행을 떠났다. 당시 콘월의 젊은 왕 마크(Marke)가 명성이 높았는데, 때마침 마크 왕이 콘월의 해안가에 자리 잡은 틴타젤 성에서 5월 축제를 베풀고 있었다. 리왈롱은 그곳으로 찾아가 환영을 받았.

틴타젤 성에서 리왈롱은 마크 왕의 아름다운 누이동생 블랑슈플뢰르(Blanchefleur)를 만나 서로 사랑에 빠졌다. 축제가 진행되는 동안 두 남녀는 이따금 부딪칠 때마다 제대로 고백도 못하고 속으로만 사랑의

트리스탄과 이졸데의 이야기가 시작되는 콘월의 틴타젤 성. 아서 왕의 어머니가 틴타젤 공의 아내였으므로, 아서 왕 이야기 역시 이 성에 배경을 두고 있으니 매우 흥미롭다.

 한숨을 이리저리 내쉬다가 서로의 눈길에서 정열의 불길이 걷잡을 수 없이 타오르더니 마침내 성급하게 결합하고 말았다. 젊은 남녀의 이끌림을 그 어떤 힘이 막을 수 있으리오. 그런 달콤한 시간을 보낸 끝에 당연한 일이지만 처녀는 임신을 했다.
 두 사람이 미처 결혼식을 올릴 틈도 없이 마크의 나라에 적이 쳐들어와 전쟁이 벌어졌다. 리왈롱은 마크 왕을 따라 전쟁에 나갔다가 치명상을 입고 들것에 실려 틴타젤로 돌아왔다. 젊은 공주 블랑슈플뢰르는 그 소식을 들었지만 남자들의 숙소를 찾아갈 수도 없어서 애가 타 죽을 지경이었다. 그녀를 가르치던 여선생이 그 모습을 보다 못해 죽어가는 리왈롱과 공주 사이에 연락을 맡았다. 그녀의 도움으로 공주는 거지로 변장하고 리왈롱의 숙소로 들어가 극진한 사랑의 힘으로 그를 위로하고 간호했다. 덕분에 리왈롱은 차츰 몸이 회복되었다.

어수선한 전쟁통에 두 사람이 결혼식을 올릴 기회를 찾기도 전에 이번에는 파르메니아에서 리왈롱에게 급한 전갈이 왔다. 저 강력한 원수 모건이 엄청난 군대를 이끌고 쳐들어왔다는 소식이었다. 리왈롱은 서둘러 배를 준비하고 돌아갈 차비를 했다. 처녀의 몸으로 덜컥 임신한 블랑슈플뢰르는 혼자 남아 아비 없는 자식을 낳을 수는 없는 노릇이었기에 오빠에게 말도 하지 않고 리왈롱을 따라 배를 탔다. 저런, 마크 왕의 궁정에서는 리왈롱이 젊은 공주를 납치해 갔다고들 여겼다.

리왈롱이 공주와 함께 고국으로 돌아오자마자 그를 대신해서 나라를 다스리던 충성스러운 재상 동 뤼알(Don Rual) 공은 서둘러 두 사람의 결혼식부터 올리게 했다. 식이 끝나자마자 리왈롱은 전쟁터로 달려 나갔다. 그는 모건과 결투를 벌이던 도중에 그만 죽고 말았다. 남편이 전사했다는 소식을 전해들은 만삭의 블랑슈플뢰르는 충격과 슬픔 속에서 아들을 낳았다. 산통 끝에 산모도 죽었다. 장차 파르메니아를 통치할 왕자는 태어나자마자 부모 없는 고아가 되었다.

충성스러운 재상 동 뤼알 내외는 산모와 함께 아기도 죽었다는 소문을 퍼뜨렸다. 안 그랬다가는 원수 모건이 새로 태어난 왕자까지 죽이려 들 것이기 때문이다. 재상 내외는 장례식을 치르고 아기를 몰래 빼돌려 감추었다. 재상은 재빨리 모건과 평화조약을 맺고 그를 새로운 통치자로 받아들였다. 그것밖에 살 길이 없었다.

그런 다음 두 사람은 재상의 아내가 임신해 곧 아이를 낳을 거라는 소문을 퍼뜨렸다. 그리고 때가 되자 그럴듯하게 아기 낳는 과정을 재연하고, 유모의 도움을 받아 리왈롱의 아들을 자신의 아이로 만들었다. 그다음부터 그녀는 진짜 어머니의 사랑으로 아기를 보살폈다. 두 사람은 자기들이 섬기는 군주인 아기를 친아들처럼 키웠다. 세례를 줄 때 그들은 아기의 이름을 트리스탄(Tristan)으로 정했다. '슬픈', '슬픔의'라는 뜻을 가진 '트리스티스(tristis)'라는 라틴어에서 따온 이름이다. 아기가 태어나면서 어머니가 죽었기 때문에 붙인 이름이었다. 그의 삶과 죽음은 이 이름에 잘 어울리는 것이 된다.

### ✦ 어린 시절

일곱 살이 되자 왕자에 어울리는 교육이 시작되었다. 여러 외국어를 익히고, 책을 읽기 시작했다. 외국어와 책 읽기가 쉽지 않으나 소년은 용케 어려움을 극복하고 공부에 몰두했다. 그런 다음 여러 현악기를 연주하는 법을 배웠다. 차츰 악기에 익숙해지면서 아이는 음악을 더욱 사랑하게 되었다. 이어서 말타기를 배우고, 나중에는 창과 방패를 들고 말을 타는 법을 익혔다. 뒷날의 마상 창시합을 위한 연습이었다. 그런 다음에는 칼싸움과 맨몸으로 하는 격투, 달리기, 멀리 뛰기, 창 던지기 등을 익혔다. 차츰 사냥에도 익숙해졌다. 그는 정신적으로나 신체적으로 훈련에 훈련을 거듭하여 점점 아름다운 모습으로 성장했다.

열네 살이 되었을 때 트리스탄은 배를 타고 와서 물건을 팔고 떠나는 노르웨이 상인들에게 납치되었다. 상인들은 이 소년이 남달리 아름답고 똑똑한 것을 눈여겨보았다가, 어른들이 돌아간 다음에도 배에 남아 뱃사람과 장기를 두던 소년을 태운 채 그대로 출항해버린 것이다. 그들은 아이를 적당한 곳에서 비싼 값을 받고 팔 수 있으리라 여겼다. 소년은 아무것도 모른 채 장기에 열중해 있었다. 그의 교육을 맡은 쿠어베날(Courvenal)만 트리스탄과 함께 배에 남아 역시 아무것도 모른 채 장기 구경에 열중했다.

장기가 끝나고 보니 배는 이미 바다 한가운데에 이르러 있었다. 트리스탄과 쿠어베날은 탄식했지만 이미 늦었다. 뱃사람들은 쿠어베날을 작은 보트에 태워 빵 한 덩이만 주면서 떠나보냈다. 쿠어베날은 노를 저을 줄도 몰랐지만 무사히 고향으로 돌아왔다. 결국 트리스탄 혼자 배에 남았다. 하지만 상인들의 못된 짓에 진노한 신이 바다에 풍랑을 일으켰다. 며칠이 지나도록 풍랑이 가라앉지 않자 그들은 상의 끝에 소년을 풀어주기로 했다. 안 그랬다가는 폭풍에 배가 침몰할 것 같았기 때문이다. 그들이 이런 결정을 내리자마자 폭풍이 가라앉았다. 뱃사람들은 마침 콘월 근처를 지나던 중이라 소년을 콘월의 바닷가에 내려주었다. 먹을 것도 넉넉하게 남겨주었다.

소년은 홀로 콘월의 바닷가를 떠나 숲으로 들어갔다. 꼬불꼬불한 오솔길을 따라 한없이 걸었다. 그러다가 멀리서 늙은 순례자 두 명이 다가오는 것을 보았다. 소년은 반갑기도 했지만 다시 유괴를 당할까 겁이 더럭 났다. 그래서 그들에게 거짓말을 했는데, 그가 태어나 처음으로 한 거짓말이었다.

"어디서 왔느냐?"라는 질문에 이렇게 대답한 것이다.

"이 나라에서 태어났어요. 사람들과 함께 사냥하러 말을 타고 나왔는데 어쩌다 보니 일행을 놓쳤습니다."

늙은 순례자들은 그를 틴타젤 성 방향으로 데려갔다. 그들은 도중에 궁정의 사냥꾼들을 만났다. 사냥꾼을 이끄는 사람은 마크 왕으로, 트리스탄의 외삼촌이었다. 물론 그들은 서로 그 사실을 몰랐다. 소년 트리스탄은 사냥꾼들 곁에 남았다. 사냥꾼들은 그가 행동거지와 말이 아주 절도가 있고 아름다운 몸에 예의범절이 훌륭한 것을 알아보고 그를 좋게 생각했다. 도중에 소년은 사냥꾼이 잡은 짐승을 처리하는 법을 자세히 구경할 기회가 있었다. 짐승을 손질한 다음 그들은 틴타젤 성으로 향했다. 가는 도중에 그들이 그의 출신과 신분을 물었다. 트리스탄은 이번에도 거짓말을 했다.

"해협 저편에 파르메니아라는 나라가 있는데, 우리 아버지는 그곳의 상인입니다."

트리스탄은 아버지와 거래하는 상인들에게서 외국어를 배웠다고 둘러댔다. 그리고 다른 나라와 사람들을 구경하고 싶어 이곳으로 왔다고 했다. 다만 자기 이름만은 사실대로 트리스탄이라고 말했다. 어린 나이에 유괴를 당하는 험한 일을 겪더니 애늙은이가 되었는지 툭하면 거짓말을 하게 된 것이다. 특히 자신의 신분이나 출신에 대해서는 더욱 그랬다. 하기야 그를 키운 재상 부부도 그의 출신과 신분에 대해서는 늘 쉬쉬 하고 비밀도 많았으니 그럴 만도 했다. 게다가 당시 열네 살이면 거의 성년으로 세상물정을 아주 모르는 나이는 아니었다.

마크 왕은 소년이 마음에 들었다. 그들은 서로 그토록 가까운 친척이라는 사실을 몰랐다. 마크는 누이동생 블랑슈플뢰르가 외로이 죽은 줄로만 알았다. 머지않아 소년 트리스탄은 마크 왕 궁정에서 사냥 마이스터가 되었다. 사냥한 짐승을 처리하는 법을 한 번만 보고도 아주 기

사냥하는 왕의 모습. 마크 왕은 트리스탄이 자기 조카인 줄도 모르고 그에게 사냥에 관한 모든 일들을 맡긴다.

막힌 솜씨로 그대로 따라했던 것이다. 이제부터 마크 왕의 궁정에서 사냥에 관한 일은 모두 그가 맡아 하게 되었다.

### ✤ 모건과의 결투

그렇게 여러 해가 흘러갔다. 그사이에 그를 친아들처럼 키운 파르메니아의 재상 동 뤼알은 유괴당한 트리스탄을 찾으러 3년 반이나 이곳저곳을 헤매 다녔다. 그러다 마침내 순례자 두 사람에게서, 콘월의 틴타젤 근처에서 그가 찾는 소년을 만난 적이 있다는 말을 들었다. 동 뤼알은 즉시 틴타젤로 건너와 트리스탄을 다시 만났다. 소년은 열일곱 살의 늠름한 청년으로 성장해 있었다. 트리스탄은 아버지를 다시 만나자 한없이 기뻤다. 그는 동 뤼알을 마크 왕에게 아버지라고 소개했다. 그들은 모두 그를 보고 이렇게 반응했다.

"이 사람이 아들을 그토록 훌륭하게 교육한 그 상인이란 말인가?"

하지만 마크 왕을 대면한 자리에서 동 뤼알은 소년 트리스탄이 실은 자신의 아들이 아니라 그 옛날 파르메니아의 통치자인 리왈롱의 아들이라고 밝혔다. 블랑슈플뢰르가 죽기 직전에 낳은 아들이 바로 트리스탄이다. 그러면서 동 뤼알은 그녀가 남긴 유품인 반지를 왕에게 보여주었다. 그 옛날 왕이 누이동생에게 선물한 반지였다. 그제야 마크는 트리스탄이 자신의 소중한 조카라는 사실을 알게 되었다. 트리스탄은 파르메니아의 통치권을 물려받은 적법한 군주였다. 하지만 그는 외삼촌을 얻은 대신 지금까지 아버지로 여겼던 동 뤼알이 친아버지가 아니라는 사실에 몹시 섭섭해했다.

이제 파르메니아의 통치자로 밝혀진 트리스탄은 고국으로 돌아가야 했다. 하지만 어른들은 돌아가기 전에 먼저 그를 기사로 만들기로 했다. 당시의 법에 아주 밝았던 작가 고트프리트는 트리스탄의 기사 자격을 보여주기 위해 그가 지닌 재산 목록을 그야말로 법적인 관점에서 자세히 열거해 설명해준다. 마크 왕은 조카의 어깨에 칼을 갖다 대는 의식을 통해 그를 기사로 임명했다. 기사로 임명되는 순간 트리스탄은 모건이 아버지를 죽인 원수라는 사실을 마음 깊이 새겼다. 중세의 영웅들은 개인적인 모험을 떠나기에 앞서 먼저 아버지를 죽인 원수부터 갚았다. 이제 정식으로 기사가 된 트리스탄도 마찬가지였다.

기사 트리스탄은 동 뤼알 재상과 함께 파르메니아로 돌아왔다. 트리스탄이 태어난 뒤로 파르메니아의 적인 모건이 그곳의 통치자로 군림해왔다. 모건은 물론 파르메니아에 머물지는 않았다. 트리스탄은 원수를 물리치고 아버지가 자기에게 물려준 나라를 되찾을 생각뿐이었다. 동 뤼알은 먼저 파르메니아의 기사들과 귀족들에게 카노엘 궁정으로 모이라는 소집령을 내렸다. 그들은 모두 카노엘에 모여서 그동안의 사정을 자세히 들었다. 또 트리스탄이 리왈롱 왕의 적자로서 그의 후계자라는 사실도 알게 되었다. 귀족들은 기쁨의 탄성을 내질렀다.

트리스탄은 친척 및 봉신들과 법적인 문제를 상의했다. 그런 다음 브리타니아로 건너가 모건의 손에서 봉건영주의 권한, 곧 통치권을 되찾아 오겠노라 선언했다. 트리스탄이 브리타니아에 도착했을 때 마침 모건 공작도 그곳에서 사냥 중이라는 소식을 들었다. 어차피 그를 만나려던 참에 잘되었구나, 생각했다. 트리스탄과 부하들은 평상복 아래 사슬 갑옷을 입고 헬멧을 쓰고 무기를 감추었다. 그런 다음 그 위에 여행자의 외투를 덧입고 두건을 쓰고 말에 올라탔다.

트리스탄은 부하들 중 60명은 뒤에 남겨두고 30명만 이끌고 말을 달렸다. 머지않아 모건의 사냥개를 만나고, 곧 사냥꾼 일행도 만났다. 그는 모건 공작에게 자신의 영토를 내놓으라고 요구했다. 그러자 모건이 물었다.

"그대의 이름을 밝히시오."

"나는 파르메니아에서 태어났소. 내 아버지는 리왈롱이라 하오. 나는 그의 후계자로서 트리스탄이라고 합니다."

그러자 모건은 블랑슈플뢰르가 납치되었고, 단지 애정 사건에 휘말린 것뿐이니 그가 설사 리왈롱의 아들이라 해도 아무런 법적 권한이 없는 사생아라며 그의 말을 무시했다. 그것은 트리스탄을 모욕하는 발언이었다. 아버지가 죽기 전에 어머니와 정식으로 혼인을 했다는 주장을 폈으나, 모건은 냉소적인 반응을 보였다. 결국 두 사람은 즉석에서 칼을 잡고 결투를 벌였다. 젊은 혈기의 트리스탄이 즉시 상대방의 심장을 겨누어 그를 죽였다. 이로써 트리스탄은 아버지의 원수를 갚았다.

그러자 훨씬 더 많은 적군이 트리스탄과 부하들을 포위했다. 하지만 동 뤼알은 미리 그런 일을 예상하고 있었기에, 중무장한 기사 100명과 함께 나타나 그를 도왔고, 파르메니아 사람들이 승리를 거두었다. 트리스탄은 이번에도 동 뤼알에게 큰 신세를 졌다. 이렇게 승리를 거둔 다음 그는 파르메니아로 돌아가지 않고, 동 뤼알에게 고국의 통치를 맡긴 다음 자신은 어머니의 나라인 콘월로 갔다. 콘월에서 큰 싸움이 기다리고 있었기 때문이다.

### ✤ 거인 기사 모롤드

아일랜드의 고먼드(Gormund) 왕의 명을 받고 모롤드(Morold)가 콘월로 건너와서 마크 왕에게 조공을 바치라고 요구했다. 그는 거인처럼 체격이 우람하고 힘이 센 장사였다. 그가 싸움을 걸어온 것이다. 젊은 트리스탄은 외삼촌을 위해 콘월의 명예를 짊어지고 모롤드와 맞서 싸우겠노라 자처하고 나섰다. 그들은 '외딴섬 결투'를 하기로 했다.

콘월 궁정은 트리스탄에게 든든한 무장을 갖추어주었다. 결투를 위한 그의 무장을 잠깐 살펴보자.

• 몸통과 사지를 보호하고, 갑옷의 무게를 견디기 위한 두툼한 속옷.

- 다리를 감싸주는 쇠로 만든 다리 싸개와 상체를 감싸줄 사슬 갑옷.
- 아름답고 튼튼한 한 쌍의 박차(拍車).
- 사슬 갑옷 위에 가슴과 등을 가리는 갑옷 상의.
- 허리띠에 매단 칼.
- 투구: 유리처럼 빛나는 투구 위에는 사랑을 나타내는 화살이 꽂혀 있다. 투구 안에는 사슬 두건.
- 방패: 반들반들하게 연마된 방패에 검은 담비 가죽으로 멧돼지 모양이 상감됨.

무장을 끝마치고 보니 네 가지 장비, 곧 투구, 밑에서 사슬 갑옷이 받치는 갑옷 상의, 방패, 쇠로 만든 다리 싸개 등이 하나로 어우러져 번쩍번쩍 빛났다. 기사들은 이렇게 차려입고도 팔다리와 몸통을 자유롭게 움직일 수 있었다 한다. 이렇듯 겉모습이 훌륭하고 아름답다 한들 기사의 미덕을 갖춘 그 내면의 훌륭함에는 미치지 못했다. 튼튼하고 훌륭한 말 한 마리가 끌려와 아름다운 트리스탄이 그 위에 올라타니 세상에 늠름하기가 비할 바가 없었다.

두 사람의 결투 장소가 결정되었다. 해변에서 바라다보이는 작은 섬이었다. 결투를 할 두 사람 말고는 아무도 따라가지 않고, 해변에 남아 구경만 할 수 있었다.

트리스탄은 비장한 각오로 작은 배를 타고 저편 섬으로 건너갔다. 그곳 해변에 도착하자 타고 온 배를 물결 따라 흘러가도록 내버려두었다. 어차피 둘 중에 한 사람만 살아 돌아갈 수 있으니, 보트 두 척이 무슨 필요란 말인가? 모롤드는 기사 네 명의 힘을 가진 사람이었다. 그에 맞서 트리스탄도 있는 힘을 다해 싸웠다. 두 사람은 먼저 창을 겨누고 서로를 향해 말을 달렸다. 창이 서로의 방패에 부딪쳐 부러졌다. 이번에는 칼이 등장했다.

트리스탄이 잠깐 몸에서 방패를 뗀 순간 모롤드의 칼날이 그의 사슬 갑옷 틈새를 뚫고 들어왔다. 트리스탄은 허벅지를 찔려 중상을 입었다. 살이 베이고 뼈가 드러나면서 피가 솟구쳐 올랐다. 트리스탄이 이런 끔찍한 상처를 입은 것을 보고 모롤드가 그에게 항복하라고 외쳤다. 그러면서 이렇게 말했다.

"어차피 너는 죽은 목숨이다. 내가 칼에 독을 발라두었으니. 그 독은 나의 누이 이졸데만이 치료할 수 있지. 아일랜드의 왕비 말이다. 약초에 대해 잘 알거든. 하지만 이졸데가 너를 치료해줄 리가 없으니, 너는 이미 죽은 목숨이란 말이다."

"하지만 우리 싸움은 아직 결정이 안 났다. 어차피 둘 중 하나가 죽어야 끝이 나니까."

트리스탄은 새로 공격을 개시했다. 젊은 트리스탄이 말을 탄 채로 강력한 적에게 사납게 덤벼들었다. 이번에는 모롤드가 말에서 떨어졌다. 그가 겨우 정신을 차리고 다시 말에 올라타려는 순간 트리스탄이 쏜살같이 다가와 그의 투구를 쳐서 멀리 날려 보냈다. 하지만 노련한 모롤드는 방패로 등을 가린 채 손으로 투구를 주워 올렸다. 어서 말에 올라타 잽싸게 투구를 쓰고 트리스탄을 다시 공격할 생각뿐이었다. 그가 손으로 고삐를 잡고 왼발을 등자에 밀어넣고 안장 위로 뛰어오르려는 찰나 트리스탄이 안장을 내리쳐서 칼을 들고 안장을 붙잡은 그의 왼손을 잘라버렸다. 왼손과 칼이 모래사장으로 나뒹굴었다. 그사이를 놓

트리스탄과 모롤드의 결투. 트리스탄은 결투에서 승리하지만 독이 묻은 칼에 찔리는 바람에 자신의 신분을 숨긴 채 이졸데 왕비를 찾아가게 된다.

치지 않고 트리스탄은 사슬 두건의 가장자리를 내리쳤다. 칼이 머리에 깊숙이 쑤셔 박혔다. 트리스탄이 박힌 칼을 빼낼 때 칼끝이 부러지면서 그 조각이 모롤드의 두개골에 남았다. 트리스탄은 다시 적에게 덤벼들어 칼을 두 손으로 잡고 힘껏 내리쳐서 적의 머리를 잘라버렸다.

이렇게 상대를 처치한 다음에 트리스탄은 모롤드의 배를 타고 이편 해안으로 돌아왔다. 두 기사의 결투를 구경하던 콘월 사람들은 트리스탄이 돌아오는 것을 보고 환호성을 올렸고, 아일랜드 사람들은 거꾸로 깊은 한숨을 내쉬었다. 트리스탄은 방패로 자신의 상처를 가린 채 아무렇지도 않은 척 아일랜드 사람들을 향해 외쳤다.

"그대들은 조공을 받으러 이곳에 왔다. 저편 섬에 모롤드의 시신이 있으니 그것을 콘월에서 받은 조공으로 여기고 어서 거두어서 고향으로 돌아가라."

아일랜드 기사들은 서둘러 섬으로 건너가서 왼손과 머리와 몸통, 세 조각으로 잘린 시신을 거두어 고향으로 돌아갔다. 돌아가서 고먼드 왕에게 모든 것을 보고했다. 왕은 아일랜드의 가장 용감한 기사 둘이 거의 한꺼번에 죽었기에 마음이 몹시 무거웠다. 왕비 이졸데는 오빠 모롤드가 죽었다는 소식에 슬픔을 감출 수가 없었다. 공주의 이름도 이졸데였다. 어머니와 딸, 두 이졸데는 조각 난 시신을 보고 울음을 터뜨렸다. 왕비는 오빠의 시신을 맞추다가 두개골에서 칼 조각을 발견했다. 그녀는 조심스럽게 칼 조각을 빼서 함에 넣어 보관했다.

그런 다음 그들은 시신을 잘 거두어 매장했다. 아일랜드 전체가 슬픔에 빠졌다. 고먼드 왕은 부하들에게 이렇게 명령했다.

"해안을 잘 경비하라. 그리고 앞으로 콘월에서 오는 자는 누구든 무조건 죽여라."

### ✤ 악사 탄트리스

콘월 사람들은 모두 기뻐하며 트리스탄을 찬양했으나 그가 얻은 상처는 치명적이었다. 아무리 의술을 동원해도 도무지 낫지를 않고 점점 나빠지더니 머지않아 상처에서 악취가 진동하여 더는 살고 싶은 생각이 사라질 지경이었다. 그는 전부터 "현명한 이졸데, 아름다운 이졸데"의 소문을 들어 알고 있었다. 하지만 그 오빠를 죽이고 어찌 그곳을 찾아가랴. 다만 다행인 것은 아일랜드 사람들이 그가 심각한 상처를 입은 사실을 모른다는 점이었다. 상처가 점점 깊어지자 트리스탄은 이렇게 생각했다.

'이렇게 앉아 죽음을 맞느니, 차라리 목숨을 걸고 한 번 가보기나 하자.'

그는 마크 외삼촌에게 은밀히 자신의 계획을 알렸다. 외삼촌도 사태의 심각성을 깨달았다. 그들은 트리스탄의 스승이자 친구인 쿠어베날을 불러 그에게도 사정을 알렸다. 그래서 다른 사람들에게는 여행의 목적을 감춘 채 여행 준비를 시작했다. 커다란 배에 음식을 잔뜩 실었다. 여덟 명의 충직한 선원을 골라 명령에 절대 복종하겠다는 맹세를 받았다. 트리스탄은 하프를 들고 쿠어베날과 함께 배에 탔다. 그는 걸을 수 없게 된 지 오래였다. 궁정에는 그들이 치료를 위해 살레르노로 간다는 소문을 퍼뜨렸다.

트리스탄이 탄 배가 출발했다. 배는 밤낮을 가리지 않고 아일랜드를 향해 나아갔다. 멀리 아일랜드의 해변이 보이는 지점에서 트리스탄은 뱃사람들에게 더블린으로 향하라는 명령을 내렸다. 이졸데의 궁전이 그곳에 있다는 말을 들었기 때문이다. 그들은 곧 도시가 보이는 지점에 이르러 더 이상 나아가지 않고 그곳에 정박하고 밤을 보냈다. 이튿날 새벽 배는 도시로 더욱 접근했다. 도시에서 800미터 정도 떨어진 곳에서 트리스탄은 허름한 옷으로 갈아입고 작은 배로 옮겨 탔다. 사나흘 버틸 식량과 하프만 배에 실었다. 그는 다음과 같이 명령했다.

"이제부터 쿠어베날이 지휘한다. 쿠어베날이 콘월로 돌아가면 선원들에게 충분한 보상을 할 것이다. 여러분은 비밀을 지켜라. 쿠어베날은 왕께 내가 아직 살아 있다고 보고하라. 하지만 궁정에는 내가 여행 도중 죽었다고 소문을 내라. 내가 일 년 안에 콘월로 돌아가지 않으면, 쿠어베날은 부하들을 데리고 파르메니아로 돌아가 뤼알 재상께도 모든 일을 알리도록 하라."

그들은 눈물로 작별을 고했다. 트리스탄은 홀로 배에 남아 하프를 붙잡고 바닥에 누웠다. 날이 훤하게 밝아오자 더블린 사람들은 파도 사이로 작은 배가 흔들리는 것을 발견했다. 망루지기들이 곧 배를 타고 다가왔다. 가까이 다가가자 배 안에서 하프 연주와 함께 노랫소리가 들렸다. 다만 노래에는 마음이 깃들지 않아 어딘지 공허했다. 노랫소리가 그치고 그들이 안을 들여다보자 중병이 든 환자 하나가 누워 있었다. 다 죽어가는 사람이 노래를 하다니, 그들은 이자가 분명 음악으로 먹고 사는 악사일 거라고 생각했다. 트리스탄은 천천히 자신의 처지를 설명했다. 그는 삶에서 세 번째 거짓말을 시작한 것이다.

"나는 궁정악사인데 그런대로 먹고살 만큼 벌이가 괜찮았지요. 헌데 그만 욕심이 생겨 돈을 더 벌 셈으로 무역업에 손을 댔어요. 돈 많은 스

트리스탄을 실은 배가 파도에 실려 더블린에 닿았다. 더블린은 이졸데 왕비가 있는 곳이었다.

페인 사람과 동업을 해서 가진 재산을 몽땅 배 한 척에 투자했지요. 그렇게 브리타니아로 가는 도중에 그만 해적을 만나 쫄딱 망하고 말았어요. 그들이 뱃사람을 모두 죽이고 나만 살려두었지요. 그게 다 이 하프 덕이지만. 내가 악사라고 했더니 이 작은 배에 식량을 넉넉하게 싣고는 하프와 함께 나를 바다 한가운데 버리더군요. 그래 나는 벌써 40일 밤낮을 파도에 밀려 이리저리 헤매는 중이라오……."

더블린의 망루지기들은 이런 기이한 이야기에 놀라며 그가 지금 더블린 앞까지 떠밀려왔다고 일러주었다. 그들은 그가 탄 배를 끌고 재빨리 도시로 돌아가 이 사건을 보고했다. 모든 사람이 이야기를 들으려 했기에 그들은 같은 이야기를 몇 번이나 되풀이해야 했다. 다 죽어가는 사람이 하프를 탄다고! 사람들은 바닷가로 몰려나와 그와 이야기를 나누고 하프 연주를 청했다. 트리스탄은 정성껏 음악을 연주했다. 그의 연주를 듣고 사람들은 당장 환자를 배에서 내려 들것에 옮겨 싣고 의사에게 데려갔다. 그러곤 자기들이 돈을 내겠다며 치료를 청했다.

이런 소동이 벌어지고 보니 도시에 소문이 파다하게 퍼졌다. 늙은 사제 하나가 의사를 찾아와 직접 환자와 이야기를 나누었다. 환자는 죽음은 면했으나 병이 낫지는 않았다. 이 사제는 옛날에 이졸데 왕비를 가르친 스승이었고, 지금도 시종으로서 이졸데 공주의 교육을 맡고 있었다. 그는 공주에게 책 읽기와 악기 연주를 가르치는 중이었다. 그는 트리스탄의 연주를 듣고 그 솜씨가 뛰어나고, 또한 그와의 대화를 통해 그가 훌륭한 교육을 받은 사람임을 알아보았다. 사제는 즉시 돌아가서 왕비에게 보고했다. 죽어가는 환자의 연주 솜씨가 일급이라고 했다. 왕비는 곧 남들 눈에 띄지 않게 조용히 그 죽어가는 악사를 궁으로 데려오라고 지시했다. 이렇게 해서 트리스탄은 남들 눈에 띄지 않게 궁으로 가게 되었다.

"이름이 무엇이오?"

왕비가 물었다.

"왕비님, 제 이름은 탄트리스(Tantris)입니다."

이것은 철자 순서만 바꾼 제 이름이었다. 왕비는 그에게 연주를 들어보자고 했다. 공주도 불러들였다. 트리스탄은 실로 자신의 모든 희망을 다 실어서 연주를 하며 노래를 불렀다. 상처에서는 고름이 흐르고 그 악취가 역겨워 그 누구도 그의 곁에서 한 시간을 버티기가 힘들 지경이었지만 연주 솜씨만큼은 훌륭했다. 그러자 왕비가 그에게 이렇게 제안했다.

"내가 그대를 치료해줄 터이니, 여기 이 공주에게 연주를 가르쳐주겠소?"

그것이야말로 트리스탄이 바라던 바였으니, 예지력과 분별력을 갖춘 사내가 조심스럽게 행동하여 좋은 결과를 얻은 것이다. 이렇게 해서 이 졸데 왕비는 오빠를 죽인 원수인 줄도 모르고 그를 치료하게 되었다. 20일이 지나자 악취가 거의 사라져서 그의 곁에 오래 머물 수 있게 되었다. 이제 트리스탄은 아름다운 이졸데 공주를 가르치는 선생이 되었다.

그녀는 영리한 아가씨라 벌써 기본적인 외국어와 악기 연주를 배운 상태였다. 트리스탄은 그녀에게 바른 마음가짐과 행동거지 등 예법을 가르쳤다. 온갖 종류의 악기 연주와 노래하는 법을 가르치고 글 읽기와 쓰기도 가르쳤다. 그녀는 읽고 쓰고, 가사를 다듬고 작곡하는 법을 배워 상당한 솜씨를 갖게 되었다. 그사이 세월이 흐르고 트리스탄도 거의 완전히 건강을 되찾았다.

그러자 차츰 그의 마음에 두려움이 깃들기 시작했다. 혹시 궁정의 누구라도 저를 알아볼까 걱정이 되었다. 어쨌든 아일랜드 궁정에서 그 옛날 모건이나 모롤드를 따라 출정했던 누군가가 이제 다시 건강해진 그를 알아보는 것은 시간문제였다. 비록 전투에서는 투구를 쓰고 싸우지만 이따금 투구를 벗지 않을 수가 없고, 누군가가 그의 맨얼굴을 보았을지도 모를 일이었다. 하지만 왕비가 그를 보내려 하지 않았다. 그가 아주 뛰어난 교사라는 것이 분명했기 때문이다. 어느 날 왕비와 이야기하던 중에 그는 네 번째 거짓말을 했다.

"왕비님, 집에서 아내가 기다리고 있습니다. 아마 지금쯤 제가 죽은 줄로 알고 있겠지만 그래도 돌아가 보는 것이 좋겠습니다."

"탄트리스, 그렇다면 아내에게 돌아가야지요."

이졸데 왕비는 여행을 하도록 배와 함께 넉넉한 선물을 주어 탄트리스를 떠나보냈다. 그리하여 탄트리스(트리스탄)는 건강해진 몸으로 콘월로 돌아가게 되었다.

### ✤ 구혼 사절로 떠나다

**다시 아일랜드로**

트리스탄이 건강을 회복하여 돌아오자 마크 왕은 이루 말할 수 없이 기뻤다. 그제야 그는 사람들에게도 자초지종을 설명했다. 트리스탄이 실은 모롤드의 칼에 묻은 독으로 치명적인 상처를 입었다가, 아일랜드의 왕비이며 모롤드의 누이인 이졸데의 보살핌을 받아 깨끗이 나았다고 말이다. 사람들은 모두 깜짝 놀라고 경탄했다. 트리스탄은 아름답고 영리한 이졸데 공주를 칭송했다.

하지만 오래 지나지 않아 사람들의 경탄 속에 이상한 기운이 감돌았다. 그것은 인간사회에서 절대로 사라질 수 없는 시샘과 질투였다. 사람들은 차츰 트리스탄의 성공을 시샘하고, 그가 마크 왕의 사랑을 독차지하는 것을 못마땅하게 여겼다. 콘월을 위해 싸우다 치명상을 입고, 이제 겨우 살아서 돌아왔더니 이번에는 궁정 사람들이 그를 고깝게 바라보는 것이었다. 하기야 세상의 인심이 그렇다. 그가 큰 공을 세웠으나 그로 인해 얻은 상처로 죽었더라면 더욱 좋았을 것이라 여기는 사람들이 생겨난 것이다.

시간이 흐르면서 시샘하는 신하들이 절묘한 계책을 짜냈다. 그들은 곧 왕에게 이졸데 공주를 왕비로 삼으라고 권했다. 트리스탄을 구혼 사절로 보내자는 제안도 나왔다. 그렇게 해서 트리스탄을 쫓아낼 속셈이었다. 마크 왕의 신하들은 트리스탄이 왕의 총애와 백성들의 찬사를 한 몸에 받는 것이 그토록 비위에 거슬렸던 것이다.

마크 왕은 자기가 예전에 결혼을 하지 않겠다고 선언한 것을 상기해 냈지만 신하들은 물러나지 않았다. 마크는 신하들의 압력에 밀려 그 제안에 동의했다. 우스꽝스럽게도 트리스탄은 이번에는 왕의 구혼 사절로 다시 아일랜드로 가야 할 처지가 되고 말았다.

하지만 그게 가능한 일인가? 그는 모건과 모롤드를 죽인 아일랜드의 철천지원수였다. 아일랜드 병사들 중에 그의 이름을 모르는 자가 있을까? 게다가 그는 탄트리스라는 가명으로 이졸데 왕비의 치료를 받고, 이졸데 공주를 일 년 가까이 가르쳤다. 이제 그가 트리스탄이라는 원래 이름으로 마크 왕의 구혼 사절로 다시 아일랜드 왕궁을 방문한다면 왕비와 공주는 대체 어떤 반응을 보일까? 모롤드는 그들의 가까운 친척이 아닌가?

하지만 마크 왕의 신하들이 노리는 것이 바로 그것이었다. 어떻게 해서든 그를 제거하자. 트리스탄은 이상하게도 그들의 제안에 동의하고 구혼 사절로 가겠노라고 했다. 그는 무모한 젊은이였던 것일까? 아니면 궁정 사람들의 미움을 피할 길이 없었기 때문일까? 아니면 젊은 그의 내면에는 이미 또 다른 종류의, 피할 길 없는 그리움이 깃들었던 것일까? 어쨌든 그는 함께 갈 사람을 구했다. 왕의 신하들 중 싸움을 가장 잘하는 자들로 중무장한 기사 20명, 그리고 파르메니아에서 60명의 용병을 모집해 데려왔다. 궁정 자문회의는 20명의 지방 귀족을 더 선발해주었다.

그렇게 해서 그와 함께 바다를 건너갈 기사가 정확하게 100명이 되었다. 어쨌든 그가 이끌고 가는 기사들 중 다수가 파르메니아 출신이라는 점은 주목할 부분이다. 콘월의 기사들 사이에서는 트리스탄과 쿠어베날이 완전히 안심할 수 없었던 게 아닌가 하는 의심이 든다. 세상일이란 게 늘 그렇지.

일행은 모든 준비를 갖추고 출항했다. 머지않아 배는 아일랜드의 웩스퍼드 앞에 정박했다. 웩스퍼드는 왕이 머무르는 곳이었다. 고먼드 왕과 이졸데 왕비가 꽤 멀리 떨어진 곳에 따로따로 궁전을 갖고 있는 이유에 대해서는 자세히 알 수가 없다. 하지만 그들이 자주 왕래를 하는 것은 분명했다. 어쨌든 지난번 탄트리스가 찾아간 곳은 이졸데 모녀가 머무르는 더블린이었고, 이번에 트리스탄이 찾아간 곳은 고먼드 왕이 머무는 웩스퍼드였다. 틴타젤에서 웩스퍼드까지는 거리가 아주 멀지는 않다.

트리스탄은 멀리 항구가 보이는 곳에 배를 멈추었다. 그를 따라 함께 온 귀족들은 이번 여행에서 혹시 목숨을 잃게 될까 봐 두려웠다. 고먼드 왕이 콘월에서 오는 자는 누구도 살려두지 말라고 명령했다는 사실은 그들도 잘 알고 있었다. 귀족들은 트리스탄에게 대체 어떻게 구혼하려는가 하고 물었다. 그가 대답했다.

"여러분 모습을 들키지 않도록 조심하시오. 들켰다간 자칫 전투가 벌어질지 모르니. 내가 이 나라 말을 할 줄 아니까 직접 가서 담판을 짓겠소. 내가 없는 동안 쿠어베날이 명령을 내릴 것이오. 3~4일이 지나도록 내가 돌아오지 않으면 더는 기다리지 말고 바다 건너 고향으로 돌아가 목숨을 건지도록 하시오. 최악의 경우 나만 목숨을 잃으면 되니까."

이렇게 말한 다음 트리스탄은 모자가 달린 여행자 외투로 몸 전체를 가리고, 황금 장식이 달린 화려한 잔 하나를 지닌 채 항구까지 데려다 줄 작은 배에 올라탔다. 아일랜드 왕의 장군 하나가 완전무장을 갖춘 군사들을 거느리고 항구에서 웩스퍼드 성까지 전체 구역을 방비했다. 마크 왕의 나라에서 이리로 접근한 자는 죄가 있든 없든 걸리는 대로 모조리 죽였다.

항구로 접근하면서 트리스탄은 배에서 큰 소리로 아일랜드 말로 인사를 했다. 병사들이 다가오자 그는 다섯 번째 거짓말을 시작했다.

"나는 노르망디 출신 무역 상인입니다. 무역 상인 셋이 함께 노르망디를 출발했는데 풍랑을 만나 내가 탄 배 한 척만 남게 되었어요. 이곳에 며칠 정박할 수 있도록 허락해주시면 왕께는 매일 황금 반 파운드를, 장군께는 이 귀한 잔을 드리겠습니다."

이렇게 해서 트리스탄과 그의 배는 돈을 내고서 항구 앞에 정박할 허가를 얻었다.

**용을 죽이다**

당시 아일랜드에는 고약한 용이 출몰하고 있었다. 아일랜드 왕은 누구든 귀족 신분의 인물이 용을 죽인다면 그에게 딸을 주겠노라는 맹세를 해둔 터였다. 용을 죽이는 것만이 트리스탄이 붙잡을 수 있는 유일한 기회였다. 그 사실을 알아낸 그는 곧바로 배로 돌아와 이번에는 용을 죽이기 위해 완전무장을 갖추고 말과 함께 다시 상륙했다.

그는 혼자서 용이 산다는 골짜기로 찾아갔다. 이번 용은 불과 연기를 내뿜는 용이었다. 트리스탄은 말을 탄 채로 용에게 덤벼들어 그 목구멍을 찔렀으나 용의 몸통에 세게 부딪치는 바람에 말에서 떨어졌다.

용은 즉시 말의 몸뚱이를 절반이나 삼켰다.

이 무시무시한 괴물이 불꽃과 연기와 콧김을 내뿜어 트리스탄의 방패가 새카맣게 타고 그 이빨과 발톱이 칼보다도 더욱 날카롭건만, 트리스탄은 물러서지 않고 용감하게 싸워 용의 심장에 칼을 꽂아 용을 죽였다. 용이 너무 커서 그 시체를 어찌지 못하겠기에 트리스탄은 용의 머리를 열어 혀를 큼직하게 한 조각 베어내고는 입을 도로 닫았다. 그러곤 혀를 셔츠 안으로 밀어넣어 가슴에 품었다. 이런, 독기와 열기가 강한 혀가 몸에 닿자 그는 차츰 힘을 잃었다. 한참을 걷다가 시원한 냇물을 보고는 갑옷을 입은 채로 뛰어들어 그대로 기절해버렸다. 그렇게 물속에 누워 다행히도 입만은 물 위에 뜬 채로 기절해서 이튿날까지 그대로 있었다. 혀에서 나오는 독기와 강한 냄새로 인해 그는 죽은 사람처럼 창백한 꼴이었다. 물 위로 얼굴만 드러난 그의 모습은 누가 보아도 시체였다.

그사이 왕의 궁내관이 숲을 지나다가 우연히 죽은 용을 발견하고는 자세히 살펴보았다. 용의 심장을 찌른 칼자국이 보였다. 그는 겁쟁이였으나 아름다운 이졸데에게 반해서 그녀를 아내로 얻고 싶은 마음이 굴뚝같았다. 이거 참 잘되었구나, 내게도 기회가 왔구나 싶었다. 하지만 먼저 용의 심장에 칼을 박아 넣은 자를 찾아 죽이는 게 더 급했다. 그는 용사를 찾아 죽이려고 이리저리 돌아다니다가 트리스탄을 발견했다. 하지만 상대는 이미 죽어서 물에 처박혀 있는 게 아닌가. 궁내관은 안심하고 마차를 준비해서 용의 시체가 있는 곳으로 돌아와 용의 머리만 잘라서 마차에 실었다. 그는 궁으로 돌아와 자기가 용을 죽였다고 보고하고 이졸데를 아내로 얻겠다고 선언했다.

이 소식이 곧 궁에 퍼지면서 이졸데 모녀의 귀에도 들어갔다. 그들

용의 심장에 칼을 꽂아 물리치긴 했지만, 트리스탄도 가슴에 품은 혀의 독기와 열기 때문에 정신을 잃고 쓰러졌다. 겁쟁이 궁내관은 죽은 용의 머리를 들고 궁으로 가 자기가 용을 무찔렀다고 거짓말한다.

도 마침 이곳 웩스퍼드 궁에 머물고 있었다. 이졸데 공주는 비겁한 데다 음흉한 궁내관을 남편으로 얻느니 차라리 죽는 게 낫다고 생각했다. 어머니도 딸의 마음을 이해했다. 약초 기술을 익히고 있던 어머니 이졸데가 직접 조사에 나섰다.

"저 비겁한 궁내관이 용을 죽였을 리가 없다. 지난밤 꿈에 궁내관이 아니라 어떤 낯선 사람이 용을 죽이는 걸 보았다. 그 낯선 사람을 찾으면 일이 잘 해결될 것이다."

왕비는 딸과 브랑게인(Brangaine)이라는 시녀를 거느리고 여자 셋이서 비밀의 문을 통과하여 말을 타고 숲으로 나갔다. 숲을 샅샅이 뒤지고 돌아다니다가 물에 잠긴 채 죽은 듯이 보이는 기사를 한 명 찾아냈다. 용감한 여성 삼인조는 기사를 물에서 끌어내 갑옷을 벗기고 몸을 편하게 해주려다가 그가 품고 있던 용의 혀를 발견했다. 그는 죽은 듯이 보였으나 아직 완전히 죽지는 않았다. 이졸데 왕비는 즉시 품에서 해독제를 꺼내 창백하게 질린 기사의 입에 약물을 흘려 넣었다.

"용의 독기만 빠지면 곧 깨어날 게다. 이 사람은 아주 건강하니까."

잠시 뒤에 기사가 눈을 떴고, 곧 혈색을 되찾았다. 두 명의 이졸데는 금방 그를 알아보았다.

"아니, 이 사람은 우리의 탄트리스네."

이졸데 모녀와 브랑게인은 기사를 말에 태우고 다시 비밀의 문을 통과해 몰래 궁으로 돌아왔다. 물론 용의 혀와 기사의 갑옷을 챙기는 것도 잊지 않았다.

이튿날 그가 어느 정도 원기를 회복하자 왕비가 어찌 된 사연인지 물었다. 그는 여섯 번째로 거짓말을 했다. 며칠 전에 무역 상인들과 함께 이곳으로 오다가 도둑 떼를 만났는데 자신만 뇌물을 주고 겨우 풀려났다고 설명했다. 어쨌든 왕비는 그를 보호해주기로 했다. 이제 그는 훨씬 든든한 보호자를 얻은 셈이었다. 트리스탄은 궁내관이 자신의 공을 가로챈 것과 두 이졸데 모두 그와의 혼인을 극도로 싫어한다는 말도 들었다.

그사이 마크 왕의 신하들이 탄 배에서는 트리스탄의 소식을 몰라 혼란에 빠졌다. 쿠어베날이 뭍으로 들어가 정탐해보니 누군가 용을 죽이긴 했지만 궁내관 이야기만 있을 뿐 트리스탄의 행적은 알 수가 없었다. 그들은 하루만 더 기다리기로 했다.

한편 궁내관의 혼인 요구에 대해 판결을 내리기로 한 날이 눈앞에 다가와 있었다. 중요한 신하들을 비롯하여 왕비와 공주도 그 자리에 참석했다. 궁내관은 당당하게 용의 머리를 내놓으면서 자신이 용을 죽였으니 왕이 약속한 대로 공주와 결혼하게 해달라고 요청했다. 하지만 왕비와 공주는 동의하지 않았다. 공주가 원치 않는다는 게 이유였다. 왕비는 이렇게 덧붙였다.

"게다가 나는 용을 죽인 사람이 궁내관이 아니고 따로 있다는 말을 들었소."

"대체 누구란 말입니까?"

"내가 잘 아는 사람이오. 필요하다면 그를 부르지요."

그러자 궁내관은 그자와 한 판 겨루어 승패를 가르겠다고 제안했고, 왕비도 그 제안을 받아들였다. 왕과 대신들은 사흘 뒤에 궁내관과 낯선 사람의 결투를 열기로 결정했다.

### 부러진 칼 조각

두 이졸데는 다시 돌아온 악사를 정성스럽게 보살폈다. 이졸데 공주는 그를 오랫동안 쳐다보곤 했다. 그토록 뛰어난 용모와 미덕을 갖춘 남자에게 통치할 제 나라가 없다니 참으로 불공평한 일이었다. 그가 통치권을 가진 귀족이라면 얼마나 좋을까! 한편 이졸데 왕비는 남편에게 상인 이야기를 했다. 그가 이곳에서 단지 보호받기만을 원한다는 이야기도 했다.

이졸데 공주는 왕비를 섬기는 시종에게 트리스탄의 장비를 손질하게 했다. 다가올 결투를 위해서였다. 옆에서 트리스탄의 장비들을 구경하던 공주는 칼집에서 칼을 꺼내보았다. 그리고 칼끝이 부러진 것을 보았다.

"이건 어디선가 본 것 같은데."

그 옛날 외삼촌의 두개골에 박힌 칼날 조각을 어머니가 함에 넣어 보존해둔 일이 기억났다. 달려가서 부러진 칼 조각을 가져다 맞추어보니, 이럴 수가, 꼭 들어맞는 게 아닌가. 그녀는 생각에 잠겼다.

'외삼촌을 죽인 원수의 이름은 트리스탄이라고 했는데……'

그렇다, 그녀는 곧 탄트리스가 트리스탄의 철자 순서만 바꾼 이름이라는 것을 알아냈다.

"그렇다면…… 이 사람이 트리스탄이구나. 탄트리스가 트리스탄이었어."

이졸데 공주는 머리가 어지러웠다. 어머니가 외삼촌을 죽인 원수의 목숨을 두 번이나 구했구나, 철천지원수를. 모든 것이 퍼즐조각처럼 맞추어지는 순간 이졸데 공주는 가슴이 두근거렸다. 이대로 버려둘 수가 없었다. 그녀는 외삼촌을 죽인 그 칼로 원수를 죽여야겠다고 마음먹었다. 그녀는 칼을 들고 트리스탄에게 갔다. 트리스탄은 마침 벌거벗고 목욕통 안에 들어 있었다.

"그러니까, 당신이…… 트리스탄이었군요?"

"아니, 공주님, 나는 탄트리스인데."

"그래, 당신은 탄트리스고 트리스탄이지. 둘 다 우리 외삼촌을 죽인 원수니까."

"그 아름다운 손에 칼을 들다니 그게 어울리기나 하나요?"

이졸데가 차마 그를 내리치지 못하고 그와 갈피가 없는 입씨름을 벌이는데 왕비가 나타났다. 딸은 어머니에게 사정을 설명했다. 어머니도 딸만큼이나 기가 막혔다. 속았구나! 왕비는 자기가 이미 트리스탄에게 보호의 약속을 했다는 사실을 기억했다. 하지만 이졸데 공주는 외삼촌의 원수를 갚으려 했다. 다만 그녀는 자신의 손으로 그 일을 할 수가 없었다. 상냥한 아가씨는 목욕통 속에 앉아 있는 사내를 죽일 수가 없었다. 그는 자신을 가르친 스승이기도 하지 않은가. 그녀는 칼을 집어던졌다가 집어 올렸고 다시 집어던졌다. 마음속에서 분노와 여성의 부드러움이 서로 다툼을 벌였다.

그녀가 끝내 칼을 휘두르지 못하자 목욕통 속에 앉아 있던 사내가 두 여인에게 말했다.

"어차피 궁내관 사건도 남아 있지 않습니까? 그것 말고도 내게 좋은 소식이 하나 있습니다."

두 이졸데가 아직도 심각한 내면의 갈등에 사로잡혀 있을 때 브랑게인이 들어왔다. 그녀는 이졸데 왕비의 조카딸이자 이졸데 공주의 사촌언니로서 왕비의 시녀 노릇을 하고 있었다. 왕비가 브랑게인에게 말했다.

"이것 봐라, 브랑게인아, 우리가 눈이 멀어 나이팅게일인 줄 알고 뱀을 키웠구나. 비둘기를 주려고 빻은 곡식을 까마귀에게 주었구나. 이를 어쩌면 좋으냐?"

브랑게인은 옆방으로 가서 좀 더 상의해보는 게 좋겠다고 제안했다. 세 여인은 옆방으로 들어갔다. 지혜로운 브랑게인은 두 이졸데의 말을 듣고 이렇게 충고했다. 먼저 그가 가져온 좋은 소식이라는 걸 들어보기로 하자. 또 그를 잘 대해서 어차피 눈앞에 닥친 궁내관 문제를 해결하는 것이 좋겠다. 달리 뾰족한 수도 없고, 죽어도 궁내관에게는 시집가고 싶지 않았기에 두 이졸데는 일단 그 충고를 받아들였다. 마침내 트리스탄은 목욕통 밖으로 나와 옷을 입고 여인들 앞에 엎드려 사죄했다.

트리스탄은 내일 저녁까지 자기를 보호하고 계속 친구로 대해준다면 공주님이 고귀한 왕과 혼인하게 될 것이라고 말했다. 여인들은 트리스탄의 청을 받아들여 일단 그와 평화협정을 맺었다. 그런 다음 그는 자신이 콘월의 마크 왕과 친척임을 밝히고 마크 왕의 구혼 사절로 이곳에 왔다고 고했다.

그들은 이런저런 상의를 마치고 나서 왕에게 이곳 왕비의 거처로 와주십사고 청했다. 왕이 왕비의 거처에 나타나자 왕비는 극진한 태도로 왕에게 말했다.

"임금님, 여기 있는 이 사람이 제 오빠 모롤드를 죽인 자입니다. 그러나 그는 화해와 평화의 임무를 띠고 이곳에 왔으니 그에게 우정을 베풀어주시기를 청합니다."

자세한 앞뒤 사정을 들은 왕은 왕비의 생각이 그렇다면 자신도 마크 왕과 평화협정을 맺겠다고 대답했다. 그로써 왕의 허락도 떨어졌다. 급히 시종이 콘월의 귀족들이 머무르는 배로 파견되었고, 쿠어베날이 비밀리에 궁으로 들어왔다. 트리스탄은 그에게 몇 가지 지시를 내렸다.

"배 위에 있는 사람은 모두 내일 아침 가장 화려한 기사복을 차려입고 심부름꾼을 기다리도록 하라."

쿠어베날이 배로 가져온 소식을 듣고 콘월의 귀족들은 목숨을 건진 일과 앞으로 평화를 얻게 되었다는 사실에 깊은 안도의 숨을 내쉬었다. 그러나 속으로는 여전히 트리스탄의 성공을 시샘하는 귀족도 있었다.

이튿날 기다리던 결투의 날이 밝았다. 트리스탄은 최대한 화려하게 차려입고 나타나 왕의 옆자리에 앉았다. 두 이졸데는 왕의 다른 편 옆에 자리를 잡았다. 아일랜드의 귀족들은 물론, 트리스탄을 따라 이곳에 온 콘월의 귀족들도 화려하게 치장하고 나타났다. 모두 자리를 잡고 앉자 마침내 왕이 재판을 시작했다.

먼저 왕은 궁내관에게 그의 요구를 물었다. 궁내관은 자기가 용을 죽였다고 주장했다. 트리스탄이 그럴 리가 없다고 반박했다. 그러자 궁내관이 용의 머리를 증거로 제출했다. 트리스탄이 말했다.

"임금님, 용의 입 안을 벌려 살펴보라고 하십시오. 그 안에 혀가 들어 있다면 제가 포기하겠지만, 아니라면 저와 싸워야 할 것입니다."

그러면서 트리스탄은 용의 혀를 내놓았다. 고먼드 왕의 신하들은 이야기를 나눈 끝에 "혀를 베어간 사람이 용을 죽인 것"이라는 판결을 내렸다. 궁내관은 가망 없는 싸움을 고집하다가 결국 사람들의 비웃음을 받으며 물러났다. 이제 궁내관 문제가 해결되었다. 그러자 왕은 그곳에 모인 신하들에게 이 낯선 손님은 콘월에서 온 트리스탄이라고 공표했다. 이어서 트리스탄은 자신이 마크 왕의 구혼 사절로 찾아왔다는 사실을 모든 사람 앞에서 밝혔다.

아일랜드의 왕과 신하들은 이런 결말을 기뻐했다. 바다 건너 서로 마주 보는 콘월과 아일랜드가 싸우는 것보다는 그 왕과 혼인을 맺는 편이 훨씬 더 좋았기 때문이다. 트리스탄과 콘월의 기사들은 이졸데 공주가 콘월과 잉글랜드의 여주인임을 선포하고 함께 기뻐했다. 모두가 기뻐했지만 정작 이졸데 공주만은 이 기쁨에 동참하지 않았다. 고먼드 왕이 딸의 손을 구혼 사절인 트리스탄에게 넘겨주었을 때도 그녀는 여전히 그에게 적대감을 보였다.

### ✣ 사랑의 미약

구혼 사절단은 곧 이졸데 공주와 함께 아일랜드를 떠나 콘월로 돌아가게 되었다. 트리스탄은 이졸데 공주를 위해 배 한 척을 더 마련했다. 그들이 새로운 왕비를 모실 배를 준비하는 동안 궁에서 이졸데 왕비는 딸을 위한 사랑의 미약을 준비했다. 그 약을 마시면 함께 있는 사람을 세상 그 무엇보다 사랑하게 되고, 둘이서 함께 그 약을 마시면 이 세상 모든 것을 넘어 서로에게 빠져 하나의 행복, 하나의 고통, 하나의 삶, 하나의 죽음을 맛보게 되는 약이었다.

사랑의 미약을 마시는 이졸데. 영국 화가 오브리 비어즐리의 그림.

공주 일행이 배로 출발하기 전에 이졸데 왕비는 작은 유리병에 담긴 약을 브랑게인에게 주었다. 브랑게인은 공주의 시녀로 콘월로 가기로 되어 있었다.

"브랑게인, 사랑하는 조카야, 내 말을 명심해라. 너는 공주와 함께 콘월로 가거라. 이 병을 아무도 건드리지 못하게 잘 간수했다가 마크와 이졸데가 첫날밤을 치른 직후에 이 속에 든 것을 포도주처럼 잔에 담아 두 사람에게 주어 꼭 함께 마시도록 해라."

"왕비님, 말씀하신 대로 하겠습니다."

모녀는 작별을 고했다. 이졸데 공주는 사람들의 배웅을 받으며 배로 향했다. 이졸데를 위한 배에는 여인들의 거처가 따로 마련되었다. 남자들은 근처에 얼씬도 하지 못했다. 오직 이 배를 수호하고 지휘하는 트리스탄만이 이따금 미래의 왕비를 방문할 수 있었다. 그러나 이졸데 공주는 트리스탄을 볼 때마다 죽은 외삼촌 생각이 났다.

두 척의 배는 순풍을 받아 천천히 앞으로 나아갔다. 시간이 얼마 흐르지 않아 배를 처음 타본 여인들이 멀미에 시달렸다. 트리스탄은 잠깐 근처의 해안에 머물며 여인들이 쉴 수 있도록 배려했다. 여인들의 배가 항구로 들어가자 배에 탄 여인들 거의 모두가 뭍으로 내려갔다. 이졸데만은 배 위의 거처에 그대로 남았는데 트리스탄이 문안 인사를 드리러 이졸데를 찾아갔다. 그는 목이 말라 마실 것을 청했다. 멀미가 심했던 브랑게인은 뭍으로 내려가고 그 자리에 없었다.

어린 시녀가 작은 유리병을 발견하고 재빨리 거기 들어 있는 내용물을 잔에 따라 트리스탄에게 가져갔다. 포도주라고 여긴 것이다. 트리스탄은 이졸데에게 먼저 한 모금을 마시라고 권했다. 이졸데는 한참을 거부하다 마지못해 한 모금을 마시고 트리스탄에게 돌려주었다. 그 나머지를 트리스탄이 마셨다. 두 사람은 포도주를 마셨다고 생각했다. 아뿔싸, 브랑게인이 혹시나 해서 서둘러 배로 돌아왔을 때는 이미 늦었다. 왕비가 맡긴 유리병 뚜껑이 열려 있는 것을 보는 순간 그녀는 기절해버렸다. 아아, 큰일이 일어나고 말았구나.

트리스탄과 이졸데, 이졸데와 트리스탄, 두 사람은 이제 운명의 사랑에 사로잡혀 둘이지만 한마음을 갖게 되었으니, 그녀의 고통이 그의

이졸데와 구혼 사절단을 태운 배가 아일랜드를 떠나고 있다. 이제 곧 이 배에서 엄청난 일이 벌어지고 만다.

고통이요. 그의 아픔은 그녀의 아픔, 그녀의 행복이 그의 행복이 되었다. 원래 그렇게 예정된 것은 아니었으나, 이졸데 공주는 아무것도 모른 채 어머니가 마련한 사랑의 미약을 남편 아닌 엉뚱한 사람과 나누어 마시고 말았던 것이다. 배는 다시 출발했지만 두 사람은 어느새 사랑의 포로가 되었다.

두 사람은 마구 솟구치는 사랑을 통제할 수가 없었다. 다만 아직 사랑을 잘 알지도 못하고 또 서로에게 끌리는 이 갑작스럽고도 금지된 감정을 감추려고 했기에 아직 아무도 눈치를 못 챘지만 사정을 짐작하는 브랑게인은 그들을 세심하게 관찰했다.

"오, 이를 어째. 저 둘 사이에 사랑의 첫 징표가 보이는구나."

하지만 머지않아 그들의 마음이 고통으로 일그러지는 것이 분명히 보였다. 두 사람의 얼굴색이 허옇게 변하고 전신이 무력해져 영 기운을 못 차리니, 브랑게인은 이러다 저들이 지레 죽을까 겁이 더럭 났다. 어느 날 트리스탄이 이졸데를 찾아왔을 때 브랑게인이 넌지시 트리스탄에게 말을 걸었다.

"무슨 일이든 비밀을 지킬 테니 말씀을 해보시지요."

브랑게인이 비밀을 지키겠다고 거듭 맹세하자 트리스탄이 속을 털어놓았다.

"우리 두 사람이 근래 고통이 너무 심해 이성을 잃었소. 사랑으로 둘 다 죽어갈 지경인데 당신이 끊임없이 방해를 하니 세상에 이보다 더한 고통이 어디 있겠소?"

어린 시녀는 유리병에 든 액체를 포도주라 생각하고 멀미에 지친 이졸데에게 마시게 한다. 사랑의 미약을 나눠 마신 이졸데와 트리스탄. 그 서글픈 운명의 서막이 올랐다. 영국 화가 존 윌리엄 워터하우스의 그림.

브랑게인은 이졸데에게도 정말 그런지 물었다. 이졸데가 그렇다고 했다. 브랑게인은 두 사람이 서로를 향한 사랑을 멈출 수가 없다면 죽는 꼴을 보느니 둘이 하고 싶은 대로 해도 방해하지 않겠노라고 말했다. 그날 밤 트리스탄이 이졸데의 침대로 찾아갔다. 이제 사랑의 힘으로 두 사람의 아픔은 치료되었다. 그러나 그다음부터가 문제였다.

어린 시절 납치를 당해 몹쓸 체험을 한 끝에 트리스탄은 삶의 중요한 고비마다 신중한 거짓말로 위기를 넘기곤 했다. 안 그랬다간 목숨을 잃을 뻔한 경우도 여러 번이었다. 그것은 어쩌면 그의 운명이었던가. 그는 외삼촌을 위해 불가능한 구혼에 성공했건만, 이번에는 사랑의 미약을 마시는 바람에 외삼촌의 신부를 사랑하는 얄궂은 운명에 휘말리고 말았다. 그의 평생에 중요한 일들이 이렇듯 거짓과 뒤섞이고 있었다.

두 젊은 남녀는 사랑의 기쁨에 도취했으나, 배는 머지않아 콘월에 당도했다. 두 사람이야 영원히 땅을 보고 싶지 않았겠지만 이제 곧 상륙하여 신부 이졸데는 진짜 신랑을 만나야 할 판이었다. 하지만 그녀는 이미 처녀의 몸이 아니었으니, 이 일을 어찌하면 좋으냐. 비록 나이가 어리지만 이졸데가 해결책을 생각해냈다. 아직 처녀인 브랑게인더러 자기 대신 첫날밤을 치러달라고 부탁한 것이다.

브랑게인은 이 난감한 부탁을 듣고, 자신이 잠깐 방심한 사이 두 사람이 이졸데 왕비가 만든 특별한 음료를 마셨다는 사실을 고백했다. 트리스탄과 이졸데는 그제야 항거할 수 없는 그 강력한 사랑의 힘이 어디서 온 것인지 깨달았다. 하지만 이미 둘이 깊은 사랑에 붙잡혔는데, 그걸 알았다 한들 사태가 무엇이 달라질까? 어차피 피할 길이 없다면 일어

마크 왕과 이졸데의 결혼식. 신 앞에서 이졸데는 영원히 마크 왕의 신부가 될 것을 맹세했으나, 이미 그녀의 몸과 마음은 오직 트리스탄만을 원하고 있었다.

나야 할 일이었다. 세 사람은 머리를 맞대고 일을 해결하는 데 힘을 썼다.

먼저 트리스탄은 마크 왕에게 심부름꾼을 보내 구혼에 성공해서 아일랜드 공주와 함께 돌아가고 있음을 알렸다. 마크 왕은 손수 두 사람을 맞아들였다. 이어서 지방의 귀족들에게 18일 뒤에 왕의 결혼식이 열릴 것이니 모두 참석하라는 기별을 보냈다. 결혼식이 성대하게 치러졌고, 이졸데는 콘월과 잉글랜드의 왕비가 되었다. 마크 왕 내외에게 자식이 없을 경우 트리스탄을 후계자로 삼겠다는 선포도 했다.

첫날밤이 되자 어둠 속에서 브랑게인이 대신 신방으로 들어가 마크 왕과 동침했다. 방 밖에서 이졸데와 트리스탄이 초조하게 브랑게인이 나오기를 기다렸다. 브랑게인이 잠깐 밖으로 나온 사이 이번에는 이졸데가 마크 왕이 기다리는 침대로 돌아갔다. 그 직후에 관습대로 트리스탄이 등불과 함께 부부가 마실 포도주를 들고 안으로 들어왔다. 첫날밤을 치른 왕과 왕비는 함께 포도주를 마셨다. 그런 다음 마크는 다시 아내를 품었으나 자기가 동일한 여인을 품은 줄로만 여겼다.

이졸데는 얼마 동안 마음을 졸였다. 혹시 브랑게인이 그 일로 마크 왕을 사랑하게 되었으면 어쩌나 걱정이 되었던 것이다. 더욱이 브랑게인은 자신과 트리스탄 사이의 비밀을 알고 있으니 더욱 위험했다. 이졸데는 잉글랜드 사람 둘을 불러 브랑게인을 죽이려고 했지만 브랑게인이 위기를 재치 있게 넘겼다. 이런 일이 있은 뒤로 이졸데와 브랑게인은 영원히 서로를 믿는 사이가 되었다.

## 위험한 사랑

**악사 간딘**

그 뒤로 트리스탄과 이졸데는 시간이 날 때마다 몰래 만나 좋은 시간을 보냈다. 콘월의 왕비는 처음부터 늙은 남편과 젊은 애인을 한꺼번에 얻은 셈이었다. 그야 어찌 되었든 트리스탄과 이졸데 두 사람을 묶은 사랑의 유대는 이만저만 단단한 것이 아니었으니, 그 누구도 그들의 사랑을 끊을 수가 없었다. 브랑게인의 도움을 받아 두 사람은 그 지독한 사랑을 계속 이어 나갔다.

한 번은 아일랜드의 귀족인 간딘(Gandin)이 틴타젤 궁에 나타났다. 그는 옷차림이 화려했으나 창도 방패도 없이 달랑 하프 하나만 등에 메고 등장했다. 간딘은 옛날 아일랜드에서 이졸데의 친구이자 기사 노릇을 한 적이 있었다. 콘월의 왕비는 곧 간딘을 알아보고 왕에게 그를 소개했다. 그가 등에 하프 하나만 멘 것이 기이하긴 했지만 왕은 그를 맞아들였다.

그가 식사를 할 때도 악기를 등에서 내려놓지 않자 모두들 이상하게 여겼다. 식사가 끝난 다음 사람들은 그에게 연주를 청했다. 하지만 손님이 연주를 거부했다. 왕은 그가 연주만 잘한다면 원하는 것은 무엇이든 주겠다고 약속했다. 그러자 간딘은 연주를 시작했다. 그의 연주는 그런대로 괜찮았다. 왕이 한 곡을 더 청하자 사내는 이렇게 말했다.

"임금님께서 주실 보상을 위해 다시 연주를 하겠습니다."

두 번째 연주는 처음 연주보다 두 배나 훌륭했다. 연주가 끝난 다음 아일랜드 사람은 손에 하프를 든 채로 이렇게 말했다.

"임금님, 약속은 지키시겠지요?"

"그야 당연한 일이오. 대체 무엇을 갖고 싶소?"

"이졸데를 주십시오!"

다들 어이가 없다는 얼굴이었다. 왕비 말고 다른 것을 청하라고 말해도 그는 고집을 부리더니, 자신의 청을 거부한다면 누구하고든 결투를 하겠다고 말했다. 아무도 목숨을 걸고 싸울 마음이 없었다. 심지어 마크 왕도 이졸데를 지키기 위해 싸울 마음이 없었다. 때마침 트리스탄은 사냥을 하러 숲으로 가고 없었다. 그러자 간딘은 이졸데의 손을 잡고 궁전을 떠나 바닷가에 준비된 커다란 천막 안으로 들어갔다. 밀물이 들어 배가 출항할 수 있을 때까지 거기서 기다릴 셈이었다. 이졸데는 눈물을 흘리며 그대로 앉아 있었다.

트리스탄이 숲에서 돌아와 소식을 들었다. 그는 얼른 자신의 하프를 들고 말을 타고 바닷가로 달려갔다. 바닷가 근처 숲에 말을 묶어두고,

칼을 그 옆에 매달아놓고 하프만 든 채 천막으로 다가가 인사를 한 다음 이렇게 말했다.

"저도 아일랜드 사람이니 제발 저를 함께 데려가주십시오."

간딘이 대답했다.

"그러지요. 그럼 어서 앉아서 연주를 해보시오. 연주가 훌륭하면 가장 아름다운 옷을 드리도록 하지."

그의 연주가 훌륭했던지 왕비가 눈물을 멈추고 음악에 빠져들었다. 연주가 끝날 때쯤 밀물이 들면서 배가 둥실 떠올랐다. 뱃사람들이 간딘에게 어서 배에 오르라고 소리쳤다.

"트리스탄이 나타나면 곤란합니다. 그가 이 나라를 다 잡고 있다는데, 그렇게 용감한 사람이라면 나리도 힘들 겁니다요."

이 말에 간딘은 자존심이 상해 고집을 부리면서 새로 나타난 악사에게 연주를 한 곡 더 부탁했다. 악사가 아름답게 연주를 했다. 연주가 끝나자 간딘은 왕비를 배로 안내하려고 했지만 그사이 물이 빠져서 말을 타야만 배에 닿게 생겼다. 그러자 악사가 이렇게 말했다.

"마침 근처에 제 말을 묶어두었습니다. 이 나라에는 아무것도 남겨두고 싶지 않으니 말을 끌어와도 되겠습니까?"

물과 배가 멀어져 어찌할 바를 모르던 간딘이 그 말에 동의했다. 악사는 재빨리 하프를 등에 메고 말을 타고 돌아왔다. 그런 다음 간딘을 향해 말했다.

"나리, 어서 귀부인을 말 위로 올려주십시오."

간딘은 자기가 부인을 태우겠노라고 고집을 부렸지만 이졸데가 둘 사이에 끼어들어 악사의 말에 따르겠노라고 말했다. 간딘은 이졸데를

트리스탄이 이졸데를 말에 태워 틴타젤 궁으로 돌아가고 있다.

번쩍 들어 트리스탄의 앞쪽에 태웠다. 이졸데를 태운 트리스탄은 어리석은 간딘을 마음껏 비웃으며 틴타젤 궁전으로 돌아왔다.

이 이야기에서 마크 왕은 누군가가 자기 아내를 데려가는데도 속수무책으로 가만히 있는 위인이었으니, 정말로 아내를 잃을 만도 했다.

**메리아독과 멜롯**

간딘 사건을 통해 트리스탄의 명성은 더욱 높아졌다. 그는 기사들의 거처에서 메리아독(Meriadoc)이라는 궁내관과 방을 함께 사용하게 되었다. 이런 사정이 왕비와의 밀회에 방해가 되어 트리스탄과 이졸데는 고통을 받았다. 그러던 어느 날 그는 왕비가 오늘 밤 홀로 침실을 쓴다는 신호를 전달받았다. 밤이 되자 그는 왕비의 침실로 숨어들었다.

메리아독이 나쁜 꿈을 꾸다 깨어나 보니 옆에 트리스탄이 없었다. 밖으로 나간 그는 달빛 아래 하얗게 내린 눈 위로 발자국이 나 있는 것을 보았다. 그 뒤를 따라가 보니, 아니 이런, 발자국이 왕비의 침실이 있는 궁으로 향했다. 가까이 다가가 보니 어찌 된 일인지 문이 열려 있었다. 하필 그날따라 브랑게인이 문단속하는 것을 잊은 탓이있다. 메리아독은 떨리는 가슴을 누르고 몰래 안으로 들어가서 트리스탄이 왕의 침대에서 왕비와 어우러진 꼴을 보고야 말았다.

그는 질투심으로 속이 부글거렸다. 사실 궁정에서 이졸데의 미모에 반하지 않은 사내가 없었다. 다만 감히 꿈도 못 꿀 상대라 다들 참고 지내는 것일 뿐. 그런데 다른 놈이 왕 몰래 저 미인을 품었단 말이지. 하지만 트리스탄도 쉽게 건드릴 수 있는 상대는 아니었다. 메리아독은 우선 조용히 물러나 숙소로 돌아갔다. 한참 뒤에 트리스탄도 돌아와 자리에 누웠다.

며칠 뒤 궁내관은 기회를 보아 왕에게 트리스탄과 이졸데를 둘러싸고 괴이한 소문이 돌고 있다고 속삭였다. 이런 말을 들은 뒤로 왕의 내면에서는 이루 말하기 힘든 의혹이 싹트기 시작했다. 왕은 이졸데의 마음을 떠보려 했다. "내가 순례 여행을 떠나 궁을 비운다면 누가 나 대신 나라를 통치하면 좋겠소?" 하고 왕이 왕비에게 넌지시 물었다. 이졸데는 순진하게 "트리스탄이지요." 하고 대답했다. 왕의 의심은 더욱 커졌다.

이졸데는 아무것도 모르고 자랑삼아 브랑게인에게 이 이야기를 했다. 눈치 빠른 브랑게인은 재빨리 덫이 놓였다는 사실을 알아챘다. 그

트리스탄의 명성이 높아질수록 그를 시기하는 무리들도 많아졌다. 급기야 트리스탄은 함께 방을 쓰던 궁내관 메리아독에게 이졸데와의 밀회 장면을 들키고야 만다. N. C. 와이어스의 그림.

래서 왕비에게 어떻게 말하고 처신해야 하는지 일러주었다. 며칠 후 왕은 밤에 이졸데를 품에 안고 말했다.

"당신을 두고 여행을 떠나려니 마음이 무너지는 것 같구려."

그러자 이졸데는 눈물바다가 되면서 그럼 여행을 하겠다는 말이 정

바그너의 오페라 〈트리스탄과 이졸데〉는 1865년 뮌헨에서 초연되었다. 루트비히 슈노어 폰 카를스펠트와 그의 아내 말빈 가리구에스가 각각 트리스탄과 이졸데 역을 맡았다.

말이냐고 되물었다. 왕은 놀라는 척하며 그렇다고 대답했다. 이졸데가 더욱 슬피 울며 말했다.

"저는 어찌하라고, 이곳은 또 어찌하라고 떠나신단 말입니까?"

"그야 트리스탄이 있지 않소. 이 나라는 모두 당신 것인데, 트리스탄이 도우면 내가 없어도 아무 문제가 없지. 그를 나처럼 대해주시오."

"그 사람이야 제게 아첨을 하고, 저를 좋아하는 듯이 굴지만 실은 저의 외삼촌을 죽인 죄가 두려워서 그러는 것이지요. 당신이 안 계신다면 그가 저를 그냥 두지 않을 테니, 저는 차라리 당신을 따라가고 싶어요."

이졸데가 간절히 청하는 말을 듣고 왕은 속으로 기뻐하며 분노를 거두어들였다. 이런 일이 있고도 왕은 여러 차례나 왕비를 시험해보았지만 이졸데는 거듭 브랑게인의 도움으로 왕의 시험을 통과했다. 마침내 왕은 궁내관 메리아독이 엉뚱한 소리를 하는 거짓말쟁이라고 여기게 되었다.

이제는 왕의 신뢰를 잃은 메리아독이 다급한 처지가 되었다. 궁정에는 멜롯(Melot)이라는 아키텐 출신의 난쟁이가 있었다. 그는 별자리를 읽을 줄 아는 점성술사였다. 그는 똑똑하고 재치도 있어서 왕이나 왕비 곁에 자유자재로 드나들었다. 메리아독은 멜롯에게 트리스탄과 이졸데의 행동거지를 잘 살펴보라는 비밀 임무를 맡겼다. 머지않아 멜롯은 두 사람의 태도에서 감추기 힘든 사랑을 보았다. 멜롯과 메리아독이 함께 왕에게 그 사실을 보고했다.

왕과 메리아독과 멜롯은 두 사람을 다시 시험하기로 결정했다. 왕은 트리스탄에게 궁정에 좋지 않은 소문이 떠돌고 있으니 앞으로 왕비 궁에 드나들지 말라고 명령했다. 두 사람은 이제 만날 수가 없게 되자 근심과 슬픔에 잠겨 시간을 보냈다. 둘은 여전히 한마음이었으니, 슬픔과 근심도 하나였고 둘이 똑같이 시들어갔다. 왕은 곧 그들이 사랑으로 얽혀 있다는 확신을 가졌다. 그리고 다시 두 사람을 감시하고 시험하기 시작했다.

하지만 트리스탄과 이졸데가 사랑의 병을 앓는 모습을 브랑게인은 더 이상 두고 볼 수가 없었다. 그녀가 트리스탄을 찾아가 이야기를 나누었다. 그녀는 두 사람이 자신의 불찰로 인해 저 사랑의 미약을 마신 탓으로 이토록 모진 고통을 겪는다고 생각하고 있었다. 그녀가 트리스탄에게 이렇게 제안했다.

"혹시라도 기회가 오거든 과수원으로 가세요. 올리브나무 가지를 잘라 한 면에는 '티(T, 트리스탄의 첫 글자)', 다른 면에는 '아이(I, 이졸데의 첫 글자)'라 새긴 다음 그것을 왕비궁 쪽으로 흐르는 시내에 띄우세요. 왕비님은 자주 문간에 나와 앉아 탄식을 하니, 우리가 그 나뭇가지를 보면 당신이 과수원에 있음을 알 수 있지요."

트리스탄은 브랑게인이 한없이 고마웠다. 이렇게 해서 두 사람은 과수원에서 밀회를 나누기 시작했다. 왕궁에 딸린 너른 과수원에 시원하게 흐르는 시냇가 올리브나무 그늘에서 몰래 만나니, 그들의 병은 말끔히 나았다. 그렇게 그들은 여드레 동안 여덟 번이나 만났다. 끊임없이 그들을 감시하던 난쟁이 멜롯이 결국 올리브나무 아래서 여자가 남자의 품에 안기는 꼴을 보고야 말았다.

이튿날 멜롯은 트리스탄에게 찾아가 오늘 밤 왕비가 기다릴 것이라고 귀띔을 했다. 그런 다음 숲에서 사냥 중인 왕에게 가서 오늘 밤 두 사람이 만나는 현장을 볼 수 있다고 전했다. 멜롯과 마크, 난쟁이와 왕은 과수원에 있는 올리브나무 위로 올라가 불륜에 빠진 남녀가 나타나기를 기다렸다. 트리스탄이 먼저 나타나 올리브나무 조각을 물에 띄워 보낸 다음 기다렸다. 마침 달이 휘영청 떠올랐다. 골똘히 생각에 잠겨 땅만 쳐다보며 거닐던 트리스탄은 훤한 달빛을 받은 올리브나무의 그림자에서 두 사람이 앉아 있는 모습을 발견하고는 간계가 있음을 깨달았다.

잠시 뒤에 이졸데가 나타났다. 트리스탄은 보통 때와는 달리 그녀를 반갑게 끌어안지 않고 꼿꼿하게 그 자리에 서 있었다. 이졸데는 무슨 일인가 싶어 조용히 다가가다가 역시 나무 위에 앉은 두 그림자를 보고 눈치를 챘다. 두 사람은 근엄한 태도로 예를 갖추어 이야기를 주고받았다.

마크 왕이 올리브나무 위에 올라가 트리스탄과 이졸데의 만남을 지켜보고 있다.

궁정 사람들이 우리 둘을 의심하나, 신께서 증언하시듯이 우리는 결백하니 앞으로 더욱 행동거지를 조심하자는 약속을 주고받았다. 그런 다음 헤어져 각자의 처소로 돌아갔다. 이번에도 두 사람은 위기를 벗어났다.

트리스탄은 다시 왕의 신뢰를 되찾아 이전처럼 왕비를 수호하는 기사가 되었다. 밤에도 왕비의 침실 바깥에서 왕비를 지키게 된 것이다.

### 쇠의 시련

하지만 메리아독과 멜롯은 더욱 독이 올라 두 사람을 감시했다. 그 뒤로도 두 연인의 시련은 끝이 없었다. 그런데도 두 사람은 줄기차게 서로 만났다. 세상의 그 무엇도 둘의 사랑을 가로막지 못했다. 그것은 운명의 사랑이었으니, 그 누구도 어찌할 수가 없었다. 한 번은 왕이 새벽 미사를 위해 떠난 다음 난쟁이 멜롯이 이졸데의 침대 주변에 밀가루를 뿌려놓았다. 누구든 그녀의 침대에 접근하면 발자국이 남을 터였다.

그러자 트리스탄은 힘껏 몸을 날려 왕비의 침대 위로 올라갔다. 하지만 지나치게 힘을 쓴 나머지 코피가 터져 침대 시트를 피로 더럽히고 말았다. 그는 재빨리 도로 힘껏 뛰어 현장을 피했다.

하지만 이 일은 왕에게 엄청난 혼란을 만들어냈다. 바닥에는 흔적이 없으나 침대에는 흔적이 분명했다. 왕비는 자신이 흘린 코피라고 말하지만 그렇게 보이지 않았다. 왕은 트리스탄이 머무는 곳으로 가서 그에게 일어서보라고 했다. 트리스탄의 잠자리에도 핏자국이 있었다. 트리스탄이 왕비에게 간 것은 분명한데, 발자국이 없으니 귀신이 곡할 노릇이었다.

왕은 공의회를 소집했다. 신하들과 함께 성직자들도 모두 런던에 모였다. 이 자리에서 왕은 왕비와 트리스탄의 문제를 거론했다. 그러자 신하들은 왕비의 출두를 요구했다. 왕비가 출두하자 지혜로운 템스의 주교가 왕비에게 모든 것을 밝혀달라고 요구했다. 왕비는 자신은 잘못이 없으며, 남편과 자신의 명예를 위해서라면 무슨 일이든 하겠노라고 답변했다. 그러자 왕이 사람들 앞에서 이렇게 선포했다.

"그렇다면 왕비는 예부터 내려오는 형식에 따라 6주 뒤에 칼리언에서 쇠의 시련으로 진실을 입증해야 하오."

그녀는 신의 법정에서 거짓말을 할 수는 없음을 알고 있었다. 참이 아닌 것을 참이라 입증해야 할 처지가 되었기에 그녀는 번뇌에 빠졌다. 하지만 이 난국을 헤쳐 나갈 기발한 생각이 떠올랐다. 그녀는 트리스탄에게 칼리언으로 오라고 편지를 보냈다.

트리스탄은 이졸데의 지시대로 순례자 복장으로 그곳에 나타났다. 마크 왕과 이졸데가 배에서 내릴 때 얼굴과 몸을 온통 천으로 가린 순레자 트리스탄도 그곳에 나타났다. 이졸데는 금방 순례자의 정체를 알아보았다. 그녀는 배에서 내리려는 순간 순례자에게 자신을 도와달라고 청했다. 다른 사람들도 한목소리로 순례자를 불렀다. 왕비에게 경건한 힘이 필요하다는 것을 모두 알고 있었기 때문이다. 순례자가 가까이 다가와 배에서 내리는 왕비를 두 팔로 받아 안았다. 그녀가 재빨리 순례자의 귀에 몇 마디를 속삭였다.

순례자는 왕비를 안고 육지에 닿자마자 그녀를 안은 채로 땅바닥에 쓰러졌다. 덕분에 그는 잠깐 그녀의 품에 안겼다가 그녀 옆에 눕게 되었다. 사람들은 이 무례한 순례자를 혼내주려고 몽둥이를 들고 달려왔다. 그러자 왕비가 나서서 순례자를 변호했다.

"그대로 두세요. 순례자는 기운이 없었을 뿐입니다. 너무 약해서 그만 쓰러진 거예요."

이런 일이 있은 다음 왕비와 다른 사람은 모두 도시로 들어갔다. 이졸데 왕비는 몸에 지닌 온갖 금붙이를 다 바쳐 신의 은총을 구하고 성당에서 미사를 올렸다. 그런 다음 복사뼈 위로 한 뼘이나 올라오는 거친 천으로 만든 치마에 면 셔츠만을 입고 맨발과 맨손으로 제단의 성유물 앞에 서서 기도했다. 그녀는 이제 신과 궁정 사회에 속한 모든 사람이 지켜보는 가운데 진실을 고백해야 했다.

쇠가 불에 달구어지고, 그녀는 뜨겁게 달구어진 쇳덩이 위에 손을 얹은 채 맹세의 말을 했다.

"지금까지 남편 말고 다른 남자를 품에 안거나 그 옆에 누운 적이 한 번도 없습니다. 여러분도 모두 보셨듯이 바닷가에서 나를 안아 내린 저 가엾은 순례자를 빼고는 말입니다."

왕도 그녀의 맹세의 말을 인정해주었다. 그녀는 달구어진 쇳덩이에 손을 데지 않았다. 그야 진실을 말했으니 당연한 일이었다. 작가 고트프리트는 이 이야기를 전하면서 그녀의 속임수가 그녀를 구했으며, 인간이 예수 그리스도를 이렇듯 멋대로 이용한다고 탄식한다. 어찌 되었든 이졸데는 목숨과 명예를 구했고, 왕의 사랑도 되찾았다.

트리스탄은 이졸데를 배에서 내려준 다음 그 길로 잉글랜드를 떠나 스웨일스라는 곳으로 갔다. 그곳을 다스리는 길레인 공작에게서 환영을 받고, 사람들을 괴롭히는 못된 거인 우르간을 죽여서 그곳 사람들을 고통에서 해방시켰다. 그렇게 오래 떠나 있다가 이제 그만 돌아오라는 이졸데의 편지를 받고서야 그는 다시 틴타젤 성으로 돌아왔다.

### ✥ 욕망이여, 멈춰라

트리스탄은 다시 마크 왕의 궁정에서 지내게 되었다. 하지만 마크 왕은 여전히 의심을 버리지 못하고 두 사람을 계속 관찰했다. 두 사람 사이에 오가는 부드러운 눈길에서 둘을 사로잡은 사랑이 분명하게 보였다. 마크도 이제는 지쳐서 더 이상 이런 상황을 견딜 수가 없었다. 그는 두 사람을 떠나보냈다. 둘이서 함께 이 나라를 떠나라. 셋이 함께하는 이 야릇한 동거는 이만 끝내자.

왕에게 쫓겨난 두 사람은 떠날 준비를 했다. 브랑게인더러는 그곳에 머물라 하고, 몇 가지 물품을 챙겨 쿠어베날을 대동하고 셋이서 길을 나섰다. 며칠 동안 숲에서 말을 달려 더욱 깊은 산속으로 들어갔다. 트리스탄은 그곳 깊은 산속에 있는 동굴을 알고 있었다. 옛날 이교 시대 거인들이 만들어 사랑의 피난처로 쓰던 동굴이었다.

칼을 사이에 두고 사랑의 미약을 마시는 트리스탄과 이졸데. 금지를 뛰어넘는 두 사람의 사랑을 고스란히 말해주는 듯하다. 오스트리아의 화가 콜로 모제의 그림.

그곳 숲 속의 낙원 같은 곳에서 한동안 연인들은 즐거운 시간을 보냈다. 동굴 위쪽 높은 곳에 하늘창이 나 있어서 햇빛이 동굴 안으로 들어왔다. 주변 환경도 아주 아름다웠다. 동굴 옆에는 작은 샘이 있고, 사방으로 아름다운 풀밭에 꽃이 피어나고, 철따라 새들이 노래를 불렀다. 이 사랑의 동굴은 사랑의 모든 것을 상징하는 아름다운 건축물이다. 이 장면에서 작가 고트프리트는 그 공간의 상징성을 일일이 설명하고, 사랑의 온갖 속성을 자세히 음미한다.

하지만 두 사람이 행복하게 지내는 동안 마크 왕은 사랑하는 아내를 떠나보내고 근심으로 시간을 보냈다. 그래서 우울한 마음을 달래려고 말을 타고 사냥을 나갔다가 일행과 멀어져 혼자서 우연히 두 사람이 머무는 이 숲까지 오게 되었다. 마크 왕은 크고 강하고 하얀 신비로운 사슴을 쫓다가 이곳 연인들의 동굴에 이르렀다. 그는 하늘창을 통해 위에서 동굴 안을 내려다보았다. 그곳에 아내와 조카가 잠들어 있는데, 두 사람 사이에는 날카로운 칼이 꽂혀 있었다. 트리스탄이 만일을 위해 그렇게 해둔 것이었다. 그러니까 두 사람 사이에는 아무 일도 없음을 보여주기 위한 것이었다.

젊은 이졸데를 향한 어리석은 사랑에 붙잡힌 마크 왕은 두 사람을 도로 궁전으로 불러들였다. 젊은 두 사람이 서로 사랑하는 것이 뻔히 보였건만, 마크 자신도 사랑에 빠져 눈이 멀어버렸던 것이다. 두 사람은 여전히 갖은 수단을 동원해 몰래 만났다. 궁에서 조금 떨어진 아름다운 여름 정원의 나무 아래 침대를 두고 그곳에서 만나곤 했다. 그러다 한 번은 마크 왕이 그 꼴을 보고야 말았다. 잠든 두 사람의 모습이 너무 아름다워서 왕은 그들을 그대로 두고 돌아왔다. 하지만 왕이 돌아서서 떠나는 순간 트리스탄은 눈을 뜨고 왕의 뒷모습을 보았다.

그는 이졸데를 깨웠다. 이렇게 더 계속할 수는 없는 노릇이었다. 두 사람은 영원히 헤어지기로 마음먹고 작별 인사를 나누었다. 왕이 신하들을 거느리고 돌아오면 자기들은 죽은 목숨일 게 분명했다. 이제 더는 도망칠 곳도 없었다. 그래서 트리스탄은 이졸데만 남겨두고 근심과 고통을 안은 채 멀리 여행을 떠났다. 이젠 영원한 이별이었다. 왕이 신하들을 거느리고 도착해보니 이졸데 혼자만 침대에서 자고 있었다. 신하들은 왕이 질투심에 사로잡혀 헛것을 보았다고 여겼다.

### ✢ 하얀 손의 이졸데

트리스탄은 곧바로 항구로 가서 배를 타고 노르망디로 건너갔다. 노르망디에서 알레만에 전쟁이 있다는 소식을 듣고 알레만으로 갔다. 그곳에서 그는 전투에 참가해서 용감하게 싸웠다. 그 뒤로도 계속 이리저리 떠돌았다. 물론 고국인 파르메니아에도 돌아갔다. 그사이 동 뤼알은 죽었고, 트리스탄은 고향 파르메니아의 통치를 동 뤼알의 아들에게 맡겼다. 동 뤼알의 아들은 그에게는 형과도 같은 사람이었다.

파르메니아에서 트리스탄은 애런들(Arundel) 공작의 영토에서 전투가 있다는 소식을 듣고 애런들로 갔다. 마음속에 사랑의 아픔을 품고 있으니, 차라리 전투를 통해 근심을 잊고자 했다. 애런들에서는 이웃의 여러 나라들이 쳐들어와 공작에게서 영토를 빼앗은 탓에 전쟁이 계속되었다. 공작에게는 아름다운 딸과 아들이 하나씩 있었다. 트리스탄은 공작의 아들 카헤딘(Cahedin)과 마음이 통해 서로에게 충성을 맹세하고 공작의 편에서 싸움을 지휘하여 빼앗긴 영토를 되찾았다.

공작의 딸이자 카헤딘의 누이도 이름이 이졸데였다. 그녀는 '하얀 손의 이졸데'라 불렸다. 이 이름이 트리스탄에게 다른 이졸데를 생각나게 했다. 그는 혼란에 빠졌다. 애런들 공작과 카헤딘은 그를 이졸데와 혼인시키고 싶어했다. 하얀 손의 이졸데도 트리스탄에게 무척 친절했다. 하지만 그는 멀리 있는 아름다운 이졸데가 그리워 그녀를 위한 노래를 불렀다. 이 노래가 하얀 손의 이졸데를 몹시 헷갈리게 했다. 그가 노래를 부르며 찬양하는 여인의 이름이 이졸데였기 때문이다.

트리스탄도 마음이 괴롭고, 하얀 손의 이졸데도 마음이 괴로웠다. 트리스탄은 멀리 있는 아름다운 이졸데를 그리워하고 있었고, 하얀 손의 이졸데는 이미 트리스탄을 마음 깊이 사랑하게 되었기에 그의 이상한 태도를 보고 마음이 괴로웠다.

여기서 고트프리트 폰 슈트라스부르크의 이야기는 끝난다. 그는 이야기의 결말을 맺지 못했다. 영국의 작가 토머스(Thomas the Rhymer)는 트리스탄 이야기를 아서 왕과 원탁 기사단과도 연결시켰다. 트리스탄이 아서 왕을 위해 싸운 적이 있는 것으로 나오는 것이다. 다음에 영국의 토머스가 쓴 결말부와 도이치 작가 울리히 폰 튀어하임(Ulrich von Türheim)이 보충한 결말부를 합쳐 이 긴 이야기를 마무리 짓기로 한다.

### ✤ 나무 두 그루

트리스탄은 어떤 싸움에서 독창에 찔려 깊은 상처를 입었다. 그 옛날 모롤드에게 입었던 것과 비슷한 상처였다. 죽어가는 그를 살릴 수 있는 사람은 이 세상에 오로지 아름다운 이졸데뿐이었다. 그는 카헤딘

독이 묻은 창에 찔려 쓰러진 트리스탄은 오직 이졸데만이 자신을 구원해줄 수 있다는 것을 알고 애타게 기다렸지만, '하얀 손의 이졸데'의 훼방으로 결국 사랑하는 이졸데를 만나지 못한 채 숨을 거둔다.

에게 도움을 요청했다. 오빠와 트리스탄이 은밀히 나누는 이야기를 하얀 손의 이졸데가 우연히 엿들었다. 트리스탄은 아름다운 이졸데만이 자기를 구할 수 있으니, 카헤딘이 그녀를 찾아가 그 옛날 트리스탄과 나눈 사랑을 기억하여 이리로 와주십사 부탁하라고 했다. 그러면서 이렇게 말했다.

"카헤딘, 나는 자네 동생을 사랑할 수가 없네. 이졸데 왕비를 영원히 사랑하기 때문이야."

이런 말을 듣고도 카헤딘은 죽어가는 트리스탄을 구하기 위해 길을 떠나기로 했다. 떠나기 전에 두 사람은 돌아오는 배에 아름다운 이졸데가 타고 있으면 하얀 돛대를 올리고, 그렇지 않으면 검은 돛대를 올리기로 약속했다. 하얀 손의 이졸데가 이 이야기를 엿들었다.

카헤딘은 배를 타고 잉글랜드로 향했다. 그는 이졸데를 찾아가 자세한 이야기를 전했다. 그녀는 함께 가겠노라고 나섰다. 두 사람은 서둘러 노르망디를 향해 출발했다. 트리스탄은 거의 죽어가고 있었으나, 이졸데가 오리라는 희망으로 겨우 목숨을 부지하고 있었다. 마침내 배가 항구로 다가온다는 소식을 듣고 트리스탄은 하얀 손의 이졸데에게 물었다.

"아가씨, 돛의 색깔이 무언가요?"

하얀 손의 이졸데는 질투심에 사로잡혀 이렇게 대답했다.

"석탄처럼 검은 색깔이네요."

이것은 새빨간 거짓말이었다. 배는 하얀 돛을 달고 있었다. 하지만 트리스탄은 사랑하는 이졸데가 오지 않는다는 소식에 절망하여 벽을 향해 돌아누운 채 그대로 죽고 말았다. 곧이어 배가 도착하고 서둘러 달려온 이졸데는 트리스탄의 시신을 보고 앞뒤 사정 이야기를 들었다. 그녀는 밉살스러운 하얀 손의 이졸데에게 이렇게 말했다.

"어쩌자고 당신 때문에 죽은 사람 곁에 앉아 있는 건가요? 저리로 가요."

그런 다음 그녀는 관을 비집고 들어가 트리스탄 곁에 나란히 눕더니 그대로 숨을 거두고 말았다. 이렇게 이졸데와 트리스탄은 나란히 죽었다.

그사이 마크 왕도 시종들을 거느리고 배를 타고 오고 있었다. 그는 바다 한가운데서 이졸데와 트리스탄이 죽었다는 소식을 들었다. 그리고 이 순간에야 그는 브랑게인에게서 두 사람이 그 옛날 이졸데의 어머니 이졸데가 만든 사랑의 미약을 잘못 마시고 영원히 사랑하게 되었다는 말도 들었다. 마크는 길게 탄식했다.

"어째서 아무도 내게 그 말을 해주지 않았더란 말인가. 아, 이졸데, 트리스탄, 두 사람이 아직 살아 있다면 당신들이 기뻐할 모든 일을 내가 해주련만!"

아무것도 몰랐던 마크는 가슴을 치며 슬퍼했다. 그는 애런들 공작의 땅에서 조카와 아내의 시신을 거두어 배에 싣고 틴타젤로 돌아왔다. 그런 다음 틴타젤 성 근처에 두 사람을 묻었다. 그러나 둘을 한 무덤에 묻지 않고 따로따로 무덤을 만들었다. 왕은 포도나무와 장미나무 묘목을 가져다가 두 사람의 무덤에 제각기 심었다. 포도나무는 이졸데의 무덤에, 장미나무는 트리스탄의 무덤에 심고 두 개의 관을 흙으로 덮었다.

트리스탄과 이졸데, 두 사람은 죽어 땅에 누워서도 서로를 사랑했다. 두 그루의 나무가 자라면서 한데 엉켰다. 그들의 무덤에서 자라난 나무조차도 저렇게 서로를 향하는 것을 사람들은 보고도 믿기가 어려웠지만 그들의 사랑은 실로 그와 같았으니, 살아서나 죽어서나 누가 그들을 떼어놓을 수 있으리오.

## 맺음말

지금까지 우리는 옛날 게르만 사람들이 섬기던 신들과 영웅들의 이야기를 읽었다. 신화와 전설은 이 세상에 존재하는 수많은 이야기의 원천이 되는 내용들을 포함한다.

도대체 이야기란 게 뭔가? 그것은 바로 우리 삶의 궤적이다. 우리 삶의 발자국을 의미에 따라 간략하게 말이나 글로 줄이면 이야기 하나가 나온다. 죽은 사람의 평생을 요약한 '행장기'를 보면, 지극히 짧은 이야기 하나가 만들어질 뿐이다. 어디 우리 한국 사람만 그럴까? 셰익스피어는 다음과 같이 말한다.

> 그렇듯 시간마다 우리는 점점 익어가고
> 그렇듯 시간마다 우리는 점점 썩어가고
> 그래서 이야기 하나가 열리고.
> ―〈뜻대로 하세요〉 2막 7장

그러니 우리 평생의 삶이 이야기 하나에 지나지 않는다고 해도 꼭 틀린 말이 아니다. 젊은 날 우리는 그것을 잘 깨닫지 못할 뿐이다. 하지만 어디서나 사람들이 모이면 끝날 줄을 모르고 이야기가 계속 이어진다. 그 모든 이야기가 결국 삶의 이야기들이 아니던가? 그렇게 모여 죽은 조상의 이야기를 나눌 때를 생각해보라. 조상의 삶은 결국 몇 문장으로 끝나는 짧은 이야기로 정리되고 만다.

이야기를 이렇게 정의하고 보면, 신화와 전설이 갖는 의미도 쉽게 나온다. 이들은 어떤 한 사람의 일생을 정리한 이야기가 아니다. 규모야 크든 작든 옛날 어떤 종족이 섬기던 신들의 행장기가 신화요, 그 신들의 후손으로 여겨지는 종족 영웅들의 행장기가 전설이기 때문이다. 이런 거대한 이야기 속에 그 신들을 모시던 종족의 사고방식과 가치관이 포함된다는 것은 지극히 당연한 일이다.

그런 탓에 인간은 언제나 이야기에 이끌린다. 특히 이야기가 재미있을 경우에는 매우 폭발적인 매력으로 우리 마음을 사로잡는다. 더욱이 신화나 전설에는 원형적인 상징들이 감추어져 있다. 곧 우리 삶의 핵심들이 들어 있다. 그렇기 때문에 이야기를 좋아하는 것은 인간의 천성이다. 그것은 바로 자기 자신에 대한 관심이요, 인간의 삶이란 궁극적으로 무엇인가에 대한 궁금증이 이야기에 대한 관심으로 표출된 것이기 때문이다.

이야기는 모든 문학작품의 핵심 영역이다. 어디 문학뿐일까? 역사도 아예 이야기 모음이다. 음악이나 춤에도 재미있는 이야기가 곁들여지면 우리는 그것을 더욱 좋아한다. 오페라와 발레가 그런 게 아니던가? 게임이나 오락에도 이야기가 있으면 재미가 더 커진다. 영화도 결국은 줄거리가 재미있어야 한다. 수많은 콘텐츠의 핵심이 바로 재미있는 이야기다. 글쎄, 이야기 좋아하는 것이 인간의 천성이라니까.

신화와 전설은 바로 수많은 이야기의 원천을 포함한다. 서양의 문화 콘텐츠에 접근하려면 그리스 신화와 게르만 신화를 아는 것이 필수다. 동양의 정신세계에 접근하려면 인도 신화와 중국 신화를 알아야 하는 것과 같은 이치다. 그중에서도 오늘날 애니메이션, 영화, 게임 등에서 널리 인기를 얻고 있는 콘텐츠의 원천은 게르만 신화와 전설이다. 이것은 물론 시대의 유행과도 관계가 있다.

중세에 쓰인 게르만 신화와 전설을 처음으로 정리한 사람들은, 19세기 초에 활동한 독일의 낭만주의(Romantik) 학자와 문인들이었다. 나폴레옹이 이끄는 프랑스 군대가 신성로마제국을 무너뜨리고(1806년), 독일과 오스트리아를 점령했을 때였다. 우리 한국 사람은 일제에 점령당한 기억이 있어서 그 상태를 미루어 짐작할 수 있다. 그때 우리도 우리 말을 보존하고 우리 문학을 세우려는 노력을 하지 않았던가?

독일의 낭만주의란, 나폴레옹 군대가 독일을 점령하던 시기와 그 이후의(1795~1830년) 문학과 예술 운동을 가리키는 말이다. 당시 젊은 지식인들은 사라져가는 민족의 뿌리를 찾기 위해 여러 모로 노력했다. 아직 제대로 정비되지 않은 국어를 연구하고, 도이치어 문법을 처음으로 확립한 시기도 바로 이때였다. 이들 낭만주의 학자와 문인들은 언어의 뿌리를 찾아 과거로 거슬러 올라가서 중세 도이치 문학을 발굴하고, 또 민족의 뿌리인 게르만 신화를 담고 있는 〈에다〉 문학에도 접근했다. 그리고 중세 도이치 문학작품과 〈에다〉 문학작품을 현대 도이치말로 번

역하여 널리 보급했다. 그림 형제가 수집하여 펴낸 동화집과 전설집도 이 시기에 나왔다.

지금까지 우리가 읽은 북유럽-게르만 신화와 전설이 모두 여기서 나온 것들이다. 독일의 강력한 문화적 전통은 여기에 음악을 덧붙였으니, 바로 바그너의 오페라 작품들이 그것이다. 바그너는 오늘날에도 유독 세계적인 광팬을 많이 거느린 작곡가다. 그 인기의 비결은 실은 간단하다. 강렬한 원천의 이야기를 웅장하고도 섬세한 음악으로 감싸서 전달하는 것이니 더 말해 무엇 하랴.

긴 여정을 거쳐 마침내 여기에 이르렀다. 게르만 신화와 전설을 일단 마무리하며, 도이치 문학을 전공한 사람으로서 여러 가지 감회가 없을 수가 없다. 특히 도이치 문화의 한 뿌리를 이루는 게르만 신화와 전설이, 독일의 특수한 역사적 상황으로 인해 온갖 굴곡을 다 겪고 있는 것을 잘 아는 터라 더욱 복잡한 마음이 든다.

하지만 우리 인간만 이야기를 갖는 것은 아니다. 이야기도 저마다의 이야기를 갖고, 책들도 제각기 운명과 이야기를 갖는 것 같다. 그리고 책의 운명을 통해 다시 사람들과의 또 다른 만남이 이루어지곤 한다. 살아 있는 한 우리의 이야기는 아직 완결된 것이 아니다. 나는 지금 기쁜 마음으로 이 책을 세상에 떠나보내니, 살아 있는 동안 우리 부지런히 만나기로 하자.

모든 독자 여러분께 고마움의 마음을 전하고 싶다.

## 용어 및 인물 설명

| ㄱ |

- **가반(Gawan)** | 기사 거웨인. 아서 왕의 조카로 원탁의 기사에 속한다. 우리 책에서는 성배의 기사 파르치팔에 상응하는 세속 기사의 대표로 등장한다.
- **가우트 사람들(die Gauten, od. die Geaten)** | 고트족의 기원으로 알려진 사람들.
- **가흐무레트(Gachmuret)** | 파르치팔의 아버지.
- **간딘(Gandin)** | 아일랜드 출신의 악사. 이졸데를 데려가려다 실패한다.
- **고먼드(Gormund)** | 아일랜드의 왕. 이졸데의 아버지.
- **구드룬(Gudrun)** | 지구르트의 아내.
- **구르네만츠(Gurnemanz)** | 성년이 된 파르치팔에게 가장 핵심적인 기사도를 속성으로 가르친 스승. 파르치팔이 그의 조카딸 콘드비라무어스와 결혼한다.
- **구토름(Guthorm)** | 군나르의 동생.
- **구트문트(Gudmund)** | 회트브로트의 동생. 진표틀리와 말싸움을 벌인다.
- **군나르(Gunnar)** | 구드룬의 오빠.
- **그니타 황야(Gnita)** | 파프니르가 용으로 변신하여 보물을 지키는 장소.
- **그라니(Grani)** | 잿빛 말이라는 뜻. 지구르트가 타는, 특별한 용기를 지닌 명마.
- **그라모플란츠(Gramoflanz)** | 오르젤뤼즈의 남편을 죽인 용감한 기사. 오르젤뤼즈를 사랑했으나 그녀의 사랑을 얻지는 못하고 다른 여인을 사랑한다.

- **그람(Gram)** | 레긴이 지구르트에게 만들어준 명검.
- **그렌델(Grendel)** | 사람을 잡아먹는 거인. 베오울프가 물리친다.
- **그림힐트(Grimhild)** | 기우키의 아내. 군나르, 회그니, 구토름과 구드룬의 어머니.
- **기우키(Giuki)** | 군나르, 회그니, 구드룬의 아버지.
- **기추르(Gizurr)** | 동고트족의 왕 하이드레크를 키운 스승. 앙간티르의 고문.

| ㄴ |

- **노르네(die Nornen)** | 신과 인간과 모든 존재의 수명과 운명을 결정하는 여신들. 특히 아스가르트에 세계나무 이그드라실의 뿌리가 뻗은 곳에 있는 운명의 샘가에 사는 세 여신 우르트, 베르단디, 스쿨트가 유명하다. 그러나 노르네 여신들은 그 수가 훨씬 더 많다. 이따금 발퀴레와 뒤섞인다.
- **니두트(Nidud, Nidudr)** | 스웨덴의 왕. 니아렌(Niaren)족의 왕이라 불린다.

| ㄷ |

- **다그(Dag)** | 헬기를 사랑하는 발퀴레 지그룬의 오빠. 아버지의 원수를 갚느라 여동생의 남편인 헬기를 죽인다.

| ㄹ |

- **란(Ran)** | 바다거인 에기르의 아내. 바다에 빠져 죽은 사람들의 혼령을 거두는 바다 속 명부(冥府)의 여신.
- **란트버(Randwer)** | 요르문레크 왕의 아들. 의붓어미 슈반힐트와의 사이를 의심받아 아버지에게 죽임을 당한다.
- **레긴(Regin)** | 히얄프레크 궁전의 대장장이. 지구르트를 거의 키우다시피 한다.
- **레팡스 드 쇼이(Repanse de Schoye)** | 성배 성의 여왕. 안포르타스의 누이동생이며, 파르치팔의 이모. 뒷날 파이레피츠와 결합된다.
- **로헤란그린(Loherangrin) 또는 로엔그린(Lohengrin)** | 파르치팔의 아들.

- 뤼알(Rual) 또는 동 뤼알(Don Rual) | 파르메니아의 충신. 트리스탄을 키운다.
- 리오트(Liod) | 거인 흐림니르의 딸. 뵐중의 아내로 지그문트와 지그니의 어머니.
- 리왈롱(Riwalon) | 트리스탄의 아버지.
- 링비(Lyngwi, Lyngvi) | 훈딩의 아들. 지그문트를 죽이고 뒤에 자신은 지구르트의 손에 죽는다.

| ㅁ |

- 마크(Marke) | 콘월과 잉글랜드의 왕. 트리스탄의 외삼촌으로 이졸데의 남편.
- 메리아독(Meriadoc) | 마크 왕의 궁내관. 트리스탄을 감시한다.
- 멜롯(Melot) | 마크 궁정의 난쟁이. 메리아독과 한패가 되어 트리스탄과 이졸데를 감시한다.
- 모건(Morgan) | 아일랜드의 기사. 리왈롱에게 패한다.
- 모롤드(Morold) | 이졸데의 외삼촌. 체격이 아주 크고 용감한 기사.
- 문잘베셰(Munsalwäsche) | 성배 성의 이름.
- 미르크비트(Myrkwid) | 어둠의 숲이라는 뜻. 흔히 전쟁터를 뜻하는 말로 보인다.

| ㅂ |

- 발퀴레(Walküre) | 전쟁터에서 용감하게 싸우다 죽은 용사들의 혼령을 하늘나라 아스가르트에 있는 오딘 신의 궁전 발할(Walhal)로 데려가는 여신들. 셋, 여섯, 아홉 등, 3의 배수로 무리를 지어 함께 다니며, 하늘을 나는 말을 타고 다닌다. 아름다운 처녀 여신들로 자주 용사들의 애인이 된다. 인간 영웅을 애인으로 선택하면 신격을 잃어버린다.
- 베오울프(Beowulf) | 영어로 쓰인 서사시의 주인공. 스웨덴 출신의 영웅으로 덴마크의 괴물을 물리친다.
- 벨라카네(Belakane) | 차차망크의 여왕. 가흐무레트와 혼인하여 아들 파이레피츠를 둔다.

◆ 보르길트(Borghild) | 브랄룬트의 공주로 지그문트의 아내. 훈딩을 죽인 헬기 왕자의 어머니. 지그문트의 아들 진표틀리를 죽음으로 내몬다.

◆ 뵈트빌트(Bödwild) | 니두트 왕의 딸로 뵐룬트의 아내가 된다.

◆ 뵐룬트(Wölund, Völundur) | 대장장이 빌란트(Wieland)의 북유럽 이름. 알프로도 알려져 있다. 니두트 왕이 오금건을 끊어 절름발이가 되지만 날개옷을 만들어 입고 하늘로 날아오른다.

◆ 뵐중(Wölsung, Völsung) | 오딘의 후손으로 지그문트의 아버지. 지그문트와 그 아들들을 일컬어 뵐중 가문 사람들이라고 한다. 뵐중 가문의 다른 이름은 일펑 가문.

◆ 부들리(Budli) | 브륀힐트와 아틀리의 아버지. 훈족의 왕.

◆ 브랑게인(Brangaine) | 이졸데의 사촌이자 충실한 시녀.

◆ 브레카(Breca) | 베오울프의 어린 시절 친구. 바다에서 헤엄치며 싸우는 연습을 했다.

◆ 브로바르츠(Brobarz) 왕국 | 콘드비라무어스 여왕이 다스리는 곳.

◆ 브륀힐트(Brynhild) | 오딘의 명을 어긴 발퀴레. 잠드는 가시에 찔려 불의 울타리 안에 잠들어 있던 그녀를 지구르트가 찾아와 잠에서 깨운다.

◆ 블랑슈플뢰르(Blanchefleur) | 트리스탄의 어머니. 마크 왕의 누이동생.

◆ 비키(Bicki) | 요르문레크 왕의 신하. 요르문레크가 슈반힐트와 결혼한 다음 왕자 란트버와 왕의 사이를 오가며 왕자를 모함하여 죽게 한다.

| ㅅ |

◆ 세쿤딜레(Secundille) | 파이레피츠의 이교도 아내.

◆ 쇠를리(Sörli) | 구드룬과 요나쿠어의 아들.

◆ 슈반힐트(Schwanhild) | 스반힐트. 지구르트와 구드룬 사이에 태어난 딸.

◆ 스바바(Swawa) | ① 스바바 왕국: 히요르바르트 왕의 넷째 아내이며 헬기의 어머니인 지그를린의 고국. ② 스바바 공주: 헬기가 사랑하는 발퀴레의 이름. 아일리미 왕의 딸.

◆ 슬락피트(Slagfid, Slagfidr) | 뵐룬트의 형.

| ㅇ |

◆ **아서(Arthur, Artus) 왕** | 전설적인 원탁의 기사를 이끄는 브리튼 출신의 왕. 우테판드라군(Utepandragun, Uther Pendragon)의 아들. 이 소설에서는 오늘날의 프랑스 낭트 지역에 있는 궁전에 머물며, 남부 프랑스 일대를 무대로 활동하고 있다. 물론 브리튼 섬의 카멜롯 성이 본거지.

◆ **아스칼룬(Ascalun)** | 가반이 도전장을 받고 결투를 위해 찾아가는 성.

◆ **아일리미(Eylimi) 왕** | ① 발퀴레 스바바 공주의 아버지. ② 지구르트의 어머니 히요르디스의 아버지.

◆ **아틀리(Atli)** | ① 히요르바르트와 그 아들 헬기를 모시는 신하. 지략과 용기가 뛰어난 영웅이다. ② 훈족의 왕으로 부들리의 아들이자 브륀힐트의 오빠. 구드룬의 두 번째 남편.

◆ **안타노르(Antanor)** | 낭트에 있는 아서 왕의 궁전에 살던 남자. 퀴느바르가 웃기 전에는 말을 하지 않기로 맹세를 하고 지켰다.

◆ **안포르타스(Anfortas)** | 성배의 왕. 파르치팔의 외삼촌이지만 독의 상처를 입어 고통 속에 지낸다.

◆ **알로프(Alof)** | 프란마르의 딸. 지그를린의 시녀로 히요르바르트의 신하 아틀리의 아내가 된다.

◆ **알프(Alf, Alb)** | ① 하늘나라의 알프하임에 사는 요정들을 가리킨다. 하얀 알프는 요정, 검은 알프는 땅속에 사는 난쟁이. ② 히요르바르트의 아들 헬기를 죽인 왕의 이름. 호로트마르 왕의 아들.

◆ **앙간티르(Angantyr)** | 하이드레크 왕의 아들로 아버지의 뒤를 이어 고트족의 왕이 된다.

◆ **애런들(Arundel)** | 트리스탄이 마지막으로 도착하는 곳. 이곳에서 애런들 공작의 딸인 하얀 손의 이졸데를 만난다.

◆ **에기르(Ägir)** | 바다의 폭풍을 다스리는 거인. 란 여신의 남편. 아제 신들과 가까운 사이다.

- ◆ 에길(Egil) | 뵐룬트의 형으로 활쏘기의 명수.
- ◆ 에르프(Erp) | 구드룬과 요나쿠어의 아들. 형들의 손에 죽는다.
- ◆ 엘잠(Elsam) | 브라반트의 여공작. 로엔그린의 아내.
- ◆ 에지데오(Ecgtheow) | 베오울프의 아버지.
- ◆ 예슈테(Jeschute) | 오릴루스 공작의 아름다운 아내. 파르치팔 때문에 곤경에 처한다.
- ◆ 오르젤뤼즈(Orgeluse) | 아름다운 공작부인. 안포르타스가 사랑한 여인이었으나, 그가 치명적인 상처를 입은 다음 우여곡절 끝에 가반과 맺어진다.
- ◆ 오르마르(Ormarr) | 앙간티르의 누이 헤르보르의 스승. 헤르보르와 함께 고트족의 변경지역을 지킨다.
- ◆ 오릴루스(Orilus) 공작 | 예슈테의 남편. 어린 파르치팔이 범한 잘못으로 인해 아내가 바람난 줄로 오해하고 오랫동안 몹시 구박한다.
- ◆ 요나쿠어 왕(Jonakur) | 구드룬의 세 번째 남편. 구드룬이 두 번째 남편인 아틀리와 혼인할 때 딸 슈반힐트를 요나쿠어 왕의 궁전에 맡긴다.
- ◆ 요르문레크(Jörmunrek) | 구드룬의 딸 슈반힐트와 결혼하지만 질투심에 아들을 죽이고 슈반힐트도 죽인다. 그 때문에 구드룬이 그를 죽이려고 아들들을 보낸다.
- ◆ 율(Jol) 또는 율레(Yule) | 옛날 게르만 사람들의 동지 축제.
- ◆ 이졸데(Isolde) | 아일랜드의 왕비와 공주의 이름. 어머니와 딸의 이름이 같다.
- ◆ 이테르(Ither) | 파르치팔에게 기사 장비를 뺏기고 죽은 기사. 원조 붉은 기사. 아서 왕의 조카.
- ◆ 이토니예(Itonje) | 클린쇼르의 마법의 성으로 끌려간 가반의 누이. 그라모플란츠 왕과 맺어진다.
- ◆ 일핑(Ylfing) | 뵐중 가문의 다른 이름. 지그문트가 한동안 늑대인간으로 지냈기에 '늑대인간'이라는 뜻을 담은 '일핑'이라는 이름으로도 불렸다.

| ㅈ |

- ◆ 지구네(Sigune) | 파르치팔의 사촌누나. 자기 때문에 죽은 애인을 애도하며 남은 평

생을 보낸다. 파르치팔이 모험 도중에 그녀를 여러 번 만나고, 그때마다 그녀는 아무것도 모르는 그에게 중요한 정보들을 일러준다.
- **지그니(Signy)** | 뵐중의 딸로 지그문트의 쌍둥이 누이동생.
- **지그드리파(Sigdrifa)** | 브륀힐트의 다른 이름. '승리를 가져오는 여인'이라는 뜻.
- **지그룬(Sigrun)** | 발퀴레. 헬기를 사랑한 발퀴레 스바바가 환생하여 회그니 왕의 딸로 태어났다. 다시 헬기의 애인이 되었다.
- **지그를린(Sigrlinn, Sigurlinn)** | 스바바 왕국 스바프니르 왕의 딸로 히요르바르트 왕의 네 번째 아내가 되어 영웅 헬기를 낳는다.
- **지그문트(Sigmund)** | ① 뵐중의 아들. 진표틀리, 헬기, 지구르트의 아버지. ② 지구르트와 구드룬 사이에 태어난 아들.
- **지기(Sigi)** | 오딘의 아들. 뵐중의 할아버지로서 뵐중 가문의 조상.
- **지크가이르(Siggeir)** | 지그니의 남편. 뵐중과 그 아들들을 죽인다. 지그문트와 지그니와 진표틀리의 연합전선으로 죽는다.
- **진표틀리(Sinfiötli)** | 지그문트와 지그니 사이에 태어난 아들. 헬기와 지구르트의 형제.

| ㅊ |

- **차차망크(Zazamanc) 왕국** | 가흐무레트가 잠시 머문 이슬람교도 왕국. 이곳을 다스리는 아름다운 벨라카네 여왕과 혼인하여 둘 사이에 알록달록 아들 파이레피츠가 태어난다.

| ㅋ |

- **카르다이츠(Kardeiz)** | 파르치팔과 콘드비라무어스 사이에 태어난 쌍둥이 아들.
- **카이(Keye)** | 아서 왕의 궁내대신.
- **카헤딘(Cahedin)** | 애런들 공작의 아들. 하얀 손의 이졸데의 오빠.
- **칸볼레이스(Kanvoleis) 왕국** | 헤르첼로이데 여왕이 다스리는 왕국.
- **칼리언(Caerleon)** | 이졸데가 쇠의 시련을 받은 곳.

◆ **콘드비라무어스(Condwiramurs)** | 파르치팔의 아내이며 로엔그린의 어머니.

◆ **쿠어베날(Couvenal)** | 트리스탄의 교육자이며 충신.

◆ **퀴느바르(Cunneware)** | 웃지 않는 여인. 세상에서 가장 위대한 명성을 얻을 인물을 볼 때까지는 웃지 않겠다고 맹세한 그녀는 소년 파르치팔을 보고 웃기 시작했다. 그 때문에 아서 왕의 궁내대신 카이에게 곤경을 겪는다. 레헬린과 오릴루스의 누이동생.

◆ **클라미드(Clamide)** | 콘드비라무어스 여왕에게 구애했다가 거절당한 다음 분해서 그녀의 왕국을 포위했던 기사. 파르치팔이 그를 물리친다. 뒷날 퀴느바르와 맺어진다.

◆ **클레브(Cleve) 공작** | 로엔그린과의 창시합에서 져서 부상을 입었다. 그러자 화가 난 그의 아내가 엘잠을 자극하여 금지된 질문을 하게 만든다.

◆ **클린쇼르(Clinschor) 또는 클링조르(Klingjor)** | 마법사. 자기가 차지한 마법의 나라에 마법의 성을 짓고, 귀부인 400명과 여왕 네 명을 붙잡아 가두어놓았다. 가반이 이곳 성에서 시험을 통과하고 마법의 나라를 차지한다.

◆ **킹그룬(Kingrun)** | 클라미드 왕의 궁내대신. 용감한 기사. 역시 파르치팔에게 패배한다.

| E |

◆ **트레브리첸트(Trevrizent)** | 안포르타스의 동생이며 파르치팔의 외삼촌. 은둔자.

◆ **트리스탄(Tristan)** | 파르메니아의 왕 리왈롱의 아들.

◆ **티르핑(Tyrfing)** | 앙간티르가 지닌 명검.

◆ **티투렐(Titurel)** | 첫 번째 성배의 왕.

◆ **틴타젤(Tintagel)** | 콘월의 해안가에 있는 마크 왕의 성.

| ㅍ |

◆ **파르메니아(Parmenien)** | 리왈롱과 트리스탄의 본거지. 영불해협 근처에 자리 잡고

있던 나라.

♦ **파르치팔(Parzival)** | 성배의 기사.

♦ **파이레피츠(Feirefitz)** | 가흐무레트와 벨라카네 사이에 태어난 아들. '알록달록 아들'이란 뜻. 파르치팔의 이복형이다.

♦ **파프니르(Fafnir)** | 흐라이트마르의 아들로 거인. 아버지를 죽인 다음 안드바리의 보물을 차지하고 용으로 변신해 보물을 지킨다.

♦ **프란마르(Franmar)** | 스바바 왕국 스바프니르 왕의 충신. 지그를린 공주를 가르치고 지키지만 공주에게 구혼하는 왕들을 모두 거부하다가 아틀리의 손에 죽는다.

♦ **프리드리히 폰 텔라문트(Friedrich von Telramund)** | 브라반트의 여공작 엘잠에게 구혼했다가 거절당하자 그녀가 자기와 결혼하기로 약속했다는 거짓말로 나라를 빼앗으려 했다.

♦ **프리무텔(Frimutel)** | 티투렐의 아들이며 안포르타스의 아버지. 파르치팔에게는 외할아버지.

| ㅎ |

♦ **하갈(Hagal)** | 훈딩을 죽인 헬기를 가르친 스승. 헬기는 하갈의 아들 하말이라는 이름으로 훈딩의 궁전을 염탐한다.

♦ **하얀 손의 이졸데(Isolde WeiPhand)** | 애런들 공작의 딸.

♦ **하이드레크(Heidrek) 왕** | 동고트족의 왕. 앙간티르와 홀로트의 아버지.

♦ **함디르(Hamdir)** | 지그룬과 요나쿠어 사이에 태어난 아들.

♦ **헤딘(Hedinn)** | 히요르바르트의 맏아들. 헬기의 형. 스바바 공주를 아내로 삼으려 했으나 스바바의 거절로 뜻을 이루지 못한다.

♦ **헤르보르(Herwor)** | 앙간티르의 누이.

♦ **헤르첼로이데(Herzeloyde)** | 칸볼레이스와 노르갈스의 여왕. 가흐무레트와의 사이에서 아들 파르치팔을 얻었다. 헤르첼로이데란 '마음의 아픔'이라는 뜻.

♦ **헤밍(Häming)** | 훈딩의 아들 이름.

- **헬기(Helgi)** | 영웅의 이름으로 히요르바르트의 아들 헬기와 훈딩을 죽인 헬기가 있다. 두 번째 헬기는 지그문트의 아들로 지구르트의 형이 된다.
- **회그니(Högni)** | ① 발퀴레 지그룬의 아버지. 헬기와 싸우다 죽는다. ② 군나르의 동생. 구드룬의 오빠.
- **회트브로트(Hödbrod, Hödbroddr)** | 회그니가 딸 지그룬을 주기로 약속한 왕자. 발퀴레 지그룬을 사랑하는 헬기와 싸우다 죽는다.
- **후믈리(Humli)** | 훈족의 왕. 흘뢰트의 외할아버지.
- **훈딩(Hunding)** | 뵐중 가문의 원수.
- **흐라이트마르(Hreidmarr)** | 욕심 많은 농부. 파프니르, 레긴, 오트르(수달)의 아버지.
- **흐레델(Hredel)** | 베오울프의 외할아버지. 스웨덴 게아트 사람들의 왕.
- **흐로네스네스(Hronesness)** | 베오울프의 무덤이 만들어진 언덕.
- **흐로드가(Hrodgar, Hrothgar)** | 덴마크 왕. 식인 괴물 그렌델로 인해 고통을 받는다.
- **흐로트마르(Hrodmar)** | 스바바 왕국의 지그를린에게 구혼했다가 거절당한 것이 분해 스바바 왕국을 약탈하고 스바프니르 왕을 죽인다. 지그를린의 아들 헬기에게 죽임을 당한다. 헬기를 죽인 알프 왕의 아버지.
- **흐림게르트(Hrimgerd)** | 거인 하티의 딸. 마법을 지닌 거인 여인이지만 헬기의 부하 아틀리와 밤새 말싸움을 벌이다 아침 햇살을 받아 돌이 된다.
- **흘뢰트(Hlöd)** | 하이드레크 왕이 훈족 공주와의 사이에 얻은 아들. 앙간티르의 동생. 아버지의 유산을 형과 똑같이 나누어 받으려고 전쟁을 시작했다가 죽는다.
- **히겔락(Hygelac)** | 베오울프의 외삼촌이자 흐레델의 아들.
- **히얄프레크(Hjalprek)** | 덴마크 왕. 지구르트를 궁에 받아들였다. 그러나 지구르트는 왕의 대장간에서 놀기를 좋아하여 대장장이 레긴이 어린 지구르트를 키우다시피 했다.
- **히요르디스(Hjördis)** | 지그문트의 두 번째 아내로 지구르트의 어머니. 아일리미의 딸.
- **히요르바르트(Hjörward)** | 영웅 헬기의 아버지. 네 번째 아내 지그를린을 얻기 위해 모험을 하고 마침내 그녀를 아내로 맞아 아들 헬기를 얻는다.

# 참고문헌

| 1차 문헌 |

- *Die Edda, Götterlieder, Heldenlieder und Spruchweisheiten der Germanen*, hrsg. von Manfred Stange, Wiesbaden: Marix Verlag, 2004.
- *Die Edda, Götterdichtung, Spruchweisheit und Heldengesänge der Germanen*, übersetzt von Felix Genzmer, München: Eugen Diederichs Verlag, 1981.
- *Die Edda des Snorri Sturluson*, ausgewählt, übersetzt und kommentiert von Arnulf Krause, Stuttgart: Reclam, 2005.
- *Die Heldenlieder der Älteren Edda*, übersetzt, kommentiert und herausgegeben von Arnulf Krause, Stuttgart: Reclam, 2001.
- *Völsunga saga, The Saga of the Volsungs*, The Icelandic Text according to MS Nks 1824 b, 4°, with an English Translation, Introduction and Notes by Kaaren Grimstad, Saarbrücken: AQ-Verlag, 2005, 2nd Edition.
- *Beowulf*. Ein altenglisches Heldenepos. Übersetzt und herausgegeben von Martin Lehnert. Stuttgart: Reclam, 2004.
- *Beowulf*. Bilingual Edition. A New Verse Translation. Translated by

Seamus Heaney. London: Faber and Faber Limited, 1999.
- Wolfram von Eschenbach, *Parzival*, übertragen und herausgegeben von Wolfgang Spiewok, Köln: Anaconda Verlag, 2008.
- Ders. *Parzival*, Übersetzung und Nachwort von Wolfgang Spiewok, Stuttgart: Reclam, 1997.
- Jacob und Wilhelm Grimm, *Deutsche Sagen*, Köln: Anaconda Verlag, 2006.
- Gottfried von Strassburg, *Tristan und Isolde*, übertragen von Dieter Kühn, Frankfurt/Main: Fischer Verlag, 2003.
- Ders. *Die Geschichte der Liebe von Tristan und Isolde*, übertragen von Dieter Kühn, Stuttgart: Reclam, 1998.

| 2차 문헌 |

- Brüder Grimm, *Kinder- und Hausmärchen*, Stuttgart: Reclam, 1980, 3 Bde.
- Jacob Grimm, *Deutsche Mythologie*, Bd. 1 und 2. Wiesbaden: Fourier Verlag, 2003.
- *Lohengrin, ein altteutsches Gedicht*, nach der Abschrift des Vaticanischen Manuscriptes von Ferdinand Glockle, herausgegeben von J. Görres, Heidelberg, bey Mohr und Zimmer 1813.
- Ewald Standop(Hrsg.): *Beowulf. Eine Textauswahl mit Einleitung, Übersetzung, Kommentar und Glossar*. Berlin: Walter de Gruyter, 2005.
- Felix und Therese Dahn, *Germanische Götter- und Heldensagen*, nach der Ausgabe Leipzig 1919, Wiesbaden: marixverlag, 2004.
- Edmund Mudrak(hrsg.), *Nordische Götter- und Heldensagen*, Würzburg: Arena Verlag, 2003.

- Rudolf Simek, *Götter und Kulte der Germanen*, München: Verla C. H. Beck, 2004.
- Ders. *Lexikon der germanischen Mythologie*, Stuttgart: Kröner, 2006.
- Wolfgang Golther, *Handbuch der Germanischen Mythologie*, nach der Ausgabe Leipzig 1895, Wiesbaden: Marix Verlag, 2004.
- Arnulf Krause, *Die Welt der Wikinger*, Frankfut/M.: Campus Verlag, 2006.
- Ders. *Die Geschichte der Germanen*, Frankfurt/M.: Campus Verlag, 2002.
- James Graham-Campbell, *The Viking World*, London: Frances Lincoln, 2001.

| 국내 문헌 |

- 그림 형제, 안인희 옮김,《그림 전설집》, 웅진지식하우스, 2006.
- 안인희,《게르만 신화, 바그너, 히틀러》, 민음사, 2003.
- 안인희,《안인희의 북유럽 신화 1, 2》, 웅진지식하우스, 2007.
- 조셉 캠벨, 이윤기 옮김,《천의 얼굴을 가진 영웅》, 평단문화사, 1985.
- 허창운 옮김,《니벨룽겐의 노래 1, 2》, 서울대학교출판부, 1996.
- 호르스트 푸어만, 안인희 옮김,《중세로의 초대》, 이마고, 2003년.

# 찾아보기

## ㄱ

가반 236~240, 258~270, 273, 282~284
가호무레트 185~190, 209, 239, 240, 252, 258, 271
간딘 344~347
고먼드 315, 319, 327, 336
고트족 75, 137, 139, 143~151
구드룬 94~96, 113~136, 139, 140
구르네만츠 207~214, 224, 227, 281
구토름 113, 120, 121, 134
구트문트 59, 60
군나르 94, 113~134
궁니르 62, 63
그라니 97, 109, 113~115
그라모플란츠 265~269
그람 103, 113, 115
그렌델 155~161, 164, 165
그림힐트 113, 126, 127
기네비어 202, 203
기우키 109, 113~115
기추르 146, 148

## ㄴ

노르갈스 188, 190, 257
노르네 54, 55, 61, 62
니두트 19~29
니플룽겐족 123, 129~134, 136, 139

## ㄷ

다그 60~62
동 뤼알 308, 312~315, 321, 359

## ㄹ

란 42, 43, 99, 100
란트버 135~138
레긴 96, 97, 102~109, 117, 134
레리르 73
레팡스 드 쇼이 220, 253, 277~279, 284
레헬린 195, 198
로엔그린 286, 287, 291, 292, 295, 298~300
로키 97~101
로헤란그린 273, 277, 286
리오트 73, 173
리왈롱 306~309, 313, 314
링비 91, 92

## ㅁ

마크 왕 306~308, 311~315, 320, 325~328, 331, 335~337, 343~347, 352~358, 363
메리아독 347~353
멜롯 351~353
모건 306, 308, 313~315, 326
모롤드 315~319, 324~326, 335, 360
문잘베셰 217, 218, 226, 239, 245, 252, 274, 275, 286, 290, 291, 298

| ㅂ |

발퀴레 16, 17, 30~34, 38~40, 45~47, 52, 59, 61, 65, 66, 70, 111, 112, 117, 121, 173
발할 16, 40, 63
백조의 기사 293~298
베오울프 152, 153, 156~170, 300
벨라카네 187~191, 271
보르길트 53, 87~91
뵈트빌트 20, 22, 24~29
뵐룬트 15~31, 33
뵐중 52~54, 62, 72~78, 80, 82, 87, 91~93
부들리 114, 117, 133
브랑게인 330, 331, 334, 337~344, 348, 351, 352, 356, 363
브레카 157
브로바르츠 왕국 210, 213, 216, 233, 273, 274
브륀힐트 94, 95, 110~121, 126, 127, 173
블랑슈플뢰르 306~308, 311, 313, 314
비키 135, 136

| ㅅ |

성 게오르기우스 301, 302
세바르 섬 21, 22
세쿤딜레 279
쇠를리 134, 137~140
슈반힐트 117, 126, 128. 134~137, 140
스바바 46~52, 57
스바프니르 35, 36, 40
슬라이프니르 97
슬락피트 15~19
시가르 섬 39
실드 154, 156

| ㅇ |

아그나르 111
아르니브 264, 268, 269, 274
아서 왕 199~201, 205~207, 214, 216, 231~238, 240, 241, 258, 260, 268, 269, 273, 274, 279, 282, 283, 307, 360
아스가르트 15, 40, 65
아스칼룬 241, 260

아일리미(스바바의 아버지) 46~50
아일리미(히요르디스의 아버지) 88, 91
아틀리 35~38, 42~45, 114, 117, 124~134
아틸라 124
안드바리 99~102, 109, 118, 134
안타노르 203
안포르타스 216, 217, 227, 230, 242, 250~256, 260, 267, 275~278, 282, 283
알로프 37, 38
알프 47, 50, 92, 96
앙간티르 143~151
앨룬 17
에기르 42, 59
에길 15~17, 19, 25
에르마나리히 139, 140
에르프 134, 137~139
엘잠 288, 290, 293~299
예슈테 198, 199, 228, 231, 280
오딘 16, 40, 48, 52, 54, 62, 63, 73~75, 81, 86, 90~92, 97~104, 109~112
오르마르 147, 148
오르젤뤼즈 261, 264~269, 284
오릴루스 198, 199, 229, 231, 233, 244
오트르 97, 99
요나쿠어 128, 134, 138
요르문레크 135~139
운퍼드 157, 159, 163
위글라프 167~169
이졸데 303, 307, 319, 324~326, 329~363
이졸데 왕비 317~327, 330~337, 363
이테르 200~208, 224, 233, 252, 253, 280
이토니에 267~269
일펑 92

| ㅈ, ㅊ |

지구네 198, 199, 225~227, 243, 244, 253, 277
지구르트 53, 66, 87, 88, 92~97, 102~130, 134~137, 174, 300
지그니 59, 73~82, 85~87, 93
지그문 57~67
지그를린 35~40, 51

지그문트 52~54, 66, 72~75, 78~93, 96, 103, 105, 107, 110
지그문트(지구르트의 아들) 117, 120, 134
지기 73
지크가이르 73~78, 80, 82, 85~87
진표틀리 59, 72, 73, 81~93
차차망크 왕국 186~189

| ㅋ |

카르다이츠 274
카이 202, 232, 233, 236~238
카혜딘 359, 361, 362
칸볼레이스 188, 190, 257
콘드비라무어스 210~213, 216, 241, 269, 273, 276, 281, 286
쿠어베날 310, 320, 321, 327, 331, 335, 356
쿤드리 239~241, 244, 269~274, 282
퀴느바르 202, 214, 215, 230~234, 238, 241, 242
크림힐트(구드룬) 123, 124
클라미드 210~216, 233, 239~242
클레브 297
클린쇼르 261, 264~268, 284
킹그룬 212, 214, 216, 233

| ㅌ |

탄트리스 323~326, 331, 333
테투릴 258
토르 45, 51, 90
트레브리첸트 226, 227, 230, 246, 247, 253~259, 272, 276, 282, 283, 286
트리스탄 302, 303, 307~363
티투렐 226, 252, 278

| ㅍ |

파르치팔 192, 193, 196, 199~254, 269~286, 291
파이레피츠 188, 240, 270~279, 284
파프니르 97, 102~105, 108, 117, 134, 300
프라야 48, 49
프라이 48
프란마르 35~38

프리드리히 폰 텔라문트 288~300, 294, 296, 299
프리무텔 226, 252~254
프리크 48

| ㅎ |

하갈 54, 56
하말 54, 56
하얀 손의 이졸데 360~362
하이드레크 143~146
하인리히 1세 289, 294
하티 41, 42
함드르 134, 137~140
헤딘 35, 47~52
헤르보르 147,148
헤르뵈르 17
헤르첼로이데 189~192, 196, 198, 240, 253, 257, 258
헤밍 56
헬기 34, 38~67, 70, 87, 88, 105, 280
회그니(지그룬의 아버지) 57, 60
회그니(구드룬의 오빠) 94, 113, 114, 119~122, 128~134, 137
회니 97, 98
회트브로트 57~60, 88
후믈리 144, 146, 149, 151
훈딩 34, 52~58, 63, 66, 87, 91, 93, 104, 105
훈족 114, 117, 123~129, 132~134, 138, 139, 142~151
흐라이트마르 97~102
흐레델 156
흐로드가 154~161, 164, 165
흐로트마르 37~40, 47, 50
흐룬팅 163
흐림게르트 42~46
흐림니르 73
흘라트구트 17
홀뢰트 143~151
히겔락 156, 163~166
히얄프레크 92, 96, 102~107
히요르디스 88, 91, 92, 96, 103
히요르바르트 34~40, 53, 54, 70, 280

383

안인희의
북유럽 신화 3

초판 1쇄 발행 2011년 5월 18일
초판 18쇄 발행 2023년 6월 1일

지은이 안인희

발행인 이재진 단행본사업본부장 신동해
편집장 김경림 표지디자인 민진기 본문디자인 명희경
마케팅 최혜진 이은미 홍보 반여진 허지호 정지연
국제업무 김은정 김지민 제작 정석훈

브랜드 웅진지식하우스
주소 경기도 파주시 회동길 20
문의전화 031-956-7350(편집) 02-3670-1123(마케팅)
홈페이지 www.wjbooks.co.kr
인스타그램 www.instagram.com/woongjin_readers
페이스북 https://www.facebook.com/woongjinreaders
블로그 blog.naver.com/wj_booking

발행처 ㈜웅진씽크빅
출판신고 1980년 3월 29일 제406-2007-000046호

ⓒ 안인희, 2011
ISBN 978-89-01-12279-3 (04210)
      978-89-01-06304-1 (세트)

웅진지식하우스는 ㈜웅진씽크빅 단행본사업본부의 브랜드입니다.
저작권법에 의해 한국 내에서 보호를 받는 저작물이므로 무단전재와 무단복제를 금합니다.
이 책 내용의 전부 또는 일부를 이용하려면 반드시 저작권자와 ㈜웅진씽크빅의 서면 동의를 받아야 합니다.

※ 책값은 뒤표지에 있습니다.
※ 잘못된 책은 구입하신 곳에서 바꾸어 드립니다.